ENEAGRAMA

EL PODER DE LOS INSTINTOS

ANDREA VARGAS

ENEAGRAMA

EL PODER DE LOS INSTINTOS

¡Conoce mucho más tu personalidad
a través de los 27 subtipos!

alamah

Eneagrama, el poder de los instintos
¡Conoce mucho más tu personalidad a través de los 27 subtipos!

Primera edición: noviembre, 2018
Primera reimpresión: abril, 2019

D. R. © 2018, Andrea Vargas

D. R. © 2019, derechos de edición mundiales en lengua castellana:
Penguin Random House Grupo Editorial, S. A. de C. V.
Blvd. Miguel de Cervantes Saavedra núm. 301, 1er piso,
colonia Granada, delegación Miguel Hidalgo, C. P. 11520,
Ciudad de México

www.megustaleer.mx

D. R. © Penguin Random House, por el diseño de cubierta
D. R. © iStock, por las fotografías de portada
D. R. © Adriana Quiroz de Arbide, por las ilustraciones de interiores
D. R. © Flor Cortés, por la fotografía de la autora

ISBN: 978-607-317-174-8

Impreso en México – *Printed in Mexico*

El papel utilizado para la impresión de este libro ha sido fabricado a partir de madera procedente
de bosques y plantaciones gestionadas con los más altos estándares ambientales, garantizando
una explotación de los recursos sostenible con el medio ambiente y beneficiosa para las personas.

Penguin
Random House
Grupo Editorial

Para Iñaki, Pablo, Lorenzo y Santiago...
¡a quienes amo con locura!

ÍNDICE

INTRODUCCIÓN

¿Para qué otro libro de Eneagrama cuando ya existen tantos en el mercado? Escribí mi primer libro para transmitir de manera sencilla y amena toda esa luz y conocimiento que me dio la herramienta del Eneagrama. Fue tal la pasión y el impacto que causó en mi vida, que deseaba compartirla con quien se me pusiera enfrente. La herramienta se convirtió en un parteaguas, mi proceso evolutivo inició, mi vida cambió y empecé a conocerme y a relacionarme de forma diferente con los demás.

La intención de este segundo libro es adentrarme más a fondo en la importancia y el impacto que tienen los tres instintos que compartimos como parte esencial de nuestra naturaleza humana. También, descubrir el impacto que tienen sobre nuestro tipo de personalidad y la forma en que influyen en nuestra vida diaria.

Déjame decirte, querido lector, que cuando entiendes el papel que juegan los instintos en tu vida, ya no puedes separar al Eneagrama de ellos, se queda corto, le falta el maravilloso complemento de los 27 subtipos.

Deseo transmitir de manera amena y sencilla (reitero "amena y sencilla" porque estoy convencida de que al cerebro le gustan los conceptos así), mi interpretación sobre el conocimiento de los 27 subtipos que describe el Eneagrama de la personalidad. Lo he adquirido durante más de veinte años de estudiar, compartir y enseñar esta poderosa herramienta psicoespiritual llamada Eneagrama. Quiero que se convierta en tu manual de consulta frecuente para entenderte (y a los que te rodean) de una manera más íntima y profunda.

Hace diez años escribí mi primer libro, *Eneagrama: ¿Quién soy?*, donde describo con humor los nueve tipos de personalidad. Por eso, si estás leyendo este libro y no conoces mucho del tema, te recomiendo empezar con el primero para entender los orígenes del Eneagrama y profundizar más en cada eneatipo.

Como buen SEIS, tenía *miedo* de que el libro no gustara o no fuera de interés para el público porque en aquel tiempo pocas personas en México conocían la herramienta. Cuál fue mi sorpresa al ver que el libro fue todo un éxito. La retroalimentación que recibí me motivó a escribir este segundo libro, *Eneagrama: el poder de los instintos*, el cual te dará herramientas para trascender esos patrones de conducta automáticos, casi siempre inconscientes, que impiden el desarrollo de todo tu potencial.

Todavía recuerdo el día que presenté mi primer examen de certificación en San Francisco, California. Constaba de tres partes: la primera se trataba de entrevistar a una persona desconocida y detectar su tipo de personalidad; la segunda era dirigir un panel de individuos con el mismo tipo de personalidad, podían ser puros OCHO, TRES o CINCO. Ambas pruebas estuvieron bastante bien, pero en la tercera parte, donde debía dirigir un panel de subtipos, el mundo se me vino abajo. ¡Fue todo un fracaso! Invadida de nervios y ansiedad porque no dominaba ni entendía bien el tema de los subtipos, hablaba en el micrófono, pero no emitía sonido alguno. Mi SEIS (*miedo*) me había atrapado. Recuerdo que mi querido maestro David Daniels M.D. (quien murió hace poco) me daba palmaditas en la espalda y decía: "¡Respira, tu puedes!" Me dieron la certificación, pero quedé un tanto frustrada y enojada por no lograrlo como yo imaginaba y por la poca o confusa información que existía sobre este tema en 2003. Por eso decidí empaparme en el tema para escribir este libro.

Mis grandes maestros fueron Helen Palmer, Katherine Chernick, Peter O´Hanrahan, Beatrice Chestnut, David Daniels, Terry Saracino, Don Riso y Russ Hudson; Mario Sikora, Ginger Lapid Bogda, Robert Holden, Roberto Pérez, Fernando Broca y Rocío Arocha, entre otros. En 2004, en la Conferencia Internacional de Eneagrama (IEA), conocí a Claudio Naranjo y asistí a su taller sobre los subtipos.

También recurrí a los divertidos e interesantes blogs de Gonzalo Morán y a las opiniones recibidas del público durante los seis años de nuestro programa de radio semanal *Conócete con el Eneagrama*. Pero lo que más nos llena el alma (a mi amiga y socia Adelaida Harrison y a mí), es poner en práctica la teoría con nuestros alumnos a través de talleres vivenciales. Nos apasiona comprobar los matices que existen entre los subtipos y ser testigos del proceso de transformación de las personas, son ellas quienes nos enriquecen con sus relatos y experiencias.

Este libro se divide en dos partes, en la primera recordarás qué es el Eneagrama, leerás un poco de historia sobre los subtipos y aprenderás que tenemos tres cerebros y un instinto dominante. En la segunda parte encontrarás una breve descripción de cada personalidad y sus tres subtipos, además, recomendaciones de cómo salir adelante para llevar una vida más plena. Durante el libro encontrarás ejemplos de personajes famosos que según mi criterio reflejan el subtipo, pero estoy consciente de que mi opinión puede ser errónea o diferir de otros autores.

¿Estás listo? Vamos a descubrir tu personalidad y el subtipo que te gobierna, así podrás tomar decisiones más conscientes que faciliten tu proceso evolutivo y te lleven a una vida más plena, equilibrada en el mundo laboral, familiar y de pareja.

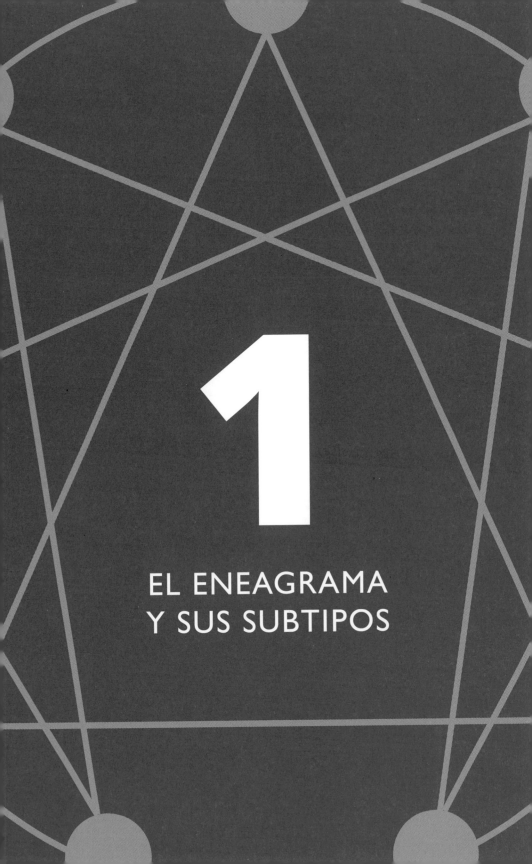

1

EL ENEAGRAMA
Y SUS SUBTIPOS

UN POCO DE HISTORIA

El Eneagrama es una herramienta milenaria de autoconocimiento que describe con gran precisión el comportamiento humano basado en nueve tipos de personalidad. Nueve estrategias diferentes de pensar, sentir y reaccionar para sobrevivir y sentirse seguro. Todas válidas y ninguna mejor que otra.

Existen tres personas muy importantes en el desarrollo y divulgación de esta poderosa herramienta.

George Ivanovitch Gurdjieff (contemporáneo de Freud), maestro armenio de gran magnetismo, introdujo el símbolo del Eneagrama en Europa en 1920. La figura geométrica no se usaba como en la actualidad, sino que representaba las leyes del universo, el movimiento y la evolución. Gurdjieff afirmaba que todos estamos semi-dormidos y actuamos de forma automatizada regidos por un rasgo principal o *chief feature* que se convierte en el motor central de nuestra "falsa personalidad" y sólo a través de observarlo, entenderlo y trabajarlo, podemos trascender.

Óscar Ichazo (1931), maestro espiritual de origen boliviano, acomodó sobre la estrella de nueve puntas de Gurdjieff los "siete pecados capitales" de la iglesia católica y añadió el *miedo* y la *vanidad*. Así creó el Eneagrama de las pasiones, allí muestra los nueve rasgos o tendencias negativas presentes en el ser humano: *ira, soberbia, envidia, avaricia, gula, lujuria, pereza, miedo* y *vanidad*.

También creó la correlación psicológica entre los nueve tipos de personalidad y el estudio de los subtipos. Su teoría dice que cada persona nace como "esencia pura", es decir, con una parte espiritual que lo hace único e irrepetible. Pero para proteger al "ser", sobrevivir a un medio amenazante y ser aceptado en este mundo, la persona desarrolla diferentes defensas y estrategias que construyen la "falsa personalidad" o ego. Ichazo nos muestra cómo esa desconexión genera *nueve maneras diferentes de distorsionar la realidad* que causan una sensación de vacío, frustración, *miedo*, tristeza o insatisfacción. Pero si regresamos a nuestra esencia original experimentamos paz, alegría, libertad y agradecimiento con la vida para ser seres humanos extraordinarios. A través de la autoobservación y de un trabajo personal, las "pasiones" deben convertirse en "virtudes".

En 1970, Ichazo invitó a un grupo selecto de psicólogos y psiquiatras a un entrenamiento intensivo de diez meses donde les compartió su amplio conocimiento. En este encuentro aparece la tercera persona importante en el desarrollo del Eneagrama.

Claudio Naranjo era uno de sus discípulos más importantes. Gracias a su amplia experiencia como humanista, psiquiatra y profesor, entendió y sintetizó el conocimiento ancestral que Ichazo le transmitió y tradujo esa sabiduría a la psicología moderna occidental. Explicó con más detalle lo que llamó la "Psicología de los eneatipos" y que en la actualidad conocemos como "El Eneagrama de la Personalidad".

Naranjo e Ichazo se basaron en los *tres centros de inteligencia* propuestos por Gurdjieff (mental, emocional y físico) y subdividieron los nueve tipos básicos de la personalidad en 27 caracteres con el objetivo de refinarlos y desmenuzarlos para comprenderlos mejor. De regreso a California, Naranjo trabajó con estas enseñanzas y desarrolló el programa "SAT" (Buscadores de la verdad).

LOS TRES CEREBROS

Para entender el origen de los instintos y los subtipos, es necesario explicar el *cerebro triuno*, descubierto por la neurociencia en los años cincuenta y conocido en la actualidad como *los tres cerebros* de Mac Lean (reptiliano, límbico y neocórtex). También debemos entender su relación con los tres centros de inteligencia (mental, emocional e instintiva) propuestos por Gurdjieff a principios del siglo pasado.

Su teoría propone que el cerebro humano contiene tres cerebros en uno. En orden evolutivo los divide en:

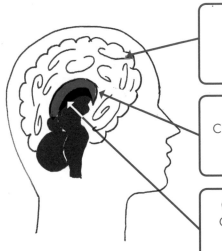

NEOCÓRTEX
CEREBRO DE LA RAZÓN
CEREBRO MENTAL
Personalidades 5, 6 y 7

CEREBRO LÍMBICO
CEREBRO DE LAS EMOCIONES
CEREBRO EMOCIONAL
Personalidades 2, 3 y 4

CEREBRO REPTILIANO
CEREBRO DE LOS INSTINTOS
CEREBRO VISCERAL
Personalidades 1, 8 y 9

El cerebro reptiliano: es el más antiguo y se encarga de la supervivencia inmediata en el aquí y ahora. Nos mantiene vivos porque está diseñado para que nuestro cuerpo funcione correctamente (regula la temperatura, la digestión, etcétera). Su rol es masculino porque busca alimento, protección, reproducción, dominio, defensa y lucha por la supervivencia. Este cerebro no razona ni siente, solo actúa. Le gusta la rutina, el orden y la tranquilidad.

Me enfocaré en este cerebro porque en él se encuentran los tres impulsos biológicos y vitales llamados "instintos" que sirven para: sobrevivir (de conservación), relacionarnos con los demás (social) y perpetuar la especie (sexual). Además, es el centro del poder, fuerza y autocontrol porque nos conecta con la energía de la tierra. Aquí experimentamos la capacidad de disfrutar la libertad, la energía y vitalidad de nuestro cuerpo, al igual que el placer físico, la sensación de bienestar o enfermedad.

En el Eneagrama, el cerebro reptiliano corresponde al Centro de inteligencia instintivo (personalidades 8, 9 y 1). Estas personalidades perciben y filtran la vida a través del cuerpo y por ende le dan mayor peso e importancia a sus instintos y a la acción.

El cerebro límbico: es el cerebro de los mamíferos. Su rol es femenino porque controla nuestras respuestas emocionales (busca amor, cercanía, atención, amistad y aprobación). Maneja el pasado, presente, tiene memoria selectiva y discriminación. Nos indica cómo nos perciben (si nos aprueban o rechazan) y es donde nos sentimos conectados con nosotros y los demás. En este cerebro se encuentra la inteligencia emocional, el apego, la dependencia, la ternura, los sentimientos (amor, gratitud, empatía, compasión, prudencia al igual que tristeza, angustia, miedo, dolor, ira, envidia, avaricia, orgullo, etcétera).

En el Eneagrama, el cerebro límbico corresponde al Centro de inteligencia emocional (personalidades 2, 3 y 4). Estas personalidades perciben y filtran la vida a través del corazón y por ende le dan mayor peso e importancia a los sentimientos y a las emociones.

El neocórtex: es la capa más nueva y desarrollada del cerebro. Maneja el pasado, el presente y el futuro. Tiene consciencia de su existencia y de su muerte. Es el cerebro que se encarga de la actividad intelectual: el proceso racional, la creatividad, el aprendizaje, el análisis, la evaluación, la asociación, la planificación hacia el futuro, la lógica, las matemáticas, el lenguaje, los sueños, etcétera.

En el Eneagrama, el neocórtex corresponde al Centro de inteligencia racional (personalidades 5, 6 y 7). Estas personalidades perciben y filtran la vida a través de la mente y por ende le dan mayor peso e importancia a lo intelectual y racional.

¿EN DÓNDE SE ENCUENTRAN LOS INSTINTOS?

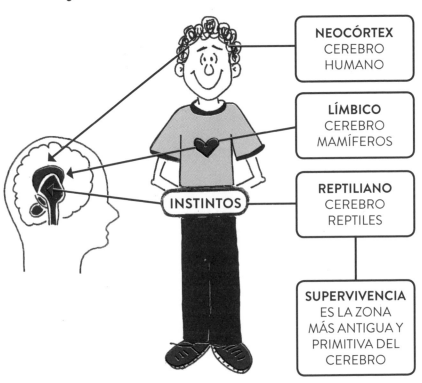

LOS INSTINTOS

Cabe aclarar que una cosa son los instintos y otra muy diferente los subtipos.

Antes de explicar la diferencia, querido lector, te pregunto: ¿Quién crees que te domina la mayor parte de la vida: tu mente o los instintos?

Ejemplo: tienes mucha hambre y llegas a un restaurante de comida rápida. Vas con la firme intención de pedir algo saludable para contrarrestar los 4 kilos que tienes de más. Revisas el menú y hay dos opciones: una deliciosa hamburguesa a las brasas con una carne jugosa y queso derretido o una ensalada verde con trozos de pollo frío.

Bueno, te platico, los estudios demuestran que 73% de las personas se dejan llevar por el impulso y la gratificación inmediata (cuando te dices: "¡Bueno, pues ya ni modo, si voy a pecar, voy a pecar bien!"). En este caso, tu cerebro reptiliano se activa para sobrevivir y se inclina de forma instintiva por la deliciosa hamburguesa (aunque después vengan los sentimientos de culpa de tu cerebro racional).

Aunque vivimos en un mundo invadido de información, tenemos la fantasía de controlarlo todo y nos sentimos orgullosos de ser "seres inteligentes y racionales". Pero la realidad nos dice otra cosa: los queridos instintos nos gobiernan 24/7 y te sorprendería saber que la gran mayoría de las decisiones y la forma de comportarnos están motivadas por nuestros instintos y emociones.

Es decir, es mucho más fácil venderle a tu cerebro emocional o instintivo que al racional. Piensa ¿por qué compraste un reloj o un perfume carísimo? El *neuromarketing* de la actualidad se enfoca en venderle al cerebro reptiliano; se concentra más en el botón del placer, prestigio o reconocimiento, que en la parte racional y económica del producto o servicio.

¿Qué son los instintos?

Los instintos son impulsos o reacciones automáticas inconscientes que nos incitan a actuar de forma determinada frente a un estímulo o un objeto. Es la parte animal más reactiva de la personalidad, cuyas energías en el cuerpo son muy difíciles de controlar porque son innatas, instintivas e involuntarias. Cabe aclarar que los animales se rigen por su sabiduría instintiva, mientras que los humanos, al ser racionales, mezclamos los instintos con conductas voluntarias que no necesariamente son saludables.

¿Por qué es importante conocer los instintos?

Porque nos gobiernan todo el tiempo sin darnos cuenta y juegan un papel fundamental en nuestra personalidad. Además, son la fuerza o el motor que nos impulsa a:

- Luchar o a huir para sobrevivir.
- Buscar compañía y pertenencia.
- Conquistar, pelear o a defender una relación significativa para continuar la especie.
- Conocer el instinto de los demás y evitar problemas en nuestras relaciones.
- Observar por dónde surge lo mejor de nosotros (al igual que la parte más reactiva y negativa).

Al descubrir tu tipo de personalidad en el Eneagrama, seguro te cambió la percepción del mundo y la visión que tenías de ti. Ahora, al identificar cuál instinto predomina en tu vida, entenderás y sacarás a la luz tus aspectos más inconscientes y persistentes, los miedos más ocultos que cubres con comportamientos aparentemente "benévolos". Al descubrirlos, ampliarás tu consciencia y llevarás una vida más equilibrada contigo y con los demás.

> Recuerda: todos los seres humanos tenemos tres instintos básicos de supervivencia que se encuentran ubicados en el cuerpo: instinto de conservación, instinto social e instinto sexual. En palabras más sencillas son "las inteligencias de la naturaleza" que tenemos para sobrevivir como individuos y especie.

¿Cómo descubrir el instinto que predomina en ti?

Todo el día usamos los tres instintos de forma inconsciente, pero tenemos uno muy fuerte, del cual nos sentimos orgullosos y le prestamos mayor atención (se vuelve tan importante en nuestras vidas, que llega a moldear nuestro camino). Y tenemos otro muy débil al cual nos resistimos, lo criticamos en otras personas, lo olvidamos o descuidamos.

CONSERVACIÓN   SOCIAL   SEXUAL

Me preguntarás: ¿Y qué pasa con el que ocupa el segundo lugar? ¡Nada! Lo manejas bastante bien, es como si estuviera de vacaciones y sólo lo usas para reforzar al primero.

Para crecer como persona, lo ideal es cuidar y mantener en equilibrio los tres instintos (de conservación, sexual y social). La clave es trabajar en el más olvidado para que las energías se nivelen y logres armonía en la vida.

DOMINANTE — Es al que más energía le pongo

SECUNDARIO — Refuerza al primero o lo tengo de vacaciones

PUNTO CIEGO — Es el más olvidado y es nuestra área de oportunidad para lograr el equilibrio

A continuación, te presento los tres "paquetes instintivos" que acuñó K. Chernick en 1995 para identificar el orden en el que tendemos a usarlos:

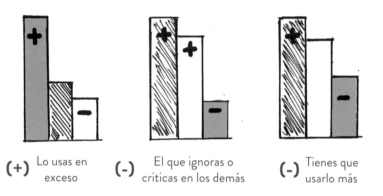

(+) Lo usas en exceso   (-) El que ignoras o criticas en los demás   (-) Tienes que usarlo más

- **Primer paquete:** tienes un instinto súper dominante y otro muy bajo, lo que facilita su identificación. Ejemplo: de conservación alto y sexual bajo.
- **Segundo paquete:** tienes dos instintos casi igual de fuertes, acompañados de un tercero muy bajo. Este patrón dificulta la identificación del instinto dominante. Ejemplo: sexual y de conservación muy pegados, y social olvidado.
- **Tercer paquete:** tienes los tres instintos en forma de escalera descendente. Este patrón es muy común y facilita la identificación del dominante. Ejemplo: social muy alto, sexual sin problema y debes trabajar en el de conservación.

Cuando logramos balancear estas tres áreas de nuestra vida, vivimos en coherencia y armonía. Esto nos acerca a una espiritualidad cotidiana, la cual se transita con presencia, claridad, intimidad y sencillez.

A continuación, explicaré cada uno de los tres instintos. Seguro, después de revisarlos identificarás cuál es tu dominante. Mientras los lees, piensa: "¿Cuál de estas tres áreas es la más importante para ti? ¿A cuál le dedicas más tiempo y energía? ¿Cuál te amenaza más?, quedarte sin dinero (de conservación), perder a una persona significativa (sexual) o perder tu prestigio (social). ¿En qué área de tu vida tienes más problemas? ¿En dónde te alocas y sale tu parte reactiva, en descuidar tu cuerpo y solvencia económica, en tus relaciones de uno a uno o en la convivencia con los demás?

Recuerda: el instinto dominante siempre trabaja de manera positiva y negativa. Por lo tanto, sacará lo mejor y lo peor de ti.

INSTINTO DE CONSERVACIÓN

Este instinto piensa más en singular que en plural porque busca la sensación de seguridad y bienestar físico que asegura la supervivencia. Es el primero y más antiguo de los tres instintos que desarrollamos en la infancia. Es la inteligencia que nos mantiene vivos y está orientado a cuidar y regular tu cuerpo para mantenerlo sano, seguro y cómodo.

CONSERVACIÓN
¡A mi cuerpo, tengo que cuidarlo
y protegerlo para sobrevivr!

Si te identificas con este instinto:

Tus frases son: "¡Yo voy primero!" "¡Yo soy mi cuerpo, tengo que cuidarlo y honrarlo para sobrevivir!"

Buscas: seguridad, protección y bienestar físico.

Tienes *miedo* a: la escasez de recursos, quedarte pobre, la enfermedad, la vejez, depender de otros, perder tus capacidades intelectuales y no tener lo suficiente para sobrevivir.

Tu atención está enfocada: en ti y tu mundo, en tener suficiente tiempo para ti, limpiar y cuidar tu cuerpo, tener salud, confort y buena nutrición, satisfacer tus necesidades (comida, agua, techo, ropa, viajes, ejercicio, masajes, dietas, vitaminas, medicinas). Te concentras en tener solvencia económica y suficientes recursos materiales para que no falte nada en la casa y oficina. En el trabajo, te enfocas en ser autónomo y autosuficiente (salvo el DOS de conservación). Cuidas tu hogar para tener una casa práctica, agradable, acogedora y pasar mucho tiempo en ella. Aprovechas las rebajas, tienes momentos de esparcimiento, unión y placer con tu familia cercana.

Gran parte de tu atención está dirigida a:

TRANQUILIDAD ECONÓMICA   **DEPORTE**   **SALUD**

Te preocupa: prever y planear el futuro, proteger a tu familia, crear una base financiera, tener seguros de todo tipo, llevar un orden, una rutina, acumular comida y recursos de primera necesidad (jabones, cobijas, medicinas, papel de baño) para prevenir cualquier desgracia que pueda ocurrir. Ahorras en luz, agua y comida.

Tu energía: es más plantada, contenida, firme y arraigada (tiendes a pararte en dos pies de forma equilibrada). Sueles vestirte para estar cómodo.

Si el instinto de conservación se apodera de ti y lo usas de forma distorsionada: tu comportamiento se irá a los extremos: de la mesura pasará a la ostentosidad o tacañería como explica Chernick: El extremo se convertirá en "exceso, con una tendencia a la contención, al egoísmo, a la acumulación o acaparamiento, a la paranoia, a exagerar en la salud y la conservación, y con una actitud caracterizada como defensiva/agresiva, donde el objetivo se convierte en perseguir agresivamente lo que uno necesita y defender de manera defensiva lo que uno tiene".[1]

Si el instinto de conservación te domina, éste trabajará en tu contra

**GASTAS
EN EXCESO**

ESTRÉS FÍSICO

**ABUSAS DE LA
COMIDA**

En otras palabras, el instinto de conservación abarca muchas áreas. En unas serás bueno, hábil y destacarás, mientras que en otras serás nefasto. Por ejemplo: puedes ser muy eficiente para crear negocios y ganar mucho dinero, pero al mismo tiempo odias hacer deporte, te saltas comidas o fumas tres cajetillas de cigarros diarios. ¿Te das cuenta de que vas en contra de tu instinto?

Creo que la velocidad de la vida nos impide reflexionar y agradecer la salud y el cuerpo que nos permite movernos, expresar, acariciar, vibrar y disfrutar el mundo. Esa falta de contacto con nosotros nos lleva a sofisticar y distorsionar la inteligencia instintiva que la naturaleza nos dio. Si realmente escucháramos a nuestro cuerpo, dormiríamos las horas que éste requiere, no comeríamos de más, pensaríamos un poco más en el futuro y dejaríamos de despilfarrar tanto el dinero como la salud.

Practica el instinto

Imagina que eres soltero(a) y te invitan a una boda de día cerca de tu ciudad. Si te identificas con el instinto de conservación, tus pensamientos serán: "¿Cómo me iré (manejando, en camión, en Uber)? ¿Necesitaré ropa extra por si hace calor o frío? ¿Habrá suelo firme o pasto para los zapatos (en caso femenino)? ¿A qué hora nos darán de comer? ¿Habrá un hotel cercano por si se hace tarde?" Al llegar, observarás el lugar y detalles como el volumen de la música, la temperatura del aire, la decoración, la calidad de la comida y el vino, la comodidad de las sillas. También cómo se siente tu cuerpo: contento, cansado, hambriento, etcétera.

> Cuando satisfaces algunas de estas necesidades, tu instinto se relaja y tu cuerpo se siente contento. Entonces sacas tus otros dos instintos para ser muy social o relacionarte de manera más profunda con otra persona.

INSTINTO SEXUAL O DE ATRACCIÓN

Este segundo instinto aparece en una etapa más madura de nuestro desarrollo. Está orientado a la conservación de la especie, impulsado por la atracción erótica entre la fuerza y la belleza que nos motiva a conquistar y pelear por ese alguien que nos atrae con fines procreativos.

Este instinto va más allá de la sexualidad y de nuestros vínculos de intimidad de uno a uno con amistades cercanas, se trata de la energía vibrante que se da entre dos personas. Es la "potencia creadora", la vitalidad y electricidad interna que te impulsa a ir más allá de la comodidad o supervivencia. Es la fuerza interior que te incita a crear algo nuevo, evolucionar, luchar por alguien, arriesgarte a hacer las cosas diferentes, plasmar lo mejor de ti en un lienzo, en un baile o en un libro impregnado de pasión. Es cuando te sientes vivo por dentro y la noción del tiempo se pierde.

Vibración interna   Conexión e intimidad   Pasión por algo

Si te identificas con el instinto sexual:

Tus frases son: "¡Yo soy mi relación!" "¡Tenerlo todo, es tenerte a ti!" "¡Mi (pareja, música, proyecto) y yo somos un mundo aparte!"

Buscas: intimidad, vinculación emocional profunda con otra persona (pareja, amigo, hermana); encontrar una pareja que te haga vibrar, que sea tu confidente, amigo, amante y anhelas "ser deseable" para atraerla. Necesitas la energía, el contacto físico, la compañía de alguien significativo en tu vida. Sin importar dónde estés, siempre piensas en esa persona especial. De igual forma experimentas una energía de vida por encontrar todo eso que te estimula y te atrae de la vida.

Tienes miedo a: no ser deseable ni atractivo, no ser querido por lo que eres, no valer la pena, sentir que se apagó la chispa, romper o dañar tu relación, sentirte incompleto o desconectado con esa persona especial.

Tu atención está enfocada: en el mundo energético que existe entre la persona significativa y tú, en conocerla más a fondo o tener un encuentro con gente que vibre con tu misma intensidad. Te arriesgas y sales de tu zona de confort para evolucionar. Te concentras en descubrir la electricidad que te prende en una canción, una conversación, la divinidad o cualquier cosa que te haga sentir plenamente vivo.

Te preocupa: qué estrategia usar para atraer a esa persona, cómo conectarte y desnudar tu alma, qué decir, cómo comportarte, qué tanto puedes o no intimar y abrirte con ella, cómo puedes romper con las fronteras de protección y tocar su mundo vulnerable. Te inquieta la opinión de tu pareja hacia ti, si te considera inteligente, atractiv@, sensual. Te preocupa sacrificarte por el bien de la relación.

Tu energía: es alta; juguetona, aunque intensa y en ocasiones agresiva. Eres un ser carismático y seductor. Tiendes a recargar tu peso en un pie y luego cambiarlo al otro. Una característica típica de los sexuales es la mirada profunda y penetrante como un rayo láser. Sueles vestirte para atraer.

Si el instinto sexual se apodera de ti y lo usas de forma distorsionada: tu comportamiento se irá a los extremos: ya sea que lo niegues, te retraigas y no quieras intimar ni profundizar con nadie (volviéndote ansioso, frío y aburrido) o busques de manera forzada, te comportes de forma intensa, obsesiva, posesiva y celosa, con mucho *miedo* al abandono. También están las fronteras entre abstención sexual y su extremo hacia la autodestrucción a través de la adrenalina y la sobreestimulación de tus sentidos con alcohol, drogas, promiscuidad, la sensación de poder *versus* obediencia y sumisión.

Practica el instinto

Imagina que eres soltero(a) y te invitan a una boda de día cerca de tu ciudad. Si te identificas con el instinto sexual, seguro tus pensamientos serán: "¿A quién invitaré para pasármela bien durante muchas horas? ¿Qué vestido, traje, corbata, loción, accesorio voy a usar para atraerl@? ¿Me gusta alguien de l@s invitados por su energía, por ser divertido, ameno, inteligente, profundo?" Cuando estés con alguien, pensarás: "¿Me atrae o me aburre su energía? ¿Qué tema nos conectan para profundizar? ¿Quiero saber más de esta persona o ya la quiero mandar a volar?" Al llegar, escaneas el ambiente para detectar a quién te gustaría saludar, cómo abordar a la persona que te atrae y platicar de una forma más profunda.

> Interesante: cuando interactúas con personas significativas, tu instinto se relaja, entonces ya puedes socializar de manera rápida y disfrutar del ambiente. Al final de la boda te darás cuenta de que platicaste con pocas personas pero de forma profunda.

INSTINTO SOCIAL

Al tercer instinto lo desarrollamos de niños, en una etapa más madura, cuando surge el impulso instintivo por conectarnos de manera social para jugar, ir a fiestas, o conectarnos con el mundo exterior.

Sabemos que somos seres gregarios por naturaleza. Los humanos, al igual que los animales, se agrupan en manadas para sentirse aceptados y seguros. Es una fuerza instintiva que busca la conexión con los otros para sentirnos parte de algo más grande, útiles, cobijados y protegidos.

Grupos sociales   ¿Quién es quién en el mundo de afuera?   Causas sociales

En esta relación, brota una necesidad imperiosa por caer bien, por encajar y adaptarnos al grupo. De lo contrario nos sentimos solos, débiles y vulnerables.

Es importante aclarar una confusión muy común de este instinto. Hay personas que son "sociales" y a la vez introvertidas y tímidas, o su capacidad social es baja, pero les interesa participar desde sus trincheras, saber qué pasa en el mundo y encontrar su lugar en la sociedad desde un sitio más callado, sin ir a fiestas o eventos sociales.

Si te identificas con el instinto social:

Tus frases son: "¡Yo soy (mi grupo, mi equipo, mis amigos)!" "¡Necesito un sentido de pertenencia!" "¡Tengo que ser alguien importante para sobrevivir!"

Buscas: conectarte para pertenecer y participar en grupos específicos (ya sean de amistad o de trabajo como clubs, asociaciones, causas sociales, partidos políticos). Te interesa el estatus, poder, prestigio, éxito, reconocimiento, las alianzas, ser popular en tu grupo o ser famoso.

Tienes *miedo* a: el rechazo, sentirte inferior, solo, marginado o perdedor.

Tu atención está enfocada: en los otros, tu grupo de amigos, la comunidad, el mundo exterior; en adaptarte a los demás para crear vínculos de protección mutua. Te gusta incrementar tus redes sociales, saber nombres y quién es quién en la sociedad para interactuar con esas personas importantes o interesantes. Te comparas con los demás. Te interesa la historia, la política, las noticias (saber lo que acontece en el país y el mundo), el cuidado del planeta, la filantropía, eventos culturales y sociales, etcétera.

Te preocupa: qué estrategia usar para ganar la aprobación y confianza del grupo, ya sea tu trabajo duro, logros, sacrificarte por el equipo. Te preocupa el protocolo, las jerarquías, tu capacidad de comunicación, la cooperación, ocupar un lugar especial en el grupo. Quieres saber qué papel juegas dentro del grupo o la sociedad, cómo te perciben los demás, ¿te sientes aceptado o rechazado?

Tu energía: es hacia afuera, más dispersa y fría. Quisieras contactar con mucha gente en poco tiempo y causar buena impresión. Por lo general te vistes para pertenecer o para imponer la moda en tu grupo.

Si el instinto social se apodera de ti y lo usas de forma distorsionada: tu comportamiento se irá a los extremos: en vez de ser una persona sociable, te retraerás y no querrás ver a nadie (incluso puedes destruirte y volverte adicto al alcohol, drogas, fiestas). En vez de ser alguien sincero, cooperador, amable y empático, puedes volverte hipócrita, envidioso, frío e indiferente. Incluso puedes revelarte contra la sociedad con actos guerrilleros. Recordemos que estos cambios drásticos dependerán mucho del nivel de integración de la persona, entre más bajo sea el nivel, más enfermos y distorsionados serán nuestros comportamientos.

Practica el instinto

Imagina que eres soltero(a) y te invitan a una boda de día cerca de tu ciudad. Si te identificas con el instinto de social, seguro tus pensamientos serán: "¿Me interesan las personas que se casan? ¿Quiénes van? ¿Cuál es la moda en vestidos, zapatos, colores, esmaltes? ¿Los hombres van de oscuro o claro? ¿Con traje o ropa casual?"

Al llegar, escaneas a la gente importante con la que quieres conectar (porque tiene poder, prestigio, te divierte o te ayudará a conocer otras personas), saludas al mayor número de personas de forma rápida y encantadora: "¿Qué tal? ¡Qué gusto verte! Regreso en un momento." Te mueves por aquí y por allá, hasta llegar al grupo que te interesa conquistar y, entonces, muestras todas tus capacidades sociales.

Cuando tu instinto social se siente satisfecho por contactar a las personas que te interesaba saludar, ya te puedes sentar muy a gusto a disfrutar de la comida o a platicar un poco más a fondo con alguien en tu mesa.

En conclusión, si al de conservación le dan una rica comida estará feliz, si el sexual entabla plática profunda con alguien estará contento y si el social conoce a mucha gente también estará feliz.

Imagino que después de las descripciones, ¡ya ubicaste tu instinto dominante!

LOS SUBTIPOS

Como ya te diste cuenta, la teoría de los instintos puede considerarse como una tipología separada del Eneagrama. Lo más interesante aparece cuando mezclamos las dos herramientas: el Eneagrama y los Tres instintos (el tema medular de este libro).

El Eneagrama describe nueve eneatipos con rasgos específicos muy diferentes unos de los otros. Como mencioné en mi libro anterior, *Eneagrama: ¿Quién Soy?*, cada tipo de personalidad tiene un "punto ciego, una pasión o una energía emocional negativa" que organiza toda nuestra personalidad.

Estos puntos ciegos operan de forma inconsciente y los conocemos como: *ira, orgullo, vanidad, envidia, avaricia, miedo, gula, lujuria* y *pereza*. (Te recomiendo dominar las nueve pasiones antes de entrar a los subtipos.)

Ahora bien, si mezclamos cada una de las nueve pasiones con las tres fuerzas instintivas (de conservación, social y sexual) nos da un resultado de 27 combinaciones llamadas subtipos. Es decir, tres subpersonalidades o variantes del mismo tipo, por ejemplo: tres tipos de UNO, tres tipos de CINCO, etcétera.

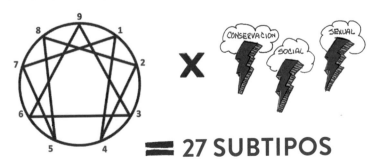

27 SUBTIPOS

¿Cómo identifico mi subtipo?

Para entenderlo mejor, tomemos mi ejemplo: en el mapa del Eneagrama me identifico con la personalidad SEIS y mi pasión o punto ciego se llama *miedo*. Además, mi instinto dominante es el sexual. Ahora, si al *miedo* lo mezclamos con cada uno de los tres instintos, esto nos dará como resultado tres expresiones muy diferentes:

- Combinado con el instinto de conservación, expresa un comportamiento más cálido e inofensivo.
- Mezclado con el instinto social, expresa un comportamiento más rígido y obediente.

- Unido al instinto sexual, expresa un comportamiento más intenso y agresivo.

Interesante, ¿verdad? Aunque las tres personas tengan como base el mismo *miedo* y compartan rasgos y similitudes, su comportamiento será totalmente diferente. Por eso muchas personas que desean encontrar su tipo de personalidad en el mapa del Eneagrama, no se identifican del todo con las descripciones de los nueve eneatipos base.

> Recalco la importancia que tiene nuestro instinto dominante porque representa una parte central de nuestra forma de comportarnos.

El subtipo nos indica el área más factible por la cual saldrán nuestras bondades y talentos, y nuestra parte más reactiva para que podamos trabajar en ella y ser mejores personas.

Para terminar, en la parte de los subtipos encontrarás un concepto nuevo: el **contratipo**. Naranjo nos dice que dentro de los tres subtipos hay uno que va en contra de la energía de la pasión, lo que provoca dificultad para identificar a simple vista el tipo de personalidad.

2

LOS ENEATIPOS

PERSONALIDAD TIPO UNO

El perfeccionista / el reformador / el exigente: tiene gran
capacidad para detectar el error, el detalle y la imperfección.

Pertenece a la tríada visceral (8, 9, 1) porque percibe y filtra la vida desde el cuerpo. Recuerda que estas tres personalidades tienen en común problemas con el manejo de su agresión y represión de la *ira*. Si eres Tipo uno:

En general te caracterizas por ser: una persona honesta, ética, justa, sensata, trabajadora, con convicciones fuertes, altos ideales y valores morales que buscan hacer de este mundo un lugar mejor. Por eso buscas actuar de forma correcta, hacer las cosas bien y superarte en todo. No soportas el "¡me da igual!" o "¡no se puede!" pues te tomas la vida tan en serio que, cuando empiezas algo, te comprometes y terminas haciendo más de lo que te pidieron.

Para ti es importante ser bueno y correcto; eres noble, disciplinado y moderado en todo. Predicas con el ejemplo y te conviertes en un líder moral para muchos. Desde niño ya eras un adulto chiquito con un alto sentido del deber, capacidad de crítica y mucha responsabilidad, por eso exiges mucho a los demás.

Tienes una voz interna con mucha autoridad que juzga todos tus pensamientos y acciones; una voz aprendida desde la infancia que puede ser tan severa que la confundas con una voz superior. Si la obedeces te premia y te aplaude, de lo contrario te causa culpabilidad y sufrimiento. Este punto es muy importante porque si no experimentas esa voz interior severa (*superyó*), es probable que no seas un UNO.

El "deber ser" es prioritario en tu vida y no entiendes por qué a los demás no les importa el compromiso y la responsabilidad. Muchas veces, esto te molesta y tratas de controlar tu *ira* a través del silencio o adoptando una postura de indignación o rigidez. Tus palabras favoritas son "debo o tengo que hacer". Eres serio y exigente contigo y con los demás, trabajador, meticuloso, metódico y estructurado. Tienes una manera de pensar radical: es blanco o negro, nada de tonalidades.

El *error* juega un papel muy importante en tu vida: lo detectas mejor que nadie, te brinca a distancia, te irrita y deseas corregirlo de forma compulsiva. Te enfocas tanto en el 2 % del error, que no disfrutas el otro 98 %. Muchas veces pospones decisiones por *miedo* a cometer errores ya que te pueden criticar o juzgar, es como una sensación de tener que ser perfecto para que te quieran. Y estás convencido de que, si haces las cosas bien y llevas una vida ordenada, tendrás paz y las voces negativas de tu juez interior se callarán.

ALAS

¡Recuerda que son la sal y la pimienta de tu personalidad!

Si eres un 1/9

En la luz: eres amable y bondadoso, pero frío e independiente. Eres más idealista, tranquilo, moderado, flexible, pero más serio e introvertido. Eres objetivo y tapas tu enojo o lo expresas de una manera más suave que el 1/2. Disfrutas mucho la naturaleza y los animales.

En la sombra: eres distante, seco y frío para expresar tus emociones. Te aíslas para estar solo. Adoptas un aire de superioridad, te sientes dueño de la verdad absoluta con una tendencia a juzgar y criticar todo. Tomas una actitud arrogante y necia.

Tu vestimenta: Es relajada, casual, conservadora, informal, cómoda y con colores tranquilos.

Si eres un 1/2

En la luz: eres cálido, servicial, extrovertido y efusivo para expresar tus emociones. Sueles ser más empático, altruista y sensible a las necesidades de los demás que el 1/9. Eres exigente, proactivo y apasionado para lograr cambios.

En la sombra: eres más vanidoso, te gustan los reflectores. Eres celoso y dejas ver tu impaciencia y agresividad. Te cuesta trabajo soltar el control. Tomas una actitud crítica, rígida y sarcástica.

Tu vestimenta: estás consciente de tu imagen y de la opinión de los demás. Tu ropa es moderna contemporánea, con una mezcla de colores entre suaves, fuertes y atrevidos.

¿QUÉ TANTO TE CONOCES?

En general, quieres: ¡Dejar un mundo mejor! Deseas hacer las cosas bien porque te provoca una sensación de control, placer y bienestar. Quieres ser objetivo y justo. Buscas la excelencia en un esfuerzo continuo por mejorar en todas las áreas de tu vida.

Deseas que los demás te vean: como una persona con autoridad moral íntegra, justa, recta y confiable. Capaz de ser un líder ético, inteligente, comprometido y trabajador, además de amigable, previsor, sencillo y físicamente saludable.

¿Cómo te ven en realidad?: cuando tu punto ciego te traiciona (ira), la gente te percibe como impaciente, acelerado, juicioso, cerrado, intenso, enojado y obstinado al opinar. Los que te rodean se sienten nerviosos por tu crítica. Te perciben como un "inspector", cuyo cuerpo y mirada juzgan sin hablar.

Evitas al máximo: cometer errores, romper reglas, perder el tiempo, descontrolarte o sacar tu *ira* de forma abierta, tomar riesgos extremos, a la gente falsa y prepotente.

Tu talento natural: representas el modelo de la integridad. Sabes de forma natural qué está bien y qué no. Tienes una mente lógica, analítica que resuelve los problemas que se presentan. Actúas de acuerdo con tus convicciones sin importar si van en contra de la sociedad.

Tu mayor debilidad: tu rigidez. En ti no hay matices, no puedes ser espontáneo ni ver un panorama lleno de posibilidades. Te pierdes ocho maneras diferentes der ver la existencia que podrían enriquecer tu perspectiva. Quieres cambiar la vida, te peleas con ella en vez de adaptarte y aceptarla como es. Te conviertes en tu peor enemigo y en un crítico severo (el error se vuelve imperdonable). Te regañas, castigas y exiges a tal grado que te obligas a hacer todo cada vez mejor, y ese "mejor" nunca es suficiente, lo que te impide ponerte un diez o estar a la altura de tu ideal y sentirte en paz.

La fortaleza que más necesitas: *serenidad*. La experimentas cuando logras hacer las paces contigo, aceptarte como eres, con virtudes, deseos, impulsos y limitaciones. Cuando estás presente y relajado, te sientes integrado a la vida como si formaras parte de un todo, esto te permite ver la realidad tal cual es y no desde la lente de un juez que revisa si algo o alguien está bien o mal. La serenidad se comunica a través del cuerpo y te hace experimentar paz interior. Esa paz te permite conectar con tu esencia y sabiduría, la cual te guía a tener valor, discernir o encontrar una salida en momentos difíciles o de *miedo*.

Te atrae: la honestidad, integridad, responsabilidad, precisión, limpieza, sencillez, el esfuerzo y el trabajo duro, una actitud de ¡sí se puede!, el compromiso, el detalle, el orden, el control, las mentes objetivas e inteligentes y, por supuesto, el buen humor.

Cuando estás en tu mejor momento: reconoces y aceptas la realidad tal como es, sin tener que hacer nada para mejorarla. Comprendes que también los errores tienen una intención y experimentas serenidad dentro de ti. Imprimes la vida con tu pasión y tu mente se abre a diferentes opiniones (estás dispuesto a aprender de los demás). Eres alegre, expresas agradecimiento, te ríes de tus errores, dejas entrar el placer a tu vida, te diviertes con amigos y familiares. Amas tener contacto con la naturaleza porque en ella encuentras paz y perfección.

Cuando estás estresado: tu quijada se tensa, aprietas los dientes y tu tono de voz cambia. Te cierras, te sientes sobrecargado de responsabilidades, te vuelves intolerante, inflexible y crees que los demás están equivocados. Te sientes solo, poco querido e incomprendido. Te refugias en el juez crítico de tu cabeza para reprimir tus instintos y tapar lo que sientes (rabia, *ira*, *miedo*, odio). Evitas descontrolarte, pero lo irónico es que, en ocasiones, ni siquiera tienes consciencia para verte y descubrir la energía de *ira* que invade tu cuerpo. Rara vez la vives como rabia porque vives en un mundo ideal donde, primero, tu juez interior te justifica para salvar tu imagen y, después, depositas tu resentimiento en los demás por su falta de esfuerzo y responsabilidad.

¡Date cuenta!

Tu energía y comportamiento dan la apariencia de ser una persona más racional que visceral, esto se debe a la enorme represión de impulsos e instintos que has tenido desde la infancia.

Ejemplo: imagina que te dan ganas de faltar a trabajar, regañar a alguien o besar a una desconocida. Estos impulsos se originan en el sótano de tu casa (*ello*) y pasan por la planta (*yo*), pero antes de salir piden permiso a tu juez crítico (*superyó*). Si no los aprueba, cancela el permiso y en automático reprimes el impulso.

Cuando reprimes los impulsos de tu cuerpo se acumula mucha *ira*, contenida en una olla exprés que buscará la salida a través de actitudes moralistas, críticas, resentimiento hacia la vida, excesos en el alcohol, sexo, deporte, acciones compulsivas de perfección (limpiando, ordenando) o corrigiendo al vecino.

No te das cuenta... de que tienes una "mente comparativa" que te hace sufrir y la asocias con una sensación de insatisfacción. Vives una competencia continua en vez de disfrutar la realidad tal cual es. Observa cómo todo el tiempo te comparas contigo y te juzgas, te criticas, repruebas cruelmente o te aplaudes: "¡Qué bien me salió el discurso!" "¡Es el colmo que no haya bajado mi tiempo en la carrera!" Y cuando va dirigido a otros: "Soy más inteligente, pero él tiene más dinero" o "¡trabajo mucho más! ¡Por qué a ella la premian!" Sería bueno que te preguntaras: "¿Qué tanto hay de *ira* y de *envidia* en mí cada vez que me comparo con otro?"

No te das cuenta... de que te has privado de la diversión por mucho tiempo y te niegas los placeres de la vida. Como diría Palmer, estás tan preocupado por lo que deberías hacer, qué pocas veces te preguntas: "¿Qué quiero?" Te olvidas de ti, trabajas como loco, tu atención está tan enfocada en las tareas y pendientes que tu apapacho pasa a un segundo plano. Y si lo llegas a hacer, te sientes culpable: "no vaya a ser" que ¡te critiquen o juzguen porque no era el momento adecuado!

El mecanismo de defensa que más usas: la formación reactiva

Cuando algo del exterior nos asusta o amenaza, todos los seres humanos de manera "inconsciente" levantamos una barrera para defendernos y así no ver la realidad tal cual es. De esta manera el mecanismo *nos protege y nos proporciona una sensación de seguridad* que nos permite funcionar.

La formación reactiva consiste en "actuar de forma opuesta a la deseada para evitar que salgan a la luz los verdaderos deseos". Otra definición que me gusta es: "Cambiar tus impulsos inaceptables por su contrario."

Es un proceso mental que opera de forma inconsciente y se activa cuando no puedes reconocer tus verdaderos pensamientos o sentimientos ante algo que te desagrada, por lo que te comportas de forma opuesta a lo que en verdad piensas o sientes. Imagina que te encuentras a una persona que en el fondo te cae mal y al estar frente a ella te comportas amable y gentil.

Te recuerdo, el UNO está convencido de que para que lo quieran, necesita ser bueno y obedecer a su juez crítico. Como vemos, el UNO puede engañarse y vivir en una incoherencia emocional donde se comporta de una manera recta, ordenada, responsable y muy controlada para evitar que cualquier impulso o deseo "no bien visto por la sociedad" salga a la superficie.

A veces estos impulsos (agresión, sexo, placer, *envidia*, diversión) son tan fuertes que no te permites reconocerlos, y menos que salgan a la luz, porque devaluarían tu imagen idealizada de ser "bueno y perfecto". Por eso, de manera inconsciente y automática, desarrollas un mecanismo (formación reactiva) o un comportamiento opuesto para que te libere de esta presión y te ayude a sentirte tranquilo y controlado.

Ejemplo: alguien tiene pensamientos sexuales y pecaminosos, niega sus impulsos porque cree que son malos y, en automático, hace lo contrario: se comporta de forma santurrona y condena a toda esa gente que ve pornografía o tiene amantes.

> Interesante: el mecanismo opera a un nivel inconsciente y de forma inmediata. La persona no se da cuenta de que está actuando con falsedad porque no existe una mínima consciencia de que se está engañando. La medicina consistiría en hacer consciencia y después actuar en consecuencia, es decir, a mayor coherencia mayor salud física y mental.

Tu sombra / punto ciego: la *ira* o resentimiento

En el Eneagrama, la *ira* es una explosión de energía abierta y directa que te mueve a la acción sin tocar el corazón o la cabeza para la defensa o ataque. Pero los UNO experimentan la *ira* de forma callada y diferente: está cargada de frustración, resentimiento, actos compulsivos de corrección e irritabilidad porque la realidad no es perfecta ni justa como debería. Por lo general, controlas tu *ira* porque socialmente está mal vista (y porque, con los años, aprendiste que la gente se aleja y no te gusta estar solo), pero cuando ésta llega a su límite, explota y "tu agresividad necesita a la hora de expresarse «estar cargada de razón» y quizá sea eso lo que la hace tan temible para los demás".[2]

Objetivo final del Eneagrama: despertar y ampliar tu consciencia para contactar con tu esencia. Así, te darás cuenta de los patrones automáticos que realizas, transformarás tu *ira* en *serenidad* y podrás llevar una vida más equilibrada, plena y coherente contigo.

Observa tus hábitos y atrápate en el momento exacto en que experimentas *ira* en tu cuerpo, quieres tener la razón, te sientes superior a los demás, corriges, criticas o buscas culpables por falta de responsabilidad y compromiso: "¡Yo lo hubiera hecho mucho mejor!" "Es indignante e injusto que me traten de esta manera." "¡Se hace así, porque lo digo yo y punto!"

En vez de enfocarte en cambiar al mundo, rompe el hábito del UNO, respira y relájate de forma suave y callada para que tu corazón se conecte y escuche desde un lugar más consciente la realidad en la que estás. Te aseguro que te sentirás en sintonía con el mundo, tu cuerpo entenderá qué hacer, tu luz interna se transmitirá por tu mirada e invitará al prójimo a cambiar. Si logras esta paz interior, entrarás en el camino de la transformación... y la visión del mundo imperfecto empezará a cambiar para ti.

SUBTIPOS: LAS TRES VERSIONES DE UNO

Si combinamos la *ira* con cada uno de los tres instintos que hemos mencionado, provocará tres reacciones o comportamientos muy diferentes, dando como resultado los tres subtipos: **UNO de conservación, UNO social** y **UNO sexual.** ¡Por eso las personas del mismo tipo se ven y comportan de forma diferente!

Cálido y "preocupón"　　　　　Frío y rígido　　　　　Intenso y crítico

¿Cuál es tu reto?: ¡Sal de tu zona de confort, sacude tu ego para que tu esencia impregne tu personalidad! Ve más allá de tu *ira* y descubre el instinto dominante que gobierna tu vida para que hagas conscientes tus comportamientos automáticos primarios y los transformes en respuestas más sanas y equilibradas.

Como UNO no quieres saber nada de tu *ira*, ni que los demás se den cuenta de que eres iracundo. Para protegerte, tu psique crea ciertos comportamientos o estrategias que disfrazarán tu enojo y te harán sentir bien.

Los UNO controlan y canalizan su *ira* de tres formas muy diferentes. Te presento un pequeño resumen para que descubras tu subtipo de acuerdo con Naranjo:

- El **UNO de conservación** es cálido y "preocupón". Es el más perfeccionista porque está muy consciente de sus imperfecciones.
- El **UNO social** es rígido e intelectual. Ya se siente perfecto y, a través de su persona, nos modela la "perfección" y la manera correcta de hacer las cosas.
- El **UNO sexual** es intenso y más orientado a la acción. Su atención está enfocada en reformar a su pareja y a las personas que lo rodean.

UNO DE CONSERVACIÓN

SOY EL MÁS EMOCIONAL, CARIÑOSO Y EXPRESIVO

REPRIMO Y CONTROLO MI IRA

SOY EL MÁS AMABLE, SERVICIAL Y SACRIFICADO DE LOS "UNO"

EL DEBER VA ANTES QUE EL PLACER, NO DESCANSAR

ME AGOBIA MI FUTURO Y EL DE MI FAMILIA

SOY MUY TRABAJADOR, ME GUSTA TENER TODO BAJO CONTROL

SOY EL MÁS PREOCUPÓN Y PREVISOR DE LOS "UNO"

ME SIENTO IMPERFECTO... DEBO ESFORZARME MÁS PARA SER EL MEJOR

ME PUEDO CONFUNDIR CON UN 6

NERVIOSO, HIPERSENSIBLE, INTENSO E IRRITABLE

CONSERVACIÓN
↓
PREOCUPACIÓN

Palabras claves que lo describen: PREOCUPACIÓN / ANGUSTIA

Al ser un UNO de conservación, por lógica te preocupará la sobrevivencia, tu relación con ella y cómo la gestionas para sentirte seguro en este mundo.

Diferencias con los otros tipos de **UNO**

De los tres subtipos, eres el más preocupón y el más enfocado en buscar la perfección. Por eso te concentras en los detalles, la precisión y tener todo bajo control. Te esfuerzas por mejorar la realidad, arreglar lo que está mal, hacer las cosas bien y perfeccionarte, lo que te brinda una enorme sensación de satisfacción: desde lograr una meta personal o tender una cama perfecta, hasta colocar un cuadro sobre una pared. "Parece que si haces las cosas bien, te aseguras de que eres bueno."[3]

Eres el más cálido, emocional, expresivo, amable, cariñoso, educado y condescendiente de los UNO. Además, por lo general predomina tu ala DOS y te orientas al servicio.

Tu imagen refleja fiabilidad y rectitud. Pero también eres el que más reprime y controla su *ira*. Para los de afuera, es una *ira* velada, cuesta trabajo detectarla a simple vista porque tiendes a taparla con preocupación y amabilidad. Por dentro la vives como una olla exprés, con mucho enojo y resentimiento contenido, para evitar que explote. Esto es difícil de entender a la primera, porque a veces ni siquiera estás consciente de tenerla o de reprimirla.

Te platico: como buen UNO, aceptar que eres iracundo o irritable no entra en tu vocabulario porque una persona que busca la virtud de la perfección, no puede ser enojona, ni debe verse colérica frente a los demás (es un comportamiento inaceptable). Por eso, de manera inconsciente, cada vez que algo te disguste mucho, usarás un mecanismo para contrarrestar o distraerte de tu enfado actuando de forma opuesta a ese sentimiento. Es decir, en vez de manifestar tu *ira*, te comportarás de forma correcta, tolerante, cálida y condescendiente con los demás, o bien, vas a voltear esa *ira* hacia ti en forma de autoexigencia.

Como dice Chestnut: "Una persona enojada que se desconecta de su propia *ira*, se convierte en una persona gentil, apoyadora y con buenas intenciones."[4] ¡Disfrazas tu *ira* sin darte cuenta y la cambias por una actitud de servicio o siendo amable y condescendiente!

Eres un UNO que se angustia demasiado. Naranjo explica: "Exagerada necesidad de previsión y de tenerlo todo bajo control, motivada por un *miedo* a que se vea amenazada su supervivencia o conservación."[5] Es decir, te gusta planearlo todo, prever y controlar lo más posible lo que pueda suceder. Tiendes a analizar tanto la forma como cada detalle con detenimiento para evitar algún error o meterte en algún lío que te lleve a que te critiquen o tachen de flojo o irresponsable. ¡No vaya a ser que les pase algo a tu gente o que las cosas no salgan como fueron planeadas! Por lo que es mejor hacer las cosas bien a la primera, estar alerta y revisar 3 veces el itinerario, la presentación para los directores, la compra de acciones o el pago de impuestos.

También de esta "preocupación" se deriva una constante sensación de intranquilidad o angustia por tu futuro y seguridad económica. Eres muy protector y te preocupa que tanto a ti como a tus seres queridos les pueda ocurrir algún imprevisto como una enfermedad, un accidente, un cambio de gobierno, por lo que quieres tener todo bajo control. Y como para ti en esta vida nada se obtiene "de a gratis" sabes que hay que trabajar duro para alcanzar esta deseada seguridad, ya que uno de tus peores miedos sería quedarte pobre y no subsistir. Por eso sueñas con crear una base sólida o una plataforma financiera que te permita a ti y a los tuyos vivir y asegurarles una tranquilidad económica en el futuro.

> Un alumno UNO de conservación, contó que *desde muy pequeño sentía una necesidad por ahorrar dinero porque le preocupaba tanto su futuro como el de su familia. "Cada vez que salíamos a comer con toda la familia a un restaurante, siempre pedía lo más barato del menú o me hacía el enfermo para comer menos, porque pensaba que así ayudaría a que no se le acabara el dinero a mis papás."*

Como tu instinto dominante es el de conservación, el dinero adquiere doble importancia. Frente a él, eres austero, te duele gastarlo (inclusive para ti), te vuelves "codo" porque no justificas usarlo para cosas superfluas o que ya tienes. Lo ves como un medio para vivir y no como un fin. Lo gastas priorizando en temas de educación, vivienda y sustento sobre diversión y cosas materiales. Te disgusta tener algún tipo de deuda y si llegas a tenerla sientes urgencia por saldarla. Evitas comprar a plazos y usas las tarjetas de crédito como medio para dejar de usar efectivo y así tener un mejor control. Te encantan las rebajas y las ofertas.

Estas convencido de que tu trabajo, esfuerzo y ahorros dependen sólo de ti por lo que, muchas veces, te privas de gozar pequeños momentos como descansar, tomar unas vacaciones, comprarte un capricho o simplemente no hacer nada. Para ti, "el deber ser" es prioritario a cualquier otra actividad; es como si el apapacharte o tocar el placer fuera malo o estuviera prohibido en tu código de ética.

Eres súper trabajador, te guías por tus valores éticos y tienes un alto sentido de la justicia. Desde niño tienes la responsabilidad tatuada en las venas, por eso eres muy estricto contigo y con los demás. Para ti hay tanto por hacer y por mejorar, que es difícil que te relajes y sueltes el control, delegues tu trabajo a alguien o dejes que el río tome su cauce. En vez de eso, te preocupas más y sientes un tipo de obligación moral por ayudar a los demás, te sacrificas, haces trabajos que no te corresponden e inviertes mucho tiempo en analizar cada detalle para sacar de forma exitosa la tarea del momento. Un punto importante a tu favor es que "a pesar de que eres ansioso, eres un pionero para abrir nuevos territorios".[6] Tienes talento para visualizar nuevas oportunidades o crear fuentes de trabajo.

Ejemplos de UNO de conservación: Mónica en la serie *Friends*, Jack Nicholson en la película *Mejor, imposible*, Martha Stewart y George Harrison.

> Cuando este tipo de UNO no hace lo que de verdad quiere, sus necesidades reprimidas empiezan a brotar: "Ese coche que tanto quería…" "Esa casa de campo que me ofrecían y no compré porque no era prudente…" "Ese viaje de amigos que no hice por comprar una lavadora…" Entonces, la *ira* empieza a aflorar en forma de amargura, frustración y odio hacia las personas que viajan, heredan o despilfarran el dinero. Te enoja que la vida no sea justa contigo.

Cuando estás equilibrado, eres excelente para administrar un negocio porque tu mente analítica y detallista te permite detectar los errores y manejar con facilidad los impuestos, cobros, pagos, etcétera. También eres muy leal a tu familia y expresas tu cariño preocupándote por su bienestar y encargándote de que no les falte nada. Todo lo haces de la forma más práctica, eficiente y económica posible.

¿Con qué eneatipo puedes confundirte?

Con el SEIS de conservación por la tensión y nerviosismo que sienten, aunque sus motivaciones son diferentes. Ambos son cálidos, leales, ordenados, responsables, ansiosos y preocupones. La diferencia radica en que el UNO detecta los errores y los corrige de forma inmediata, y el SEIS los cuestiona y desconfía. El UNO juzga, tiene *ira* y resentimiento, mientras que el SEIS duda, tiene *miedo* y suspicacia.

¿Cuándo sacas lo peor de ti?

Tu instinto dominante trabaja en tu contra cuando se siente amenazado de forma real o imaginaria. Es decir, cuando tu "seguridad" se tambalea (porque tuviste un conflicto con alguien, hay escasez en tus recursos o por algún factor externo), experimentas mucha ansiedad y llegas a sentir pánico. Tu inseguridad interna crece y si la niegas:

- Tu *ira* se detona y se expresa de forma intensa, irritable, exiges de forma extrema, emites juicios sarcásticos o bien, mantienes silencios prolongados.
- Estás tan acostumbrado a reprimir tanto tu *ira*, que cuando estalla se vuelve muy violenta. Internamente te confundes, te impide ver con claridad y discernir entre qué está bien o mal. En cambio, cuando logras relajarte aparece la serenidad y hay mayor consciencia de la realidad tal como es.
- Cuando sientes que pierdes el control de la situación, te vuelves muy sensible al mínimo comentario o crítica, te enfureces cuando no te dan un sustento lógico, por lo que te cierras, te vuelves más rígido y necio. Adoptas una actitud de dueño y señor del control y le echas la culpa a los demás.
- Si tu seguridad se siente amenazada, la voz de tu juez crítico, tu agobio y tu ansiedad crecen. Ronronea la duda ente "lo debo o lo quiero hacer". Tu

cabeza te atormenta y fantaseas con los pros y contras para evitar un error. Para salir de esta ambivalencia tienes que bajar a tu corazón y evaluar qué tan peligroso es seguir tu sueño (qué cantidad de errores podrías cometer si haces lo que realmente quieres).

- Recuerda que, si no estás equilibrado, puedes obsesionarte con temas relacionados con tu cuerpo y salud como: limitaciones y excesos de recursos o de bienes materiales, atracones de comida y alcohol. También puedes caer en actitudes compulsivas de limpieza, ejercicio o trabajo que te conducen al autocastigo, autodestrucción y a una severa depresión.

¿Qué debe aprender el UNO de conservación?

- Cuando aparece la *ira*, la reacción automática es pasar a la acción, pero si quieres crecer, afronta el sentimiento, descubre de dónde surge y pregúntate: ¿Por qué estás tan enojado? ¿Qué te angustia? ¿Qué necesitas? Recuerda que el resentimiento te habla de alguna necesidad no satisfecha y cuando tocas el placer, el rencor desaparece.

- Es importante que hagas consciente tu *ira*. No se trata de reprimirla, sino de atreverte a expresar tu enojo, tu dolor y tu frustración de forma más clara y asertiva, sin tratar de cubrirlos con un barniz suave y bondadoso.

- La aceptación te da serenidad y te abre a la realidad tal cual es. "Aceptar es el arte de encontrar la belleza en la *aparente imperfección*, en la impermanencia, en lo inacabado."

- Tu camino espiritual es encontrar la serenidad, pero no a través de tu mente, sino desde tu cuerpo ¡al sentir que las cosas ya son perfectas como son! Iníciate en la meditación, haz contacto con el silencio, contempla la belleza de la naturaleza porque esas actividades te acercarán a tu parte espiritual.

- Preocúpate menos por el qué dirán, por lo que debe ser, deja al mundo en paz y mejor ocúpate de lo que te gusta hacer. Atrévete a ser espontáneo y suelta el cuerpo y las reglas; menos trabajo y más diversión. Fluye, juega, haz deporte y date permiso de disfrutar y de pedir lo que necesitas sin culpabilidad. ¡Sonríe, una línea curva en tu cara hace maravillas!

UNO SOCIAL

FRIO, SERIO, APRETADO, MUY ESTRICTO E INTROVERTIDO

SIEMPRE TENGO LA RAZÓN Y TENGO OBSESIÓN POR SEÑALAR LO QUE SE DEBE Y NO DEBE HACERSE

SOY MAESTRO POR NATURALEZA

LA VERDAD ES QUE SOY PERFECTO, TENGO UNA IMAGEN ALTIVA Y PURITANA

SOY EL MÁS INTELECTUAL Y NECESITO SER RECONOCIDO

CONMIGO NO SE JUEGA, SOY BLANCO O NEGRO

EXPRESO MI IRA DE FORMA CONTROLADA

SOY AISLADO, MÁS CALLADO, METÓDICO Y RÍGIDO

ME PUEDO CONFUNDIR CON UN **5**

INFLEXIBLE, DISPLICENTE, INALTERABLE Y MUY CRÍTICO

SOCIAL
RIGIDEZ   SUPERIORIDAD

Palabras claves que lo describen: INADAPTACIÓN / SUPERIORIDAD / RIGIDEZ

Como UNO social, tu atención está en los otros, por eso te preocupa saber cómo actúas ante los ojos de los demás. Buscas pertenecer a grupos de amigos con ideas y creencias semejantes a las tuyas. En el área social te mueves como pez en el agua y tus grupos son mucho más amplios que los del UNO de conservación. Cabe aclarar que hay personas "sociales" sumamente introvertidas y no por eso dejan de identificarse con este instinto.

Eres maestro por naturaleza, desde niño ya eras como un adulto responsable que enseñaba la manera correcta de hacer las cosas (la educación, moral, justicia y las reglas sociales juegan un papel primordial en tu vida). Deseas que la gente salga de su ignorancia.

Me viene a la mente el musical de los años 60, *My Fair Lady* (*Mi bella dama*), cuya trama cuenta que un engreído profesor UNO social, acepta el reto de recoger a una pobre florista y educarla para hacerla miembro de la alta sociedad londinense. Otras películas del cine clásico donde observamos el comportamiento del UNO social son: *Mary Poppins* y *The Princess Diaries* (*El diario de la princesa*) interpretada por la misma actriz Julie Andrews (que en la vida real es UNO social) y Anne Hathaway. Otra película más dramática es *La duda*, donde Meryl Streep interpreta a la hermana Beauvier, una estricta directora que cree con firmeza en el poder de la disciplina.

Al ser social, obvio te atraen las causas sociales y el trabajo en equipo, pero eres de ideas fijas y si ves que algo va en contra de tus principios, abandonas al grupo expresas tu enojo y tu desacuerdo frente a las que te parecen incorrectas. "Eres experto en develar la «suciedad», poner al descubierto maldades y denunciar las injusticias".[7]

Te interesa lo que pasa en el mundo moderno: noticias, política, religión, comunidad y demás. Trabajas duro por hacer realidad tus sueños como cambiar la consciencia de un país, construir una escuela para los hijos de los empleados, reformar el consejo directivo, juntar fondos para la iglesia de tu colonia o sembrar árboles.

Ejemplos de UNO social: Margaret Thatcher, Al Gore, Nelson Mandela, Reina Isabel de Inglaterra, Jacobo Zabludovsky, Hillary Clinton, Bree de la serie *Esposas desesperadas* y la estricta señorita Rottenmeier de *Heidi*.

Estás muy pendiente de cumplir con las normas y conductas sociales, lo que implica que te vuelvas demasiado estricto y rígido en cuanto a lo que se debe y no se debe hacer: "¡Levanta la mano si quieres la palabra!" "No se discute en la mesa." "¡Baja los codos de la mesa!"

Toda mi infancia y adolescencia estudié en el Colegio Oxford. Tanto su directora, Miss Alice, como la institución eran UNO sociales. Su misión era formar alumnas de bien a través de principios morales como disciplina, limpieza y rectitud. La recuerdo como una mujer rígida, con energía contenida, aristócrata y distante. Caminaba con un aire de superioridad como si perteneciera a otro estrato social y rara vez se detenía con alguna alumna para saludarla o mostrarle una señal de cariño.

Diferencias con los otros tipos de UNO:

No eres tan perfeccionista y exigente contigo como el UNO de conservación, pero sí en el **área social** porque es el terreno donde enfocas tu atención.

Cada tipo de UNO aprende a controlar y a manejar su *ira* y emociones de forma diferente. Tú contienes y reprimes tus impulsos siendo una persona más introvertida, seria, fría, rígida, rebelde, intelectual y súper controlada. Aunque fuiste un niño bueno y sensible, controlaste tus emociones y lograste ser fuerte, determinante y autónomo.

El UNO de conservación busca perfeccionarse porque no se siente perfecto, en cambio tú ya "te sientes perfecto" y representas el modelo a seguir. Quieres enseñar de forma sutil (y a veces no tanto) la forma correcta de hacer las cosas. Representas al señor o señora Modales y seguro tu libro de cabecera es el *Manual de urbanidad y buenas maneras* de Antonio Carreño.

Toda esta arrogancia y exigencia te hace sentir superior a los demás, con lo que implícitamente devalúas al otro y le dices: "Yo soy mejor que tú." Esto ocasiona que a muchos les desagrade, se resistan y rechacen tu ayuda o tus órdenes, aunque sepan que tienes la razón.

Soy padre de cinco hijos, soy muy exigente y he trabajado toda mi vida por inculcarles orden, disciplina y valores éticos. Tengo una casa en la playa y para que todo funcione correctamente, invertí una gran parte de mi tiempo en hacer "un manual de treinta hojas" en donde especifico y describo las reglas y el procedimiento a seguir desde que entras y hasta que sales de la casa. Las normas abarcan lo que se debe hacer con la cocina, televisión, aire acondicionado, luz, calentadores, teléfonos, accidentes, invitados, etcétera. Cuando yo la uso, reviso que se hayan cumplido todos los requisitos, de lo contrario, no la vuelvo a prestar e impongo un castigo. Mis hijos ya son adultos y se burlan de mi exageración, pero gracias a mi manual, la casa se ha mantenido a la perfección por más de quince años.

Ichazo bautizó a este subtipo con la palabra "inadaptabilidad". Naranjo lo describió como una conducta "rígida", comparándolo con la mentalidad de un maestro de escuela: "Tiene una verdadera pasión por sentir "yo tengo razón y tú estás equivocado". Esto implica cierto poder sobre los demás. Es como si dijera: «Si estás equivocado, entonces tengo más derecho que tú a dominar la situación.»"[8]

Todo el tiempo mi esposa se queja de mi comportamiento porque cuando vamos en la carretera me indigna la pésima manera en la que la gente conduce. "¡No saben que el carril izquierdo se usa sólo para rebasar!" Cuando la gente permanece en ese carril, le muestro la manera correcta de conducir tocando el claxon o presionando con mi auto para que se muevan. Mi esposa dice que pierdo el tiempo haciendo eso y sólo la pongo muy nerviosa. En lo personal, no me importa porque sé que estoy haciéndole un bien a la sociedad y habrá alguno que aprenda la lección.

Otra diferencia con el UNO de conservación es que sacas tu *ira* un poco más, no la reprimes del todo, sino que: "Demuestra frialdad controlada, una sonrisa sutil y un cierto punto de gentileza, hasta llegar a una superioridad aristocrática que puede desembocar en la indignación. Tiende a mostrar calma y control."[9] "¡Pásale! ¡Es la última vez que llegas tarde y me haces una escena histriónica como ésta!"

Tu ira se deja ver claramente en el fondo de tu discurso y te da terror cometer errores o que te sorprendan contradiciendo tus creencias, ya que, si te abres a nuevos puntos de vista, tu sistema de creencias se podría tambalear.

También, te diferencias de los otros UNO en la parte intelectual. Eres el más culto y el más mental de los tres. Quieres demostrarle al mundo que, a pesar de tu seriedad, buscas que se te reconozca tu gran capacidad intelectual o de trabajo. Te interesa saber, leer y razonar la información y llevar una vida ordenada, controlada y predecible. Esto te lleva a alejarte de tu parte emocional e instintiva.

Muchas veces, aunque eres una persona muy sensible, con el tiempo has reprimido a tal grado tu parte espontánea y cariñosa que te cuesta trabajo decir "¡Te amo!" o "¡Te necesito!" o dejas de ser receptivo al cariño y ternura del otro.

¿Con qué eneatipo puedes confundirte?

Con el CINCO, porque ambos son tenaces, trabajadores, ordenados y se sienten con una inteligencia superior a la de los demás. Los dos son rígidos, les cuesta trabajo adaptarse, tienden a alejarse del grupo y son poco expresivos de sus sentimientos. Son diferentes porque "la energía del UNO es más activa, su orden es más práctico y es más proactivo para resolver problemas mientras que la energía del CINCO es más receptiva, su orden es más mental, su mente es más teórica y abstracta y se enfoca más a la observación y a la profundidad del conocimiento".[10]

¿Cuándo sacas lo peor de ti?

Tu instinto dominante trabaja en tu contra cuando se siente amenazado. Es decir, cuando tu "seguridad" se tambalea (porque te sientes excluido, piensas que no perteneces, cometiste algún error, tus opiniones fueron rechazadas o ignoradas, sientes que una institución en la que confiabas se desmorona o que alguna persona del grupo está actuando de forma incoherente), tu estrés y ansiedad crecen. Si los niegas, sacarás la parte más reactiva de tu personalidad para defenderte en el área social:

- Entre más inseguro te sientes, más rígido, cerrado y tenso te pones. Pierdes contacto con la realidad, tu perfeccionismo se vuelve tóxico, construyes murallas de soledad para protegerte, te vuelves hiperexigente, quieres controlar todo y a todos. Surgen los reclamos indirectos o nuevas acusaciones. Te sientes un sabelotodo, dueño de la verdad y todo te parece erróneo e insuficiente.

- Cuando te sientes inseguro, rechazado, presionado o restringido por la sociedad, surge la *ira* y un resentimiento contra alguien (o contra el grupo) por algo que crees que te hizo con el afán de lastimarte. A la par, surge la ambivalencia entre abandonar el grupo o aguantar y quedarte con tal de pertenecer.

- Cuando ves que alguien se divierte mientras tú trabajas, sientes ira y *envidia* porque en el fondo también quieres divertirte. Como antepones el deber al placer, controlas el deseo y lo transformas en un comportamiento más responsable (como trabajar), pero seguro tu cuerpo se lo cobrará con alguna enfermedad gastrointestinal.

- Te apasionas a tal grado en defender la veracidad de tus puntos, que creas una barrera energética de ira y cerrazón que ocasiona que a veces la gente prefiere darte la vuelta o cambiar de tema.

- Observa cómo cada vez que corriges con tu dedo apuntador o tu mirada enjuiciadora, en vez de que estas actitudes funcionen, causan *miedo* en la gente y provocan que te oculten sus errores o te nieguen información.

¿Qué debe aprender el UNO social?

- Disminuye tu tendencia a educar, no intentes cambiar a nadie, respeta su proceso. Inspira al cambio con tu serenidad, entusiasmo y alegría.

- Aprende a expresar tu *ira*. Siente tu rabia sin reprimirla ni juzgarla. Habla de ella con alguien que consideres importante en tu vida porque si la expresas, le pones nombre y apellido, la *ira* se relaja y se desvanece. Recuerda que si no estás en paz contigo, serás una persona en guerra con el mundo.

- Toca el placer de la vida, contacta con tu buen humor, bromea, baila, planea un viaje, practica algún deporte que te guste o simplemente sal a caminar porque tus grandes inspiraciones no vendrán de tu cabeza sino de momentos alegres que vivas con entusiasmo y pasión.

- Lo que más aprendes como UNO en la terapia, es aceptar tus emociones negativas. Date cuenta de que también forman parte de ti. Intenta ser más flexible, ábrete con interés a escuchar diferentes opiniones y acepta que existen nueve verdades.

- Dale más valor a tus emociones, ayúdate con la expresión creativa, (pinta, canta, escribe, juega). Atrévete a ser más espontáneo, afloja el cuerpo, saca tu parte simpática, incorpora a tu vida tus deseos e impulsos naturales. Busca la espiritualidad, perdónate y perdona a los demás.

UNO SEXUAL

SOY DIRECTO, ASERTIVO Y AUTORITARIO

SOY EL CONTRATIPO, EL QUE MENOS 1 PAREZCO

INTERNAMENTE SOY SENSIBLE Y TIERNO

TENGO GRAN FORTALEZA Y DETERMINACIÓN

EXPRESO MI IRA Y TODO LO QUE QUIERO ABIERTAMENTE

SOY INTENSO, APASIONADO Y POSESIVO

BUSCO REFORMAR Y PERFECCIONAR A LOS DEMÁS

ME PUEDO CONFUNDIR CON EL 3 Y EL 8

SOY CELOSO, DOMINANTE, POSESIVO Y DESCONFIADO

SEXUAL
ARREBATO — INTENSIDAD
PASIÓN

Palabras claves que lo describen: CELO / INTENSIDAD / PASIÓN / ARREBATO

Te presentas ante los demás con una postura asertiva, fuerte y segura.

Eres el **contratipo** del UNO porque la tendencia normal de este subtipo es reprimir la *ira*, pero tú la expresas de forma abierta, como si tuvieras derecho a exigirle a la vida lo que tú crees que te mereces.

No te sientes perfecto como el UNO social, ni buscas perfeccionarte como el UNO de conservación. Más bien, eres el "reformador" porque sientes la necesidad interna de transformar a las personas de acuerdo con tus ideales.

Como señala Naranjo: "La *ira* le da a cualquier deseo una fuerza e intensidad especial, de manera que la persona se siente no sólo fuertemente arrastrada hacia su satisfacción, sino que se siente que tiene derecho a ella."[11] Como ejemplo, pensemos en los ingleses cuando llegaron a Norteamérica con un espíritu de poder y grandeza; colonizaron a los indios nativos; se sintieron con total derecho y justificación para quitarles sus tierras y exterminarlos sin ningún tipo de culpa. `

Cabe aclarar que, al ser el contratipo, siempre habrá situaciones de tensión entre el deseo de fluir con la pasión o ir en contra de ella. Como UNO sexual experimentarás una ambivalencia entre dejar salir tu *ira* o tratar de contenerla. Es como si dentro de ti habitaran dos fuerzas muy grandes: una que quiere salir instintivamente con fuerza y vehemencia para mostrarse al mundo como realmente es. Y otra fuerza que desea controlar tu ira y tus deseos, someterlos por miedo a ser juzgados y criticados como malos o pecaminosos.

Diferencias con los otros tipos de UNO: eres el más asertivo, arriesgado, decidido, intenso y apasionado, ya que tu instinto sexual y tu naturaleza están cargados de mucha energía. Esto genera que seas el UNO más orientado a la acción. Te dejas llevar por tus impulsos para satisfacer tus necesidades de forma urgente. Buscas que tu vida tenga un significado, quieres conquistar y dejar una huella, un legado y actuar de acuerdo con tus principios e ideales.

Eres el menos convencional, es decir, el más liberal de pensamiento por lo que no tienes ningún problema para confrontar, exigir, reformar o hacer cambios que consideras pertinentes cuando algo no te parece. O sea que, a simple vista, eres el que menos parece UNO.

Ahora hablemos del "celo", una de las palabras con las que Ichazo bautizó a este subtipo. "Es una palabra que tiene un doble significado. Al hablarse de un animal en celo, la palabra denota una gran excitación sexual; en referencia a la personalidad, cuando se habla de hacer las cosas con «celo» se quiere decir algo parecido a esmero, cuidado, dedicación o fervor. Así, se comprende que el celo, en su sentido más amplio sea algo parecido a la intensidad con que el animal en celo busca el objeto de su instinto."[12]

La energía sexual que experimentas se expresa de dos maneras muy diferentes: con mucha pasión, entusiasmo por la vida, alegría, buen humor, generosidad, etcétera. O con periodos cortos de rabia en los que discutes y confrontas con mucha intensidad (sobre todo si sabes que tienes la razón o estás en una situación donde se cuestiona tu integridad). Palmer dice que es "una *ira* permisible porque está basada en la mala conducta de otro".[13]

Estás tan convencido de tener la razón, que te vuelves terco y obsesivo con tu verdad, lo que te impide estar consciente como el tipo OCHO y el SEIS contrafóbico del impacto que causa tu irritabilidad en los demás. No te das cuenta de que la forma tan dura y directa de decir las cosas o lo filoso de tus comentarios lastiman a tus seres queridos. Y déjame decirte que, cuando te sales de control y tu ira explota: "¡Que Dios nos agarre confesados!", porque hasta tú te asustas de su fuerza, brutalidad y el daño que puede causar. Es interesante señalar que "el sentimiento de culpa es tan insoportable que una vez pasada la explosión se olvida la explosión en sí y el contenido que la desencadenó".[14]

Eres el más celoso, orgulloso, posesivo y desconfiado de los tres tipos de UNO. "Le das una enorme importancia a la fidelidad, porque para ti el amor es para siempre. Aunque no pareces necesitado, sueles sufrir de un temor al abandono muy bien oculto y una sensación crónica de soledad."[15] Puedes manifestar diferentes tipos de celos: sexuales, materiales o emocionales. Observa cómo, cuando ya sientes un cariño real por tu pareja, a veces te vuelves dominante, exigente y absorbente. ¡Incluso sueñas con que te traiciona! Una manera velada de expresar tu *ira* es a través de los celos.

Cuando mi pareja hace un comentario positivo sobre otra persona como "es guapísimo y encantador, ¡yo sí me casaría con él!" o "es un genio en el trabajo". Me tomo el comentario muy personal porque lo peor que me puede pasar es que me comparen con otro. Este tipo de comentarios me causan molestia y celos porque siento que me está diciendo que "¡yo no lo soy!" En el fondo muero de envidia y me preocupa que mi pareja pueda preferir a otro por ser más atractivo, más inteligente o porque tenga una vida más perfecta.

Los celos, como apunta Palmer, no sólo son sexuales, también puedes sentirte celoso por algo material: imagina que tu hermano menor se compró el auto de tus sueños o que alguien obtuvo el reconocimiento que sentías que era para ti.

Te indigna y te irrita que la gente no se dé cuenta del empeño y gran esfuerzo que le pones a las cosas. Pero no pides ningún tipo de gratificación porque sería un error, un acto grotesco o de mal gusto.

Es interesante notar que tus celos son un indicador de lo que deseas para ti y no te has dado. Si te niegas esos gustos, irás dirigiendo tu resentimiento hacia personas o situaciones muy diferentes a la causa real de tu *ira*.

En lo que se refiere a tu persona, te sientes muy a gusto contigo, tienes gran fortaleza, determinación, eres independiente, haces las cosas con esmero y buscas mejorarte de manera constante. No te cuestionas si eres perfecto como el UNO de conservación, más bien, tu atención se centra en ayudar a que la gente que te rodea se comporte "como debe ser". Por eso detectas con facilidad el error en el otro y en automático se lo señalas para que lo corrija o le aconsejas qué le conviene hacer.

> *Cuando mi exmarido salía de viaje y sabía que tenía que pagar sus tarjetas de crédito, sin que él me lo pidiera me adelantaba y veía la manera de que estuvieran saldadas a tiempo. Cuando él regresaba del viaje, yo me sentía orgullosísima y era lo primero que le presumía. Pero ni siquiera me daba las gracias. Al contrario, para él, yo había invadido su espacio. Para mí era una manera de cuidarlo.*

Es como si tuvieras una autoridad moral sobre los tuyos que te permite invadir su terreno sin sentir culpa alguna. Puedes ser muy crítico y tener comentarios muy agudos: "¿Otra vez de vacaciones? ¡Si saliste ya en diciembre!" "¿En serio te vas a comprar otro vestido? ¡Si ya tienes cinco, mejor ahórralo!" "¡Hola! ¿Hace cuántos kilos que no te veo? ¡Se ve que te encantan las hamburguesas!"

Idealizas tanto a tu pareja que te obsesionas con ella. La vigilas, no te cansas de corregirla y le enseñas cómo debe comportarse. Para ti, corregir a alguien es una señal de amor, un deseo real de que la otra persona mejore (hijos, amigos, etcétera).

Me vienen a la mente tres películas con ejemplos de UNO sexual: *Durmiendo con el enemigo*, en la que Laura (Julia Roberts) está casada con Martin (UNO sexual desintegrado), un hombre violento, obsesionado por corregir el detalle, la falla y el comportamiento de su esposa. *Sin Reservas*, en la que Kate (Catherine Zeta-Jones) vive para trabajar. Es una chef famosa que administra su vida y cocina con gran perfección. Mientras otro chef (un SIETE) canta e improvisa en sus platillos, ella enloquece de furia al tener que lidiar contra su rival y cuestionar sus propios valores. Por último, *Queredísima mamá*, un drama biográfico sobre la actriz Joan Crawford escrito por su hija Cristina Crawford y protagonizada por Faye Dunaway. La historia cuenta la relación con su madre (UNO sexual desintegrada), una mujer violenta que aborrece la mugre y el desorden. Describe varias escenas, por ejemplo, cuando ella tiene 9 años, está dormida y su madre la jala del cabello para golpearla con un bote de detergente por haber dejado restos de jabón en el suelo del baño.

> Es el tipo de UNO que tiende a llevar una "doble vida", es decir, el que más rienda suelta le da a sus deseos sexuales e instintos. Se rebela contra su juez crítico ante la enorme resistencia que siente por controlar sus impulsos prohibidos. Libera energía llevando una doble vida o, como dirían Riso y Hudson, usando una válvula de escape: "Imaginemos al director general que hace viajes «de trabajo» con su amante a Nueva York; al sacerdote que condena el sexo, pero se obsesiona con la pornografía en internet, o la mujer puritana que se refugia en la iglesia y a la vez disfruta pasear en una playa nudista en el extranjero."

¿Con qué eneatipos puedes confundirte?

Con el OCHO porque ambos son viscerales, asertivos, controladores, expresan su *ira*, no soportan la mentira, su pensamiento es blanco o negro y les preocupa el tema de la justicia. Son diferentes porque el UNO sigue las reglas, mientras que el OCHO las rompe a su antojo. El OCHO es mucho más narcisista y egoísta que el UNO.

También con el TRES porque ambos son muy trabajadores, tienen mucha energía, son productivos y eficientes. Los dos son vanidosos, les importa su imagen física y lo que la gente piensa de ellos. Son diferentes porque para llegar a la meta, el TRES se mueve muy rápido, planea y toma decisiones más a la ligera, en cambio el UNO se detiene a analizar el proceso y los detalles. El TRES quiere impresionar a los demás con la imagen que proyecta mientras que el UNO es más serio, se preocupa por hacer las cosas bien, es más auténtico y congruente consigo y con sus valores.

¿Cuándo sacas lo peor de ti?

Tu instinto dominante trabaja en tu contra cuando se siente amenazado. Es decir, cuando tu "seguridad" o atractivo físico se tambalea (porque te sientes vulnerable, dejaste de ser guapo, fuiste rechazado en una relación uno a uno, tu pareja ya no te desea como antes, no sabes cómo mantener viva la llama o te sientes traicionado), tu estrés y ansiedad crecen. Si los niegas, sacas la parte más reactiva de tu personalidad para defenderte.

- Tu problema son las reacciones impulsivas, te conviertes en un felino iracundo que lastima a la gente. Te vuelves rígido, te cierras, dejas de escuchar y te aferras a tal grado, que es difícil que cambies de opinión.
- Cuando te sientes criticado, rechazado o abandonado por alguien importante, el *miedo* y la tristeza se apoderan de ti. Muchas veces, en vez de reflexionar sobre tu comportamiento para mejorarlo, levantas un escudo de orgullo y defensa para que nadie se te acerque o te desquitas con la gente que más quieres y te protege.
- Sufres la ambivalencia entre desear y rechazar deseos sexuales o bien, construyes una muralla de soledad interior donde acumulas miedos y viejos resentimientos a los cuales no les has dado solución.
- Muchas veces, cuando te sientes inseguro, vulnerable, enojado o celoso, prefieres fingir con comentarios afirmativos, una sonrisa o con un aparente entusiasmo para evitar que descubran tus verdaderos sentimientos.
- Cuando no reconoces tus celos, tus comentarios toman un tono agresivo hacia los demás y tu resentimiento crece: "¡No entiendo, yo me mato trabajando y ahora lo premian, cuando en realidad está rompiendo las reglas, llega tarde, se sale antes, pierde el tiempo chismeando; no puedes contar con este tipo de personas!"

¿Qué debe aprender el UNO sexual?

- En una relación uno a uno, tener fuerza interior significa quitarte la armadura de orgullo y abrir tu corazón. Atrévete a quitarte la máscara de fuerte y acepta tu ignorancia o tu equivocación. Quítate la idea que eres el bueno del cuento, muestra tu vulnerabilidad y te sorprenderás de la reacción de los demás.

- Cuida la forma de decir las cosas, conquista tus tripas para que tu *ira* no te domine y puedas elegir de manera más clara y consciente tus acciones. Encuentra una forma de abordar la situación donde todos salgan ganando.

- Aprende a escuchar con todo tu ser (cabeza, corazón y cuerpo), ten una actitud más amable y valida los reclamos de la persona que tienes enfrente.

- Deja de controlar y corregir el comportamiento de los demás, ellos pueden solos y tienen su propio ritmo. Descubre que bajo toda coraza dura, se encuentra alguien que quiere ser apreciado y amado.

- Una receta infalible: cada vez que puedas respira profundo, sonríe y diviértete más, duerme suficiente, disfruta mover tu cuerpo, medita y descubre la serenidad en el silencio, agradece todo (tanto grande como pequeño) y trata a la gente con amabilidad.

PERSONALIDAD TIPO DOS

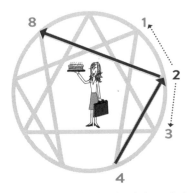

El colaborador / el rescatador / el facilitador / el ayudador / el seductor /
el que cuida y da / el consejero emocional: tiene una magia especial
para relacionarse y detectar las necesidades de los demás.

Pertenece a la tríada emocional (2, 3, 4) porque percibe y filtra la vida desde el corazón. Recuerda que estas tres personalidades tienen en común problemas de identidad, buscan atención, aprobación y les importa mucho su imagen y la opinión de los demás. Sanos son amorosos y compasivos. Tóxicos son manipuladores emocionales.

En general te caracterizas por ser: optimista, encantador, alegre, efusivo, cálido, amigable, romántico, altruista, complaciente y muy generoso. Para ti, las relaciones humanas, la intimidad y los sentimientos significan mucho y cuando alguien necesita tu ayuda, te sientes valioso. Podría decir que tu adicción son las personas, ya que tienes un don para conectarte y tratar con todo tipo de gente sin importar su edad, estrato social o temperamento. Posees una magia para enamorar a las personas, las percibes, las lees, las entiendes, seduces, detectas sus necesidades y te anticipas a complacerlas (a nivel inconsciente, esperas que hagan lo mismo por ti). Esta cualidad hace que te conviertas en el "personaje favorito" que muchos quisieran a su lado: la abuela detallista y generosa, el asistente dispuesto a ayudar, el invitado que siempre te ayuda a recoger...

Desde tu óptica, este mundo está lleno de necesidades y prefieres mil veces dar que recibir o pedir. Te sientes orgulloso de ser el centro, el núcleo familiar, el que se preocupa por los demás y se ofrece a escuchar y aconsejar con interés y cariño. Con frecuencia te preguntas: "¿Qué haría este mundo sin mí?"

Por lo general te atrae el éxito, el poder y relacionarte con gente importante. Te frustra lo rutinario, lo técnico, los instructivos, las reglas o que te impongan límites.

Tienes una gran necesidad de aceptación y cariño, buscas el amor y la atención de manera constante. Por lo general, escoges una pareja a quien ayudar a cambiar o salir adelante. Estás tan acostumbrado a vivir hacia afuera y a preocuparte por los demás, que descuidas, confundes o ignoras tus problemas o necesidades. Muchas veces ese afán de halagar, dar y actuar por el otro, provocan de forma inconsciente que te vuelvas posesivo, invadas o trasgredas terrenos ajenos que no te corresponden. Es por eso que, en ocasiones, te agotas a tal grado que puedes explotar de *ira* y sentirte emocionalmente solo, drenado y triste.

ALAS

¡Recuerda que son la sal y la pimienta de tu personalidad!

Si eres un 2/1

En la luz: estás orientado al servicio, a tu profesión y al trabajo. Eres un DOS más serio, discreto, ordenado, exigente, idealista, introspectivo y responsable. Tu atención está más en ayudar y servir al prójimo que en verte a ti. Aunque eres muy sensible, reprimes tus emociones y necesidades.

En la sombra: eres arrogante, frío y ambicioso con altibajos de humor. También tienes tu parte moralista, estructurada e inflexible del UNO.

Tu vestimenta: es propia, relajada y clásica.

Si eres un 2/3

En la luz: estás orientado a las personas. Eres un DOS extrovertido, sociable, seductor, cálido, vanidoso, alegre y espontáneo. Expresas tus emociones y necesidades de forma directa y abierta. Tu atención está más en la parte social, en intimar y hacer conexiones.

En la sombra: eres adulador, manipulador, meloso, invasivo, celoso y posesivo. También tienes la parte superficial y falsa del TRES.

Tu vestimenta: seductora, variada, divertida y a la moda.

¿QUÉ TANTO TE CONOCES?

En general, quieres: que te vean, acepten y quieran como eres, pero no te quitas la máscara por *miedo* a que te rechacen. ¡Tienes hambre de amor! Deseas complacer y caerles bien a determinados grupos para pertenecer a ellos. Quieres agradar, empoderar y mejorar la vida de las personas en las que crees (a través de consejos, influencias, contactos y redes sociales), pero al mismo tiempo necesitas sentirte indispensable y reconocido, de lo contrario pierdes total interés en ellas.

Deseas que los demás te vean: como una persona cálida, atractiva, confiable, competente, pero a la vez cariñosa, útil, accesible, generosa, alegre y muy empática.

¿Cómo te ven en realidad?: cuando tu punto ciego te traiciona (*orgullo*), la gente te percibe como falso, meloso, manipulador, invasivo e inflado de ego ante tanta generosidad.

Evitas al máximo: reconocer tus necesidades y carencias (aceptarlas devaluaría tu imagen de generoso, autosuficiente e indispensable en la vida de los demás). En el aspecto emocional, a través de una postura de orgullo, de una falsa abundancia y entrega, evitas sentirte rechazado, controlado, inútil o no necesitado.

Tu talento natural: tu calidez y gran sensibilidad para leer las necesidades emocionales de los demás. Tu gran habilidad para entender, ayudar e interactuar con todo tipo de personas (incluso las difíciles de tratar), hace que le gustes a la gente y la hagas sentir importante.

Tu mayor debilidad: en mi opinión tienes dos grandes debilidades: la primera, decir NO por *miedo* al rechazo. La segunda, necesitar que el otro alimente tu ego y confirme tu valía porque estás tan pendiente de los demás que, con frecuencia, te olvidas de ti.

La fortaleza que más necesitas: *humildad*. ¡El orgullo ciega, la humildad revela! Es decir, nos permite ver las cosas como son sin las deformaciones que genera la lente del orgullo. Se llega a ella, después de un difícil proceso de entender y reconocer que tienes las mismas necesidades que las personas con las que convives. No eres más ni menos; eres un ser humano libre con necesidades, carencias y virtudes. Darás un gran paso en tu crecimiento cuando te permitas recibir y aprendas a distinguir entre dar por el simple gusto de hacerlo y dar para recibir algo a cambio.

Te atraen: las emociones, amistades, la parte romántica, íntima, divertida y excitante de la vida, el altruismo, el amor, la espiritualidad, el sentirte útil y necesitado. Y ¿por qué no? ¡El chisme! ¡El "cuéntamelo todo con lujo de detalle"!

Cuando estás en tu mejor momento: haces contacto contigo y aceptas tu realidad, integras tanto tu parte de luz como tu parte oscura y encuentras paz. Descubres tu creatividad y manifiestas tu vulnerabilidad y necesidad. Te acercas y valoras al otro con otra mirada sin sentirte especial y superior. Te sientes agradecido y disfrutas tu soledad, escuchas la voz de tu alma que indica tu camino en vez de apoyar, servir y salvar a los demás.

Cuando estás estresado: te hartas de apoyar a los demás. Te gustaría esconderte porque te sientes usado, agotado, solo, vacío, triste y drenado. Dejas de ser amable, de ver al otro, te vuelves irritable, agresivo, rebelde, impaciente, manipulador, histriónico y dominante. ¡Te las ingenias para hacer sentir culpables a los demás de tu infelicidad y estás listo para explotar, pelear y vengarte!

¡Date cuenta!

¡Eres adicto a los halagos! Eres muy inseguro y te da pavor que la gente no te quiera. Inviertes muchísima energía en complacer a aquellos que te interesan, pero lo disimulas con mucha frescura y espontaneidad.

No te das cuenta de que en tanta falsa generosidad y ayuda, hay mucha *soberbia* que te hace sentir superior. Te conviertes en una "reinita o reycito" que se ofende por un comentario, límite, crítica o falta de agradecimiento hacia su persona.

No te das cuenta de que tu ayuda no es tan espontánea, bondadosa y altruista como crees hasta que "te sientes resentido por no haber obtenido lo que querías"[16].

El mecanismo de defensa que más usas: la represión.

Cuando algo del exterior nos asusta o amenaza, los seres humanos de manera "inconsciente", levantamos una barrera para defendernos y así no ver la realidad como es. De esta manera el mecanismo *nos protege y nos proporciona una sensación de seguridad* que nos permite funcionar.

La represión consiste en borrar tus necesidades, los sentimientos de carencia, abandono o soledad para mantener la imagen de una persona "linda, amorosa y dadivosa". En palabras sencillas, la represión te ayuda a dejar de ver tus deseos y enfocar toda tu energía en el otro pues crees: "Para que me amen, tienen que necesitarme."[17]

Esta estrategia de "dar para recibir" que elegiste desde muy pequeño, te convirtió en una persona cariñosa, servicial, orientada a las relaciones interpersonales.

Con el tiempo y la práctica, desarrollaste un sexto sentido para leer a las personas, detectar sus necesidades y darles lo que necesitan en ese momento.

El gran peligro que hay en todo esto, es caer en la *soberbia* de saber mejor que nadie lo que le conviene al otro o de volverte invasivo en donde no te necesitan.

Ejemplo: imagina que eres Patricia, la fundadora de un orfanato. Eres una mujer con mucha necesidad de afecto, pero reprimes este sentimiento porque crees que es penoso, humillante y te parece una debilidad sentirte necesitada de cariño. En tus conversaciones internas dices: "No es posible que yo necesite cariño (lo reprimes), ¡qué tontería, yo no necesito nada! Son otros los que necesitan de mí." Las necesidades de los demás te sirven para mostrar tu superioridad y generar dependencia. Como compensación, le das a un niño el amor que necesitas para ti.

> Interesante: de forma inconsciente detectas y te identificas con el que está necesitado porque tú, sin saberlo, también estás necesitado.
>
> De forma selectiva, sobreproteges a alguien que te puede dar a cambio lo que quieres. "¡La niña necesita que la abracen!" significa que quieres que te abracen. Al hacerlo te sientes importante ¡mientras cancelas tus necesidades!

Tu sombra / punto ciego: la *soberbia*, el orgullo.

Es una sensación de hinchazón, es tener una estima excesiva de ti, una imagen interna sobrevalorada de mucha *vanidad* y ego que se presenta cuando cumples las necesidades del otro. Es una postura de: "Yo sé cuidarte, sé mejor que tú lo que te conviene o soy indispensable en tu vida." Con ella tapas tu verdadero sentimiento de inferioridad y dependencia.

Objetivo final del Eneagrama

Despertar y ampliar tu consciencia para contactar con tu esencia. Así, te darás cuenta de los patrones automáticos que realizas, transformarás tu *orgullo* en *humildad* y podrás llevar una vida más equilibrada, plena y coherente contigo.

Observa tus hábitos y atrápate en el momento exacto en que, por ejemplo, ofreces tu ayuda de forma compulsiva, halagas para caer bien, dices Sí y en realidad era NO o manipulas para salirte con la tuya. En ese preciso momento, detente, respira para contactar con tu ser y escucha la voz de tu espíritu. Percibe la realidad tal cual es, sin filtros ni engaños para que respondas desde un lugar más sano y equilibrado.

Déjame decirte que, el simple hecho de vigilarte, activa tu autoobservación. Como resultado, tus hábitos repetitivos serán menos compulsivos, entrarás en el camino de la transformación y tu visión del mundo cambiará.

SUBTIPOS: LAS TRES VERSIONES DE DOS

Si combinamos la *soberbia* con cada uno de los tres instintos que hemos mencionado, provocará tres reacciones o comportamientos muy diferentes, dando como resultado los tres subtipos: **DOS de conservación, DOS social** y **DOS sexual.** ¡Por eso las personas del mismo tipo se ven y se comportan de forma diferente!

Cariñoso y tierno   Poderoso e inteligente   Seductor y salvaje

¿Cuál es tu reto?

¡Sal de tu zona de confort, sacude tu ego para que tu esencia impregne tu personalidad! Descubre el instinto dominante que gobierna tu vida para que hagas conscientes tus comportamientos automáticos primarios y los transformes en respuestas más sanas y equilibradas.

Los tres tipos de DOS son seductores, pero de formas muy diferentes. Veamos con cuál te identificas:

- El **DOS de conservación** seduce de forma ingenua e infantil. Siendo lindo, gracioso, cariñoso, meloso...
- El **DOS social** seduce a los grupos usando la mente: siendo poderoso, inteligente y competente.
- El **DOS sexual** seduce con el cuerpo, las palabras, los movimientos sensuales, atrevidos y divertidos.

DOS DE CONSERVACIÓN

Palabras claves que lo describen: PRIVILEGIO "YO PRIMERO" / "TENGO DERECHO" / "ME LO MEREZCO" [18]

Si te identificas con el instinto de conservación, tu atención será más narcisista, egoísta, enfocada en ti, en cómo te sientes, cómo está tu cuerpo, que no te falte nada para vivir y que tus necesidades básicas y la de los tuyos estén cubiertas. Al ser de conservación, necesitas sentirte protegido, asegurar tu sobrevivencia y rodearte de comodidades, de lo contrario tendrías mucha ansiedad. Estarás mucho más alerta y disfrutarás estar solo o con tu familia en "tu casa" trabajando, decorando, cocinando, viendo una serie de televisión o leyendo un libro.

Diferencias con los otros tipos de DOS

De acuerdo con Naranjo, el DOS de conservación es el **contratipo** del DOS. Te recuerdo que se le llama contratipo porque va en contra de la energía del *orgullo*. En este DOS el orgullo se *camufla* y nos impide reconocerlo a simple vista, lo que ocasiona que te confundas con la personalidad tipo SEIS o CUATRO del Eneagrama.

Te platico: en este tipo de DOS, *el orgullo* se disimula porque eres el más cálido de los tres y, aunque proyectas una gran frescura, carisma y sentido del humor, eres una persona frágil y sensible que llora y se conmueve con facilidad. Sueles ser más ingenuo, indefenso y dudoso por lo que buscas depender de alguien más fuerte que tú. Para conseguir lo que quieres, en vez de pedir de forma directa, usas como estrategia tu poder de seducción como tus colegas DOS, pero desde otra plataforma. Te presentas como lo haría un niño o una niña adorable a quien por su encanto no se le puede negar nada: "Abuela linda, ¿me compras una «sorpre»?" Actúas como una persona aparentemente inocente, buena, tierna, linda, dulce, complaciente, melosa, rayando muchas veces en la cursilería para buscar protección y empatía y a la vez para satisfacer tus necesidades.

Cabe señalar que, desde muy pequeño, desarrollaste esa capacidad de seducción (aclaro, no como la seducción atrevida del DOS sexual) a través de tu ternura, esbozando sonrisitas, tocándote el pelo, inclinando la cabeza o siendo muy empático. Lo curioso es que por el simple hecho de ser encantador sin ningún tipo de sacrificio, esfuerzo o calificación previa, estás convencido de que tienes derecho a recibir y a merecer.

Recuerdo que una alumna DOS de conservación me contó en clase el impacto que le causó el comentario que le hizo su terapeuta: "¿Y tú, qué te crees? ¿Qué sólo porque eres güerita con ojos azules y lloras porque voló la mosca, te mereces todo? Dime: ¿Qué has aportado a tu matrimonio, a la sociedad o a tu país? ¡Eres una simple niña caprichosa y mimada! ¡Ya es hora de que crezcas!"

Otra de mis maestras, Bea Chestnut (DOS de conservación), asegura que también eres diferente a tus colegas DOS porque tu energía no siempre está arriba y afuera buscando conectar con las personas como el típico DOS que describen en los libros, sino que al ser el contratipo del DOS, vives en una constante ambivalencia entre querer ayudar y no ayudar. Entre querer brillar y ser el centro de atención o ser más callado y pasar desapercibido, entre querer ser independiente y competente o mejor dejar que alguien te cuide y te proteja.

Otra diferencia con los otros tipos de DOS es que tu aspecto físico, sin importar la edad que tengas, es más juvenil, alegre, espontáneo, con rasgos y movimientos más suaves e infantiles (como de alguien que no quiere llegar a la adultez). Pero a pesar de navegar con la imagen de "¡no rompo un plato!", eres muy inteligente, egocéntrico, hábil para manipular y te sales con la tuya sin importar los sentimientos u opiniones de los demás. "¡Chaparrito de mi vida, ven! Tú que eres tan inteligente, ¿me ayudas con este aparato moderno? De plano tu madre no nació para esto."

Podemos observar como esta estrategia de manipulación a través de la seducción y una postura de inocencia infantil lleva al DOS de conservación a conquistar y a asegurar el amor de todos los que le interesan.

O bien, usas otra táctica y exiges lo que quieres ante alguna frustración, a través de explosiones emocionales, siendo rebelde o haciendo "berrinches infantiles o histriónicos" hasta que por necedad y persistencia obtienes tus caprichos.

El *orgullo* lo expresas en tu vida diaria, quieres ser el centro de esas personas especiales en tu vida, a las cuales les demandas que te vean y atiendan tus necesidades en el momento preciso que lo deseas; quieres que te mimen, te consientan, protejan, elogien y te pidan consejos. Cabe añadir que muchas veces ni tú mismo sabes bien lo que quieres, pero si no lo consigues, te haces "el sentido", armas una escenita infantil o cambias drásticamente de humor. Te transformas en un tigre con apariencia de gatito asustado que no sabe pedir, sólo sabe seducir para recibir.

> Una vez, en la sala de espera del colegio de mis hijas, entró como ráfaga una señora DOS de conservación y pidió de forma amable y cariñosa hablar en ese momento con la directora. La secretaria le preguntó: "¿Tiene usted cita?" La mujer respondió: "No, pero no importa. ¡Ella sabe quién soy!" Después de un rato regresó la secretaria y le dijo: "Qué pena señora, pero me comenta la directora que, si no tiene cita, no la puede atender." Ante la negativa, la señora enfureció y empezó a levantar la voz, le dijo: "Mire señorita, tengo derecho a que me atiendan a la hora que yo quiera porque mi marido es muy importante y hace grandes donaciones a este colegio." La secretaria fue otra vez con la directora, regresó y le explicó: "Dice la directora que haga su cita y con gusto la atiende otro día." La señora empanterada salió de la oficina dando un portazo y gritando: "¡Dígale que no me conoce y que se va a arrepentir!"

Me encanta la analogía que hace mi maestra Ginger Lapid Bogda: si habláramos del "Eneagrama en la Realeza" este DOS de conservación representaría a un príncipe o una princesa, quienes renuncian a sus derechos de adulto para obtener los privilegios de un niño. Si se tratara de un DOS social representaría a un emperador o a una emperatriz que trabajan para obtener puestos de poder. Y si se tratara de un DOS sexual, representaría a los reyes y reinas que ya gozan de privilegios por el simple hecho de tener sangre real.

Veamos como lo expresan los autores Durán y Catalán: "La dependencia de la aprobación externa hace que su emocionalidad sea muy inestable. Detrás de la imagen de independencia que se deriva de «no tener necesidades» ni límites, el tipo DOS se encuentra atado por su compulsión de gustar, por su búsqueda constante de aprobación."[19]

Naranjo dice que, a diferencia del deseo de importancia que busca una persona ambiciosa como un DOS social, este DOS de conservación "se refiere al egocentrismo infantil, que es un deseo de estar en el centro de las atenciones sin tener que ser importante a través de calificaciones, desempeños o hazañas. Pues el niño quiere ser amado no por esto ni por aquello, simplemente porque sí; es decir, por ser lo que él o ella es". [20]

> En mi experiencia, he visto la creación de un vínculo muy estrecho entre el padre y la hija (o viceversa, madre e hijo). A través de desarrollar su seducción infantil (con cariños, actitudes graciosas y halagos) consigue lo que quiere. "Papito ¿quién te quiere más que yo?" "Sé que estás cansado, ¿te traigo tus pantuflas?" Así se convierte en "la niña de sus ojos" o, en el caso masculino, "el amor de mis amores", en dónde el padre o la madre se derrite de amor por su chiquita o su pequeño. Esto provoca una sensación de celos por parte de la pareja si ésta no tiene un nivel de consciencia alto.
>
> En las relaciones de pareja, es muy frecuente observar una atracción entre un DOS encantador y dócil y un OCHO fuerte y protector.

Otra de tus características es la generosidad. Eres muy desprendido: "¡Ay! ¿Te gusta? ¡Te lo regalo!" Pero sueles prometer más de lo que cumples y luego hasta se te olvida lo que prometiste y no te importa. Tiendes a ser muy distraído y poco constante, evitas comprometerte en proyectos que impliquen mucho esfuerzo y dedicación porque lo tuyo no son los números ni el mundo intelectual (hay excepciones como en todo). Naciste como dice una amiga DOS muy querida: para que "me protejan y me atiendan".

¿Con qué eneatipos puedes confundirte?

Con el SEIS porque muchas veces titubeas entre acercarte o alejarte de la gente. En específico con el SEIS de conservación porque a veces te nace ser tierno y abierto y otras veces escéptico, miedoso y desconfiado como protección al rechazo o a que se aprovechen de ti. Eres diferente porque el SEIS no busca sentirse indispensable y valioso en la vida de los demás como tú y sólo los complace para obtener certeza y seguridad.

También con el CUATRO porque ambos son emocionales, se sienten únicos y especiales, fantasean con encontrar el amor ideal, son cariñosos, manipuladores, hipersensibles a la crítica y muy románticos. Eres diferente porque el CUATRO es muy profundo y su atención es interna, quiere ser auténtico y acentuar sus carencias y sufrimiento, mientras que tú eres más infantil, ligero, superficial y tu atención es externa, seduciendo con tu generosidad y encanto.

¿Cuándo sacas lo peor de ti?

Tu instinto dominante trabaja en tu contra cuando se siente amenazado, de forma real o imaginaria. Es decir, cuando tu "seguridad personal" se tambalea (porque tu seducción no funciona, tus recursos escasean o tu imagen se siente intimidada por algún factor externo), tu vulnerabilidad interna crece y si la niegas:

- Pierdes el control, surgen sentimientos agresivos y egoístas, no cumples acuerdos, reaccionas de forma infantil con recriminaciones indirectas y pataletas emocionales recordando favores pasados, en vez de afrontar la situación y aclarar lo que no te gustó.
- Te sientes desvalorado, inseguro, solo, inútil e insignificante. No sabes quién eres, qué quieres, ni qué hacer con tu vida. Entras en un círculo en donde todo te da flojera, te perdonas las responsabilidades, te vuelves muy inconstante, voluble y mentiroso.
- Haces actos de forma compulsiva, te comportas de manera eufórica, alocada e irresponsable, gastas de manera desordenada, compras en exceso, acumulas objetos, ropa que no necesitas, guardas demasiados alimentos en

el refrigerador, te das atracones de comida, físicamente te abandonas y descuidas, te pierdes en el alcohol o te desvelas de forma exagerada.

- Eres intolerante a la frustración, por lo que pones en práctica la queja y la manipulación emocional (rabietas y berrinches) para llevar al otro a donde quieras. Cuando esta no te funciona aparecen las enfermedades físicas, los trastornos alimentarios, la hipocondría y tu salud se deteriora.

¿Qué debes aprender como DOS de conservación?

- Crece, madura, trabaja en ti, esfuérzate por dejar de ser el niño o niña eterna. Desarrolla una fuerza interna. Imponte metas y límites, ahorra dinero, cuida tu salud, come sano, haz deporte, vive una vida más ordenada, eficiente y disciplinada.
- Bájate de tu Disneylandia, aprende a tolerar y a lidiar con el dolor y con las frustraciones que la vida te presenta y hazte responsable de las consecuencias de tus actos.
- ¡Sal de tu zona de confort! Aprende, estudia, reflexiona, especialízate en un tema que te apasione y quítate esa flojera intelectual que te devalúa ante los demás. ¡Demuéstrate que puedes ser autosuficiente y productivo!
- Observa cómo eres el primero que te abandonas. Y de forma amorosa y paciente, contacta contigo, con tu cuerpo, tus miedos, tu soledad, tu insensibilidad hacia el dolor ajeno y hasta con tu ansiedad en la hiperactividad. Escucha tu alma en el silencio y decide por ti.
- Libérate de esos miedos que sentiste en el pasado como: *miedo* a no valerte por ti mismo, *miedo* al mundo intelectual y complicado, *miedo* a abrir tus necesidades más profundas, *miedo* a pedir de una forma directa, *miedo* a no gustarle o a no caerle bien a la gente, *miedo* a que te confronten y a no responderle a la vida como un adulto.

DOS SOCIAL

NECESITO SER ALGUIEN IMPORTANTE EN LA SOCIEDAD

SOY AMIGO DE TODO EL MUNDO ¡CONOZCO A LA PERSONA IDEAL!

SOY EL MÁS ADULTO, ASTUTO, PODEROSO Y EMPRENDEDOR

LÍDER NATURAL, EL MÁS EFICIENTE Y COMPETENTE

SOY EL MÁS INDEPENDIENTE Y SERVICIAL DE LOS 2

SOY EL MÁS INTELECTUAL Y DIPLOMATICO DE LOS 2

BUENÍSIMO PARA SEDUCIR A LOS GRUPOS

¡EFUSIVO, EXTROVERTIDO Y ENCANTADOR!

ME PUEDO CONFUNDIR CON UN 3

FRIO, MANUPULADOR, CONTROLADOR Y DESPECTIVO

¡Yo te ayudo!

SOCIAL
↓
AMBICIÓN

Palabras clave que lo describen: **AMBICIÓN** */ **EL AMIGO DE TODOS** **

Diferencias con los otros tipos de DOS

Tienes más diplomacia, carácter, madurez, poder y astucia que los otros estilos de DOS. Manifiestas mayor autoridad, liderazgo e independencia. De los tres tipos, eres el más intelectual, competente, emprendedor, ambicioso, trabajador y, sobre todo, eres adicto a las personas, pero mucho más al poder.

Tu atención está más en los "otros" que en ti. Te atraen las causas sociales, trabajar duro para ayudar al necesitado y a la vez sentirte indispensable en tu trabajo. Casi

* Nombre puesto por Ichazo.

** Nombre puesto por Riso y Hudson.

siempre terminas siendo el dueño de la empresa u ocupando puestos de liderazgo. Al sentirte admirado y aplaudido por tu cosecha de éxitos, tu ego se infla demasiado dando pie a que tu orgullo sea más visible que en los otros DOS.

Eres el más servicial. Te gusta tener muchos amigos y de todo tipo, quieres llevarte bien con todos, tu ambición está en "ser alguien importante a los ojos de los demás" y que la gente dependa de ti. Siempre estás dispuesto a ayudar (ya sea al policía de la entrada, a doña Mary, la secretaria y hasta al presidente de la compañía), pero con un interés oculto que cobrarás en un futuro. Te importan mucho los nombres y saber quién es quién en la sociedad: "¿De dónde viene? ¿Cuál es su posición social? ¿Con quién está casado? ¿Por qué es famoso? ¿Por qué sabe tanto?"

Te comparas con los demás de manera constante: "¿Él o ella es mejor o peor que yo? ¿Gana más o menos dinero? Todo el tiempo quieres saber dónde te encuentras en la escala social, cómo te perciben (me siento querido, aceptado, rechazado) y qué estrategia utilizarás para conseguir lo que quieres, ya que tu máxima ambición es ser visto y reconocido por muchos, pero principalmente por gente valiosa de la sociedad.

Una de tus estrategias es: "Si tengo muchos amigos y consigo buenos logros, estos serán mi boleto de entrada a cualquier grupo."

Tienes un olfato infalible para reconocer a esa gente importante que puedes potenciar con tu ayuda y contactos para obtener influencias y ventajas. Eres el rey de las redes sociales, el RP ideal: te manejas muy bien en escenarios grandes, te encanta organizar eventos, reunir a los amigos, conocer a nuevas personas e invitar a gente influyente a tu casa. Inviertes toda tu energía en leer entre líneas las necesidades de los demás y juegas un papel muy importante en las formas y el protocolo.

Sabes muy bien cómo conectar a la gente y conectarlas. Se podría decir que eres un gran anfitrión con un talento especial para las relaciones públicas: sabes qué decir, cuándo decirlo, cómo comportarte, estás al tanto de todo lo que pasa a tu alrededor, tienes mucha información de cada persona y de sus oponentes, conoces al tipo ideal para todo y sabes usar tus cartas a la perfección.

Disfruto aconsejar y hacer favores, pero cuidado y me salten, ¡quiero que se me reconozca y agradezca, de lo contrario mi generosidad se convierte en frialdad, desprecio y venganza!

Si nos vamos a tu mundo interior, date cuenta del *miedo* y la furia que sientes cuando eres rechazado, ignorado, un "don nadie" o cuando nadie se acordó de ti después de haber prestado tu ayuda. Tu comportamiento cambia drásticamente de ser un gatito generoso a una pantera distante con una actitud desdeñosa.

Morán lo explica así: "Para alguien que persigue la ambición y el poder y que tiene la manía de conquistar, la vulnerabilidad es algo que «pasará» siendo este el más duro e implacable de los subtipos del DOS y reprimirá cualquier tipo de sentimiento que lo conecte con esa «debilidad» ya sea culpa, vergüenza, *miedo*, angustia, inseguridad o celos."[21]

> Observa tu tendencia a buscar la atención y el reconocimiento social. Eres protagónico y con frecuencia engrandeces tus cualidades para ser popular y obtener prestigio. Sueñas con ser la mano derecha de un líder o celebridad para obtener ventajas que te beneficien o ¿por qué no? ser el que represente "el poder" (ya sea en tu familia, grupo o comunidad) y así mantener bajo control a tus súbditos, manipularlos a tu antojo de forma muy delicada y con guante de terciopelo.

Como buen DOS social, líder aguerrido con gran encanto y magnetismo, metafóricamente te conviertes en la mamá gallina que cuida, protege y les resuelve la vida a sus pollitos. Pero ¡"cuidadito" y se metan con alguno porque la gallina se convierte en una pantera cruel y despiadada lista para atacar!

Tu agenda está repleta de actividades y tienes un gran poder para influenciar a los que te interesan. Cuando aumenta tu necesidad de cariño, quieres a toda costa atraer a las personas, caerles bien y ser el corazón de tu grupo social mostrando calidez y protección. Cuando logras que la gente valiosa para ti reconozca tus logros y tu participación, te sientes inflado de importancia y muy orgulloso. Quieres llevarte bien con gente famosa y que los demás se den cuenta (que vean que tu amistad es tan íntima que hasta la tuteas): "¡Ay, claro que lo conozco! Es un amigo muy antiguo de la familia. Luego organizo una cena y ¡con gusto te lo presento!"

> Interesante: muchas veces tu ambición de poder radica en servir al líder más que ser tú el líder. Es decir, inviertes todo tu tiempo y energía en otra persona brindándole ayuda y apoyo incondicional. Sabes que su éxito te llevará al tuyo porque te has vuelto una plataforma indispensable en su vida y si él o ella gana, tú también. Es decir, eres experto en manejar los hilos y ser el poder detrás del trono.

Recordemos a Martita Fox (primera dama de México del 2000 al 2006), fiel representante de este subtipo, quien invirtió gran parte de su tiempo y energía para que su marido llegara a la presidencia. Una vez en el poder, participó de forma activa durante el mandato de Vicente Fox y se volvió el vínculo poderoso entre su marido y los intereses de muchas personas.

> Vivir sólo para dar a los demás es muy engañoso. Se requiere mucha honestidad para reconocer que tienes necesidades personales relacionadas con tu forma de dar. Claro, esta acción puede ser altruista, pero en tu caso, el hábito de dar para recibir algo a cambio es tan automático que se requiere mucha observación para hacerlo consciente.

Para conseguir lo que quieres y salirte con la tuya usas la seducción, pero no la del DOS de conservación (suave, tierna, juguetona) que cautiva a una sola persona, sino que seducirás a muchas al mismo tiempo a través de tu mente (siendo inteligente, generoso, encantador y diplomático). Como dice Chestnut, es el DOS que más da para recibir algo a cambio. "¡Qué linda Maru! Es la más nueva del grupo y nos pagó la cuenta del restaurante." Observa como "tu dar" es estratégico para asegurar tu lealtad y reciprocidad en la relación.

Mueres de ganas por ser alguien importante y cuando logras conquistar y controlar a un grupo (amigos, un equipo de trabajo, a una empresa o ¿por qué no? a las masas o al mundo entero) te invade una energía que te llena la boca de orgullo y satisfacción. Pensemos en Evita Perón, actriz y primera dama en Argentina. Adorada y odiada por millones, su labor social fue el motor de toda su vida. Abogó por la igualdad de género y justicia social, lo que la convirtió en la compañera del pueblo.

Igual, pensemos en la empresaria estadounidense DOS social por excelencia: Mary Kay Ash, una de las mujeres más influyentes y exitosas por su fuerza de ventas en el mundo de los cosméticos en los años setenta. Su lema era: "Imagina que cada persona que conozcas tiene colgado en el cuello un letrero que dice: «Hazme sentir importante.» No sólo triunfarás en ventas, triunfarás en la vida." "A la gente, escúchala siempre y hazla sentir especial." Hoy en día, es una de las compañías de ventas directas más grandes del mundo.

Cuando estás equilibrado, cuando tu nivel de consciencia es alto o está sano, das un salto cuántico y te conviertes en una persona altruista, humanista, con la sensación de tener una misión en la vida: servir. Crece en ti un compromiso social en donde antepones las necesidades del grupo ante las tuyas. Desarrollas una gran capacidad para comunicarte con todo tipo de gente de diferentes estratos sociales, siempre con los pies en la tierra y con una sonrisa conciliadora. Sabes valorar a las personas sin importar la situación económica o el estatus social en el que se encuentren.

Y gracias a tu habilidad para tejer redes sociales, te mueves como pez en el agua y haces que tus contactos te ayuden en tu obra por un bien común. Me gusta poner de ejemplo a Fernando Landeros, fundador de "Teletón México". En mi opinión, es un DOS social sano que gracias a su labor altruista (su "dar" va más allá de su ego), ha logrado cambiar la vida de miles de personas e inculcado la cultura de la ayuda en nuestro país.

¿Con qué eneatipo puedes confundirte?

Con el TRES social porque ambos tienen grandes aspiraciones por realizar y quieren ser alguien importante. Los dos son prácticos, activos, competitivos, exitosos, perseverantes y adictos al trabajo. La diferencia radica en que tú, como DOS social, eres más voluble y arrebatado. Muestras más tus emociones, ya sea tu calidez o tu parte agresiva. Tu imagen es más espontánea, natural y suave, mientras que la del TRES es más dura y estudiada, aparta sus sentimientos, se autocontrola, se reserva sus emociones personales y se enfoca más en la tarea.

¿Cuándo sacas lo peor de ti?

Tu instinto dominante trabaja en tu contra cuando se siente amenazado. Es decir, cuando tu "seguridad" se tambalea (al no sentirte valorado o apreciado) surge tu resentimiento. "Cualquier amenaza a tus relaciones te crea mucha ansiedad. El *miedo* se instala cuando te sientes excluido o cuando no tienes un papel importante a desarrollar."[22] Entonces, tu inseguridad interna crece y si la niegas:

- Tu orgullo crece a tal grado, que te sientes superior, omnipotente e indispensable; crees que la gente te tiene *envidia* y te vuelves exhibicionista, frío, indiferente e insensible, lo que se transforma en desprecio y humillación hacia los demás.
- Tu atención se vuelve selectiva, demasiada devoción a la causa o al grupo, ayudas sólo a quien te beneficia y te interesa y te engañas sintiéndote bueno y generoso.
- Descuidas tu salud, familia y vida de pareja en aras de querer pertenecer a grupos de amigos, asociaciones y clubs sociales.
- Cuando el instinto se apodera de ti, tus conversaciones se vuelven muy superficiales, te enfocas en nombres y más nombres: "¿Quién fue al evento, cómo iba vestido, quién fue la más guapa?" Te vuelves indiscreto y chismoso con tal de seguir siendo el centro de atención.
- Disfrazas tu *envidia* y egoísmo con manipulación, falsa generosidad y protección hacia el otro. Usas a la gente, la explotas y le muestras una absurda vulnerabilidad mientras que internamente no sientes nada.

¿Qué debo aprender si soy DOS social?

- Deja de controlar, de adoptar el rol protector de padre o madre de todos y respeta los límites del otro. ¡Ellos pueden solos!

- Trabaja en ti, se más humilde. ¡De tu piel hacia dentro, tú eres responsable! Lo que dejas entrar y salir, es tu elección. Date cuenta de tu capacidad para herir a los demás y mejor aprende a mantener tus palabras suaves, porque mañana quizá tendrás que comértelas.

- Pide a tus seres queridos que te retroalimenten con críticas positivas para que tomes consciencia de tus acciones extremistas hacia la idolatría e idealización de ciertas personas, como tu indiferencia, desprecio y tus descalificaciones crueles hacia otras.

- Descubre y acepta tus "intenciones ocultas" ante tanta calidez, ayuda y generosidad. Entiende que muchos (y tú) quieren vivir en la cima de la montaña, pero la felicidad y el crecimiento ocurren mientras la estás escalando.

- Esfuérzate por contactar, crecer y desarrollar tu parte interna. Aprende a estar solo, medita, respira, sal a caminar para que contactes con tus verdaderos sentimientos y necesidades.

DOS SEXUAL

NECESITO SENTIRME DESEADO POR EL OTRO

USO MI CARISMA Y SENSUALIDAD COMO ARMAS DE CONQUISTA

EL MÁS ORIENTADO A LA ACCIÓN

SOY EL MÁS SENSUAL Y SEDUCTOR DE TODO EL ENEAGRAMA

SEDUZCO POR EL OÍDO O DE FORMA DIRECTA Y AGRESIVA

SOY COMO UN REY O UNA REINA QUE DA ÓRDENES

SOY DIRECTO, DIVERTIDO Y AVENTURERO

ME ATRAE LO DIFERENTE Y LO PROHIBIDO

ME PUEDO CONFUNDIR CON UN 8

ORGULLOSO, POSESIVO, CELOSO, DRAMÁTICO Y AGRESIVO

chiquito... ¡cómprame un collar muy fino!

SEXUAL

SEDUCCIÓN   AGRESIÓN

Palabras claves que lo describen: CONQUISTA,*** SEDUCCIÓN / AGRESIÓN

Quisiera aclarar que las palabras arriba mencionadas, no tienen nada que ver con el género ya que tendemos a asociar la seducción con las mujeres y la agresividad con los hombres. Cabe recalcar que todos los tipos sexuales de cualquier eneatipo son seductores; sin embargo este "DOS Sexual" es el más sensual y el más seductor de todos los tipos del Eneagrama.

Te presentas ante los demás como una persona agresiva, atrevida y seductora. Naranjo dice que es una persona hermosa, pero peligrosa, que puede devorarte.

Este subtipo es el arquetipo del DOS, el que identificamos en los libros de Eneagrama. Naranjo nos indica que el tema central del dos es la seducción, más que la ayuda misma (como se pensaba en los años 70), "es decir, una expresión de afecto a través de la que se pretende interés, lealtad, cariño, protección, etcétera, de los demás, y solo aparentemente la ayuda".[23]

En otras palabras, no sólo se trata de una seducción sexual, sino de una emocional, ya que puedes intuir y convertirte en lo que el otro necesita (confidente, amigo, protección, paño de lágrimas, diversión...).

Como buen DOS necesitas satisfacer tu necesidad de sentirte "especial y deseable" para el otro. Quieres atraerlo, atraparlo en tus redes, empatizar con tu jefe o con la persona que te gusta, que sienta que eres encantador, el mejor amigo, el mejor vendedor, el consentido, etcétera. De lo contrario, te sientes mal porque es "el amor del otro" lo que te hace sentir seguro.

Diferencias con los otros tipos de DOS

Si la *soberbia* del DOS significa "estimación excesiva de ti cuando satisfaces las necesidades del otro", ¡imagínatela combinada con el instinto sexual! Necesitas sentirte importante, visto y deseado porque uno de tus mayores sueños es encantar a todo el mundo para que caiga rendido a tus pies.

*** Palabra originada por Claudio Naranjo.

Recuerda que los tres tipos de DOS son seductores: el de conservación de forma ingenua e infantil, el social con su encanto e inteligencia, y tú eres la personalidad más sexy de todo el Eneagrama.

Te platico en que consiste tu seducción: sueles acercarte de manera cálida y espontánea, coqueteas con tu sonrisa, movimientos sensuales y buen humor. Muchas veces, sin darte cuenta, te acercas demasiado a las personas (sin respetar su espacio vital) o las tocas de manera constante al hablar. Esto genera que se sientan incómodas por tu excesiva familiaridad o muy a gusto contigo.

Cuando alguien te atrae y quieres salirte con la tuya, usas tu herramienta de "seducción". Tienes dos maneras muy diferentes: la primera es una estrategia suave que consiste en buscar atención e intimidad con tu pareja. La escuchas y seduces por el oído con palabras románticas y tiernas. Te adaptas a sus deseos, los complaces y te conviertes en lo que quiera con tal de ganarte su cariño (el mejor amante, una geisha o un súper anfitrión). De esta manera vas creando vínculos emocionales o relaciones empáticas muy estrechas donde, poco a poco, te vuelves indispensable en la vida de la persona que te interesa y la llevas a tus redes hasta obtener el poder. La atracción sexual y alianza tan fuerte que logras con tu pareja, aunada a la sensación de considerarte irresistible, te hace sentir orgulloso, importante, seguro y resuelve en automático tus necesidades diarias sin tener que pedirlas.

La segunda estrategia de seducción es más impulsiva, directa, intensa, agresiva y atrevida. Cuando deseas fusionarte con el otro de manera pasional y ardiente, ni siquiera lo piensas, te lanzas y lo seduces abiertamente con una actitud de conquista. Usas tus palabras, lenguaje corporal y tono de voz sin sentir un mínimo de pena o remordimiento (por su edad, profesión, estatus social o marital) para expresarle tus demandas afectivas y exigir lo que necesitas con mucha seguridad.

Es curioso que, cuando tu instinto está en plena actividad, te sientes muy seguro porque te percibes como alguien atractivo, poderoso e irresistible. También seduces de forma agresiva y peligrosa, como dice Palmer, "para superar cualquier obstáculo que te impida o se interponga en alguna relación que te interese, tomando un papel activo de perseguidor".[24] Este último es el DOS que no le pide permiso a nadie para conseguir lo que desea. Es directo, salvaje, atrevido, intenso, aguerrido y generoso por lo que no acepta ningún tipo de limitación o negación por parte de su presa. Esta seducción tiene una parte divertida y emocionante de flirteo y astucia donde el proceso se convierte en un juego o un desafío de poder entre la otra persona y tú.

> Hay que aclarar que muchas veces tu deseo de conquistar las miradas, sólo es *vanidad* y narcisismo por la necesidad de sentirte "deseado", en vez de seducción o de querer una relación sexual como tal. También debes aprender a diferenciar entre sentirte "deseado" y "amado".

"A diferencia de los otros DOS, usas tu sexualidad como arma de conquista para conseguir lo que quieres. Así como al DOS social sentirse importante lo llena de orgullo, al DOS sexual lo llena de orgullo tener el apego apasionado de alguien.[25] Es interesante observar cómo la mezcla que resulta al combinar "orgullo y seducción" te impide ser humilde y ver tus carencias.

> Observa que utilizas: tu encanto, tu sexualidad, tu belleza, tus cuidados, tu amor... A cambio recibes: favores, cariño, dinero, protección, viajes, joyas ¡o lo que necesites!
>
> Deseas que esa persona te cuente sus secretos, sus problemas... mientras que tú la apoyas, le entregas todo tu tiempo y energía; te entregas a tal grado que te abandonas y te pierdes, y muchas veces terminas agotado y asfixiando al otro.

Por lo general, tu atención está dirigida a conquistar y enamorar a una sola persona (llámese jefe, pareja, hijo, cliente). Puedes ser posesivo y celoso cuando alguien intenta usurpar tu lugar. Como dicen Riso y Hudson: " Si el DOS social desea ser el amigo de todos, el DOS sexual desea ser el amigo de una persona; se concentra en pocas personas, y le gusta considerarse el amigo número uno de sus amigos, su confidente más íntimo."[26]

En el plano romántico, al ser tu instinto sexual el prioritario, para ti es muy importante tener una relación de pareja donde te vincules de forma emocional y física, de lo contrario te sientes vacío porque necesitas a alguien para sentirte completo y feliz.

> *Sebastián dijo: "En todas mis relaciones, ya sean sexuales o no, siempre trato de seducir al otro, le pongo mucha atención, lo escucho, apoyo, retroalimento, hago que se sienta a gusto... para mí, eso es la seducción. También noto cuando el otro trata de seducirme: empieza a compartir cosas emocionales o íntimas y la energía sube. Confesaré algo que sé que está mal: seduzco para que me seduzcan. Me encanta sentirme apreciado, atractivo, querido. Necesito que alimenten mi ego."*
>
> *La terapeuta le preguntó: "¿Qué sentirías si no llevaras a cabo esa seducción?"*
> *Sebastián contestó: "Me sentiría solo, tendría miedo a no conseguir el amor que busco... porque el amor de los demás me hace sentir vivo y seguro."*

De los tres tipos de DOS, eres el más romántico, carismático y apasionado porque, al sentir atracción por alguien, tu cuerpo produce una energía que te estimula para buscar a tu presa, aunque sea un hueso duro de roer. Pero en un plano más íntimo, sientes desconfianza de comunicar tus necesidades por *miedo* a no valer la pena o ser rechazado. Por eso muestras una imagen idealizada de ti y no tu verdadero ser.

Cabe mencionar que tu apariencia personal es de vital importancia. Tanto tu vestimenta como tus accesorios son más atrevidos y a la moda que los de tus compañeros DOS. En mis años de experiencia como maestra de Eneagrama he visto que la mujer latina DOS sexual se viste de manera mucho más alegre y provocativa que la mujer norteamericana o de otros países. También he visto mujeres de éste subtipo en México que cada vez usan menos maquillaje y visten atuendos modernos y muy bonitos sin tener que ser entallados o con escotes pronunciados.

Ejemplos de DOS sexual: Jennifer López, Sofía Vergara, Céline Dion, Elvis Presley, Verónica Castro y Thalía, entre otros.

> Interesante: cuando eres una persona emocionalmente sana y conquistas a alguien, tiendes a intimar y pasar largos periodos con tu pareja disfrutando una relación placentera y compartiendo secretos e intimidades.
>
> Pero hay otras ocasiones en que, una vez lograda tu conquista, te aburres y en automático pierdes el interés por esa persona. ¡Aguas! Esto es un indicador de tu ego y gran narcisismo. "En otros casos la actuación sexual, se lleva a cabo para agradar al otro y mantener la seducción."[27]

Cuando la seducción no te funciona, crece en ti una enorme ansiedad, sobreproteges y presionas la relación, aflora la agresividad, la manipulación y los celos, te vuelves más persuasivo y la conquista se convierte en un reto: "No sé cómo le haré, pero esa mujer caerá en mis redes." ¡A mayor reto, mayor adrenalina!

Otra característica que te diferencia de los DOS: tienes muchos Yo internos. Como dice Palmer, posees la capacidad de cambiar y amoldar tu forma de ser según la persona con la que estás. Quizá parece falso e hipócrita, pero para ti no lo es porque sólo estás adaptándote y empatizando con los diferentes tipos de personas.

Veamos: "El DOS sexual justifica sus acciones, palabras, locuras, su forma salvaje e invasiva y su egoísmo en nombre del amor, como si el amor fuera la única emoción, el centro de su vida, la experiencia que justifica todo. Para este subtipo el amor puede ser confundido entre ser querido y ser deseado."[28] Sobre esto, me viene a la mente una película de los ochenta titulada *Atracción fatal*. Interpretada por Glenn Close y Michael Douglas, la historia narra que un hombre casado tiene un romance con una mujer DOS sexual desintegrada que se obsesiona con él y justifica todas sus locuras en nombre del amor.

¿Con qué eneatipo puedes confundirte?

Con el OCHO sexual porque ambos se sienten superiores y poderosos, son intensos, atrevidos, divertidos y lujuriosos. Ambos protegen su vulnerabilidad con falsas caretas, muestran una actitud generosa y comparten flechas en el diagrama en momentos de estrés y relajación. Son diferentes porque el DOS es emocional, se adapta, seduce y se acerca a las personas para complacer primero al otro. En cambio, el OCHO es visceral y protector. Se acerca a los demás de manera asertiva donde impone y exige sus necesidades. EL DOS suaviza y tranquiliza al OCHO... y el OCHO empodera y le inyecta fuerza al DOS. "El orgullo necesita de los demás, aunque les corte la cabeza. La *lujuria* corta la cabeza de los demás aunque los necesite."[29]

¿Cuándo sacas lo peor de ti?

Tu instinto dominante trabaja en tu contra cuando se apodera de ti o se siente amenazado. Es decir, cuando tu "seguridad personal" se tambalea (porque tu seducción o agresividad no funcionaron, tu atractivo físico se acabó, te sientes vulnerable, te sentiste rechazado, se acabó la chispa con tu pareja, te sientes humillado o criticado por algo) provoca que tu estrés y ansiedad crezcan. Si los niegas, sacarás la parte más reactiva de tu personalidad para defenderte:

- Experimentas mucha inestabilidad afectiva, irritabilidad, enfado constante, mal humor, culpas a tu pareja de todo lo que te pasa y hasta puedes llegar a los golpes. Recuerda que amar a tu pareja no implica hacerte responsable por sus emociones.
- Entre más inseguro te sientes, más te atraen las aventuras, conquistas de forma compulsiva, quieres sexo, aparentas mucha seguridad para que tu ego crezca ante los demás, mientras que por dentro sientes una sensación de vacío aterrador.
- Cuando te sientes muy inseguro, te vuelves servil, te pierdes en el otro, incluso dejas que te golpee o abuse verbalmente de ti. Experimentas mucho dolor y resentimiento. Cuando la otra persona te ignora, pierde interés o ni siquiera se da cuenta de tus necesidades la perdonas por *miedo* a que te deje.
- Tu gran inseguridad te convierte en una persona posesiva y dominante, celas a tu pareja la invades, decides por ella, la *stalkeas* en redes sociales. Intentas controlar todos sus movimientos y no soportas el mínimo rechazo de su parte.

- Recuerda: el control mata el deseo y la pasión sexual. (Aquí este DOS se parece a un OCHO desintegrado.)

¿Qué debe aprender el DOS sexual?

- ¿Corazón o razón? ¡Qué difícil elección! El corazón te hace soñar y fantasear. Deja de hacerle tanto caso a tu corazón y a tus emociones y usa más la razón.
- Aprende a controlar tus impulsos seductores y lenguaje no verbal, ya que pueden malinterpretarse y molestar a los demás.
- Se dice que este DOS aprende cuando toca el dolor, el infierno, cuando se siente solo y abandonado. ¡Despierta! Date cuenta de tu dependencia afectiva; reconoce tus carencias y el *miedo* que tienes de verte y de entregarle al otro tu verdadero ser, tu amor y no la imagen idealizada de ser único y especial.
- ¡Deja de mentirte y hazte cargo de ti! Piensa más en lo quieres. Toma el timón de tu vida y mantén la creencia de que vas a estar bien. Pregúntate: ¿Qué actividades dejaste de hacer por complacer a la otra persona? ¿De qué personas te alejaste?
- Recuerda que una persona codependiente no ama ni tiene la capacidad para ver al otro. Una persona codependiente necesita de la otra persona. No le importa que no la amen, pero sí que no la abandonen. Quiérete y construye una nueva identidad con, sin y a pesar de la persona con la que estés.

PERSONALIDAD TIPO TRES

El ejecutor / el realizador / el exitoso / el motivador: tiene la cualidad
de realizar o ejecutar al instante todo lo que se propone.

Pertenece a la tríada emocional (2, 3, 4) porque percibe y filtra la vida desde el corazón. Recuerda que estas tres personalidades tienen en común problemas de identidad, buscan atención, aprobación y les importa mucho su imagen y la opinión de los demás. Sanos son amorosos y compasivos. Tóxicos son manipuladores emocionales.

En general te caracterizas por ser: tenaz, alegre, carismático, trabajador, te gusta sobresalir y ser "el mejor" en todo lo que haces. Representas el arquetipo del éxito. Eres una persona práctica, asertiva, competente, rápida, con un gran espíritu de lucha, orientada a la acción, a resultados y con una habilidad social envidiable. Te atrae mandar y controlar cualquier situación porque tienes una habilidad natural para motivar y liderar a otros. Eres un excelente vendedor, sabes cómo promoverte y qué imagen proyectar para dar una perfecta impresión, conseguir lo que quieres y ganarte el cariño y la aprobación de los demás.

Sientes una necesidad compulsiva por destacar, ser un ganador y alguien importante. Es tan fuerte este deseo que a veces traicionas tus sentimientos para actuar o expresar el que requiere la ocasión ¡con tal de ganar admiración de los demás!

Eres una combinación interesante entre cálido y frío, con una apariencia física jovial y atractiva que proyecta mucha seguridad por fuera y con frecuencia inseguro y vulnerable por dentro. Te exiges muchísimo para representar las cualidades que tu mundo valora: la mejor mamá, el ejecutivo ejemplar, el *cool* del grupo, lo cual termina siendo agotador. Tanta actividad, el estar siempre de prisa o el afán de lograr más éxitos, se vuelve tu manera de vivir; eso te desconecta de ti, de tu esencia, de tu mundo interior y del exterior. Es como si "parar" o disminuir tu ritmo acelerado, te causara mucha ansiedad. Para evitar esa sensación de vacío o alguna otra emoción que te impacte, optas por llenarlo con actividad de manera compulsiva.

¡Tienes facilidad para todo y capacidad para realizar varias actividades a la vez! Eso te hace autosuficiente y vanidoso. Si lo reflexionas, más que ser querido, ¡te atraen los aplausos y los reflectores!

Estás convencido de que, para recibir amor, sentirte admirado y reconocido por los demás, necesitas actuar, hacer y lograr muchos éxitos. Es decir, sientes que la gente vale más por "lo que hace" que por "ser" porque piensas que "por tus frutos serás medido".

ALAS

¡Recuerda que son la sal y la pimienta de tu personalidad!

Si eres un 3/2

En la luz: estás más orientado a las personas. Eres más seductor, tienes mayor calidez para tratar a la gente. Eres más alegre, extrovertido, sociable, cariñoso y espontáneo.

En la sombra: eres más adulador, meloso, falso y posesivo.

Tu vestimenta: inviertes mucho en tu apariencia física para impresionar a los demás. Ropa más a la moda, creativa, sexy, con toques románticos y divertidos.

Si eres un 3/4

En la luz: estás más orientado a tu profesión y al trabajo que a la parte social. Eres más competente, creativo, serio, callado e introspectivo y, a veces, divertido.

En la sombra: puedes ser más arrogante, frío y ambicioso con altibajos de humor.

Tu vestimenta: clásica, simple, profesional, refinada, elegante con un toque creativo y original.

¿QUÉ TANTO TE CONOCES?

En general, quieres: ¡que las miradas se vuelvan hacia ti! Llamar la atención, tener prestigio, estatus, gustarle al mundo, sentirte reconocido, escuchado y aplaudido. Te preocupa la imagen, la aceptación y el rechazo. Un comentario positivo te sube a las nubes y uno negativo te apachurra o desmoraliza. Pero en lo más profundo de ti, deseas que te quieran por lo que vales como ser humano, apartando lo material o social.

Deseas que los demás te vean: como una persona líder, ganadora, inteligente, exitosa, segura, competente, práctica, ambiciosa, positiva, productiva, atractiva y alegre.

¿Cómo te ven en realidad?: cuando tu punto ciego te traiciona (*vanidad*), la gente te percibe como frío, falso, egoísta, prepotente, impaciente ante la lentitud y la incompetencia, oportunista y protagónico. ¡Más estilo que sustancia!

Evitas al máximo: fracasar, ser el perdedor o el segundo lugar, depender de alguien, sentirte incompetente para realizar alguna actividad. También evitas contactar con tus emociones porque te impiden o estorban para llegar a tus metas.

Tu talento natural: representas el modelo del éxito. Logras lo que te propones. Eres optimista, tenaz, orientado a la acción y los resultados. Tienes habilidad para aprender, aportar al mundo, desarrollar y lograr que las cosas se realicen de forma rápida y eficiente.

Tu mayor debilidad: el deseo constante de sobresalir, ganar, ser siempre el mejor y lograr metas para obtener la admiración de los demás. Vas tan rápido que dejas de escuchar a tu alma, a tu cuerpo y las advertencias que la vida te señala. Confundes tus logros e imagen con lo que eres en realidad, desconectándote de tu verdadero yo y de la capacidad de gozar el momento y vivir con la verdad.

La fortaleza que más necesitas: autenticidad/honestidad. En vez de buscar la mirada del otro, obsérvate, escucha a tu cuerpo y al mundo interior de forma honesta. Recupera tu autenticidad, espontaneidad, tu verdadero ser y sepáralo de tu imagen. Reconéctate con tu verdadero sentir, ábrete a los sentimientos de las otras personas, permite que te vean sin máscara y vive el presente.

Te atrae: el éxito, lo bello, el autodesarrollo, la popularidad, una buena reputación y una excelente apariencia física. Para ti "hacer y lograr" tiene mayor valor que "ser y sentir".

Cuando estás en tu mejor momento: descubres tu vida espiritual, un lugar interior donde la prisa se convierte en un espacio lleno de paz, quietud y abundancia, donde tocas tus sentimientos más profundos y los expresas a tus seres queridos sin maquillarlos. Te vinculas con los demás desde el corazón, te interesas por ellos, los motivas e inspiras.

Cuando estás estresado: te pierdes en la actividad y el egocentrismo. Eres frío, distante, egoísta, impaciente y prepotente. ¡Te vuelves muy necio y distraído! Te enojas cuando alguien se interpone en tu camino. Te cierras, no escuchas las opiniones de los demás y no soportas que te señalen algún error. Cortas tus emociones y te engañas convenciéndote de que todo está bien.

¡Date cuenta!

Vives en el mundo de lo urgente... y lo urgente mata lo importante. Dejas de disfrutar el presente y ser receptivo con los demás. Te es muy difícil notar en qué momento pierdes tu identidad, abandonas tu verdadero ser que te vincula con los demás y permites que tu TRES gobierne y dirija tus acciones.

Ejemplo: observa cómo te sientes contento porque sabes enfocarte en las tareas que te propones o logras hacer muchas cosas de forma rápida y eficiente. Pero con el tiempo, cuando llegas a la cima o la vida te da una fuerte sacudida, te das cuenta de que no eres del todo feliz. Te falta un ingrediente que no sabes descifrar, ¿sabes por qué? Porque cuando estabas en cierto lugar o con tales personas, tu esencia se desconectó de tu corazón y tus actividades eran eficientes, pero no auténticas. Esto provoca que te desvincules de la gente y que, a veces, borres por completo episodios de tu vida, los nombres, las caras, lo que pensabas o sentías.

Como resultado, tus relaciones se vuelven superficiales a nivel funcional porque, sin darte cuenta, dejas de estar presente, te concentras tanto en ti que te vuelves insensible o usas a la gente para conseguir lo que quieres y terminas con un sabor a soledad.

Me hubiera gustado que alguien me dijera que lo único que tenía que hacer era sentarme, quedarme quieta y respirar con los ojos cerrados para descubrir ese lugar interior en donde están todas las respuestas y el paraíso.

En cambio, durante muchos años me subí al tren de alta velocidad del ruido interno: pendientes, citas, distracciones, consumo y, eso sí, eficiencia. Lo irónico es que esa especie de sierra prendida en la mente me hacía sentir importante. Me acostumbré a la velocidad, ignorante del precio que conlleva.

Pero la anhelada armonía que tanto buscaba no llegaría mediante logros, ejercicio, disciplina, jugos verdes, ganancias o quehaceres, sino al enfocarme en silencio en algo tan cotidiano y mágico como la simple respiración.

En ese entonces estar con las amigas me parecía un desperdicio de tiempo. "Gaby, tú no sabes estar", me decía Betty, una amiga de la infancia, "siempre comes rápido y te vas temprano". En mi interior su comentario servía como autoreconocimiento de mi "responsabilidad". ¡Qué tonta y qué ciega!

El engaño de la velocidad es que, al alejarte de ti, buscas las respuestas en otros sin darte cuenta de que la única persona que te dará lo que buscas eres tú.[30]

El mecanismo de defensa que más usas: la identificación

Cuando algo del exterior nos asusta o amenaza, todos los seres humanos de manera "inconsciente", levantamos una barrera para defendernos y así no ver la realidad tal cual es. De esta manera el mecanismo *nos protege y nos proporciona una sensación de seguridad* que nos permite funcionar.

La identificación consiste en detectar los atributos externos que la sociedad valora y adaptarlos como si fueran tuyos. Te puedes identificar con personas o bienes materiales.

Es decir, como TRES, aprendes a moldear tu identidad: identificas, observas e imitas a las personas exitosas que admiras (por algún talento, su manera de vestir, pensar o dirigirse a los demás). Copias esos atributos externos, "los haces tuyos" y los proyectas al mundo. De esta manera, el mecanismo de defensa te protege de no verte tal como eres. Cuando no te funciona una estrategia, rápido la cambias por otra hasta lograr atraer la mirada de la gente que te importa.

Observa que, entre más te identificas con algún disfraz, más reprimes tus verdaderos sentimientos porque el reconocimiento de los demás te hace sentir importante. La sensación de vacío (al no saber quién eres) se compensa porque ya conseguiste la aprobación externa, pero sin darte cuenta, fuiste infiel a ti y te abandonaste por ser alguien que no eres.

Ejemplo: imagina que admiras a tu jefe y quieres ganarte su respeto. Sin darte cuenta, adoptas de forma camaleónica los atributos que valora en un asistente: usas diferentes máscaras, dices y haces lo necesario con tal de que te aplauda. Como diría mi maestra Palmer: "Lo primero que tienes que hacer para lograr su mirada es deshacerte de ti" porque tus verdaderos sentimientos te estorban y confunden. Por lo tanto, de forma inconsciente, te engañas, te adaptas, te enfocas en los resultados y escondes todo lo incómodo de tu vida para venderte como un ganador.

> Interesante: "No hay consciencia de falsedad, incluso uno puede llegar a considerarse muy auténtico porque llega a creerse que realmente es tal como se muestra, porque hay un automatismo en la imitación del modelo."[31]

Tu sombra/punto ciego: la *vanidad* o autoengaño

Consiste en creer que eres las imágenes y cualidades que el mundo valora. Engañas a todos (incluyéndote) haciéndoles creer quien no eres. Me gusta la definición de Naranjo: "La necesidad de falsificar el propio sí mismo, construyendo una imagen personal presentable para el mundo, con la expectativa de que ésta sea aceptada, amada y confirmada."[32]

Seguro te vas a preguntar ¿me engaño? Bueno, sí. Engañar es una forma de mentir y las mentiras que te dices ("mi mundo es perfecto") te ayudan a vivir y no ver la realidad. Todo lo negativo y doloroso de tu vida lo niegas de forma inconsciente. Para ti, ¡tu vida en verdad carece de problemas! Lo paradójico es que, aunque por dentro te sientas vulnerable, inseguro o no sepas quién eres, por fuera muestras una apariencia de estar muy bien y tener todo bajo control.

Objetivo final del Eneagrama: despertar y ampliar tu consciencia para contactar con tu esencia. Así, te darás cuenta de los patrones automáticos que realizas, transformarás tu *autoengaño* en *honestidad* y podrás llevar una vida más equilibrada, plena y coherente contigo.

Observa tus hábitos y atrápate en el momento exacto en que, por ejemplo, mueres de ganas por sobresalir, imponer tu opinión, ser el primero, el más guapo, el favorito o ¡el que vendió más! Es decir, cuando empiezas a actuar para tratar de apantallar, conquistar o caer bien. Si en ese momento logras respirar, relajarte, disfrutar el presente y mostrarte al mundo como eres en realidad, con tu parte positiva y limitante sin tener que copiarle a nadie, estarás haciendo un gran trabajo interior.

Déjame decirte que, una vez que activas la autoobservación, tus hábitos repetitivos serán menos compulsivos, entrarás en el camino de la transformación... y la visión del mundo empezará a cambiar para ti.

SUBTIPOS: LAS TRES VERSIONES DE TRES

Si combinamos la *vanidad* con cada uno de los tres instintos que hemos mencionado, provocará tres reacciones o comportamientos muy diferentes, dando como resultado los tres subtipos: **TRES de conservación, TRES social** y **TRES sexual.** ¡Por eso las personas del mismo tipo se ven y se comportan de forma diferente!

Eficiente y trabajador　　　　Poderoso y activo　　　　Cálido y emocional

¿Cuál es tu reto?

¡Sal de tu zona de confort, sacude tu ego para que tu esencia impregne tu personalidad! Descubre el instinto dominante que gobierna tu vida para que hagas conscientes tus comportamientos automáticos primarios y los transformes en respuestas más sanas y equilibradas.

Te presento un pequeño resumen para que te descubras con facilidad:

- El **TRES de conservación** es el más intelectual. Desea que lo admiren por sus resultados, posesiones y logros materiales. Su diálogo interno sería: "Yo valgo si tengo bienes materiales y seguridad económica."
- El **TRES social** es el más orientado a la acción. Desea que lo admiren por sus relaciones y éxitos sociales logrados en la vida. Su diálogo interno sería: "Yo valgo si tengo estatus y soy alguien importante en la sociedad."
- El **TRES sexual** es el más cálido y emocional. Desea que lo admiren por su imagen física y encanto personal. Su diálogo interno sería: "Yo valgo si soy admirado por mi carisma y belleza."

TRES DE CONSERVACIÓN

OPTIMISTA, SEGURO, ÉTICO, ALEGRE Y SERVICIAL	SOY MULTITAREAS Y UNA MÁQUIA DE TRABAJO
BUSCO SEGURIDAD ECONÓMICA SOY EL MÁS MATERIALISTA	BUSCO EL ORDEN, EL DETALLE Y LA PERFECCIÓN
CONTRATIPO DEL **3**, EL MENOS VANIDOSO	CAPACIDAD PARA LIDERAR MIEDO AL FRACASO
"VANIDAD CALLADA"	SOY MÁS SENCILLO, MODESTO, DISCRETO Y SOLITARIO
ME PUEDO CONFUNDIR CON UN **1**	*CONTROLO MIS EMOCIONES, SOY DURO Y SUPERFICIAL*

¡Tengo todo bajo control!

CONSERVACIÓN
↓
SEGURIDAD

Palabra clave que lo describe: SEGURIDAD

Si eres un TRES de conservación, ¿a qué crees que le pondrás mucha atención? ¡Acertaste! Al dinero, pues estás convencido de que tener bienes materiales y una estabilidad económica te da seguridad, evita que te rechacen y te protege de un futuro incierto.

Este subtipo fue bautizado con la palabra "seguridad". En el área de conservación, esa palabra significa que toda la vida te preocuparás por ganar y ahorrar dinero para que tu estabilidad económica y tus necesidades básicas siempre estén cubiertas. En otras palabras, que no te falte nada (ni a tu familia). Si lo llevamos a la vida moderna, no sólo te enfocarás en tener una casa con lujos en una zona privilegiada, complacer todos tus caprichos y hobbies, viajar a lugares exclusivos o trabajar en tu propia empresa, sino que esta "seguridad" se va a expandir a tu personal y te presentará ante los demás como alguien asertivo, firme, seguro, eficiente, positivo y echado para adelante ante cualquier reto.

Lo irónico es que, aunque ya tengas un soporte económico o lo hayas heredado, siempre vas a sentir la *ansiedad o preocupación* de tener que producir más y más para evitar que tus recursos se terminen. Si no tuviste la fortuna de tener dinero, lo vas a conseguir a través de tu trabajo diario porque te da terror quedarte incapacitado para trabajar o llegar a ser incompetente (ya sea por vejez o por alguna enfermedad).

Diferencias con los otros tipos de TRES: de acuerdo con Naranjo, el TRES de conservación es el contratipo del TRES. Te recuerdo que se le llama contratipo porque va en contra de la energía de la *vanidad*. Es decir, eres el que parece menos vanidoso de los tres tipos de TRES y el que más nos cuesta reconocer a simple vista porque te puedes confundir con el UNO.

En vez de buscar los reflectores, ser el líder o preocuparte por proyectar una imagen física perfecta como lo haría el TRES tradicional, eres más rígido, decidido, sencillo, modesto y buscas ser productivo para sentirse seguro.

Tu vestimenta suele ser más accesible, pudorosa, discreta y clásica. No le das tanta importancia a tu imagen física como tus colegas porque tu motor está en aprender, desarrollar nuevas habilidades, en trabajar duro y ser eficiente, en ganar suficiente dinero, competir contigo, desafiarte y salir de tu zona de confort.

Al ser de conservación, sueles ser más autónomo y solitario. Y como dije, buscas una seguridad material, lo que te hace ser el más materialista de los TRES. Te gusta ganar dinero, mantener un perfil bajo y ser ahorrativo, porque tener solvencia económica te hace sentir importante y ser alguien ante la sociedad.

Mi maestro Tom Condom contaba que su vecino TRES de conservación tenía una motocicleta BMW que limpiaba diario frente a su casa para que todos los vecinos la vieran. "¡Qué bonita moto!" Le decía Tom. "¡Sí! Muchas gracias, es alemana, una BMW", respondía el vecino, como queriendo expresar: "Ya llegué a otro nivel y qué bueno que reconozcas que tengo algo valioso, porque eso me da seguridad."

Tienes hambre por demostrarte —y de pasadita a los demás—, que puedes con todo, que ya llegaste al Everest siendo un ganador en el plano económico. Naranjo la llamó *"Vanidad callada"* porque en tu interior sigues siendo vanidoso: te encanta que la gente te vea, te reconozca y hable de ti, de lo bueno, eficiente y exitoso que eres, pero sin que tú se los digas. ¡A través de una falsa modestia deseas que se enteren por terceras personas! Ser reconocido es música para tus oídos y te enorgulleces de no ser vanidoso como los otros tipos de TRES, porque para ti es de muy mal gusto que el TRES Social promueva todos sus logros, al igual que también te da pena ajena la seducción y coquetería del TRES Sexual.

Igual que el UNO, eres adicto al trabajo, persigues el detalle, el orden, la puntualidad y la perfección. Eres práctico, comprometido, eficiente, pero también ansioso y te exiges demasiado. ¡Hasta descansar te genera culpa! Aquí es donde el instinto te puede sobrepasar y trabajar en tu contra. Se te olvida la parte divertida y terminas convirtiéndote en una "máquina compulsiva de trabajo" acumulando éxito tras éxito y poniendo en riesgo tu salud, familia y amigos.

Recuerda: "Busca alguien que te ame por lo que realmente eres y construye tres amores: tu vida, tu familia y tus amigos. La vida porque es corta, la familia porque es única y los amigos porque son contados."

Eres una persona muy segura, autónoma, alegre y optimista, pero estás cubierta con una capa de rigidez que te impide ser espontáneo. Existe una mezcla interna de fragilidad compuesta de timidez, inseguridad, sensibilidad y ternura, que escondes y sólo muestras a tus seres muy queridos. Te cuesta trabajo llorar, expresar tu dolor y enfrentar el conflicto. Y cuando tienes *miedo* a cualquier sentimiento, en automático te concentras en el trabajo.

Con frecuencia te controlas para no navegar en las profundidades de tu ser, para no reconocer el fracaso o la debilidad y para mantener una imagen de ¡todo está bajo control!

> *Soy abogada y he trabajado durante muchos años para lograr esta sensación de seguridad. Confieso que me costó mucho trabajo decidir ser madre, porque los hijos se interponían con mis éxitos laborales. Desde muy chica soñaba con tener muchas cosas. Hoy gano suficiente para vivir bien, pero no sé por qué mi mente siempre piensa: "¿Quién me podría contratar si me enfermo, si envejezco o si algo sale mal?" Con el tiempo, me arrepentí de no vivir con mis hijos momentos que no volverán pues siempre hubo algo más importante que cumplir en el trabajo.*

Gracias a tu seguridad personal y don de mando, casi siempre asumes papeles de director o te conviertes en la mente de la empresa o de tu casa. Eres un gran motivador y el TRES que más logra lo que se propone. Eres la persona ejemplar que va subiendo la escalera del éxito, la que escaló desde ser mensajero hasta director.

Deseas representar el arquetipo del hombre o mujer perfecta, por eso te identificas con esas cualidades que todos queremos y son muy apreciadas en nuestra sociedad. Por ejemplo, ser el mejor papá, que también es buen deportista y esposo; la mamá que, además de guapa, es inteligente y responsable; o el alumno brillante en todo.

Otra de tus características: eres *multitask*, es decir, realizas muchas cosas a la vez. Aprendes rápido y tienes mucha facilidad para todo.

¿Con qué eneatipo puedes confundirte?

Con el UNO, pues ambos se orientan el éxito, son rápidos, responsables, prácticos y eficientes; aman la puntualidad, el orden, las cosas bien hechas, la independencia, la planeación y la perfección. Ambos son estructurados, detallistas y les gusta tener su vida y sus cosas bajo control. Les gusta registrar sus resultados y éxitos.

Son diferentes porque el UNO actúa desde sus principios morales (posterga la compensación inmediata, tiene un juez crítico interno que lo guía) mientras que el TRES actúa desde afuera buscando admiración y éxito (pide remuneración inmediata, su juez es externo porque le importa que lo juzguen los demás).

En un nivel tóxico, este TRES se puede confundir con un OCHO desintegrado porque ambos sustituyen la ansiedad con compras, con más trabajo, haciendo mucho deporte, etcétera. Esas actividades te relajan un rato, pero tu necesidad real interna no desaparecerá hasta que toques tu autoengaño y lo conviertas en honestidad.

¿Cuándo sacas lo peor de ti?

Tu instinto dominante trabaja en tu contra cuando se siente amenazado. Es decir, cuando tu "seguridad" se siente intimidada por algún factor externo, experimentas mucha ansiedad, incluso pánico. Tu inseguridad interna crece y si la niegas:

- Reaccionas a la defensiva de forma agresiva ante la gente lenta o incompetente. Tu inseguridad te genera ansiedad y nerviosismo lo que provoca que te ciegues a la realidad y te comportes de forma necia y cerrada, te enojas y dejas de escuchar cuando te confrontan.
- Te pones en modo sobrevivencia y trabajas a tal grado para no sentir que el estrés te lleva al insomnio, dermatitis, colitis o puedes terminar en el hospital con un ataque de nervios. Muchas veces no puedes dejar de trabajar porque sientes que tu valor equivale a la acumulación de éxitos o tienes *miedo* a que alguien te gane.
- Te vuelves "oportunista" con tal de llegar a la meta o ser el mejor. Aquí la frase "el fin justifica los medios" se aplica perfecto por que se vale todo con

tal de lograr el éxito: buscas atajos, justificas tu comportamiento y te vuelves tramposo.

- Cuando el autoengaño te domina, te relacionas con los demás a nivel superficial y funcional; es decir, seduces a la gente según tu conveniencia, la usas a tu beneficio y después la deshechas.

- Aprovechas tus amistades o relaciones para presumir y proyectar una imagen vanidosa de opulencia y prosperidad exagerada: "Te voy a invitar a mi nueva casa en la nieve." "¡Este año vendimos el triple y ya no sé qué hacer con tanto dinero!" "Te quiero enseñar mi último juguete deportivo."

¿Qué debe aprender el TRES de conservación?

- "Recuerda que tu vida no se mide por los logros externos, sino por la felicidad y la dicha que vives dentro y que, claro, termina floreciendo a tu alrededor. No se trata simplemente de tener ni de obtener, se trata, sobre todo, de ser."[33]

- Aprende a relajarte y a disminuir tu ritmo acelerado para que disfrutes las flores del camino (el proceso) con atención plena, practicando yoga, meditación o haciendo algo diferente en tu trabajo.

- Atrévete a sentir, despierta tu corazón, vincúlate de forma más profunda, ve más allá, interésate de manera genuina por el otro, sé más espontáneo y expresivo con tus emociones.

- Esa seguridad que tanto buscas en el plano económico, búscala en tus amigos y seres queridos siendo honesto y auténtico. Recuerda que si tus talentos no sirven para servir a los demás, no sirven de nada.

- Gánate el amor de los demás por lo que eres y no por lo que tienes o haces. Recuerda que de nada te sirve llegar al éxito si estás solo. "El éxito que se comparte se multiplica. Cada quién tiene su montaña y cada quién tiene su reto y ojalá que cuando alcances la cumbre de tu montaña, tengas con quién compartirla."[34]

TRES SOCIAL

IMPONGO MODA Y ME ESCLAVIZO A ELLA

BUSCO REFLECTORES, FAMA Y ESTATUS

ALEGRE, EXTROVERTIDO Y MUY ACTIVO

SOY EL MÁS FALSO Y CAMALEÓNICO

ME MUEVE EL ÉXITO Y LOS LOGROS

AMBICIOSO, CON HAMBRE PARA SALIR ADELANTE

QUIERO BRILLAR Y SER ALGUIEN IMPORTANTE

MANEJO LAS MASAS A LA PERFECCIÓN

ME PUEDO CONFUNDIR CON UN 7

FRÍO, CORTO SENTIMIENTOS, SUPERFICIAL Y PRESUMIDO

¡Hes, los traigo apantallados!

SOCIAL

↓

PRESTIGIO

Palabras claves que lo describen: PRESTIGIO o ESTATUS

Si eres un TRES social, te obsesionará saber ¿qué necesitas? ¿Cuáles son las credenciales, aficiones o acciones correctas para pertenecer y lograr prestigio? Para ti, modelar el comportamiento del éxito consiste en ser "alguien importante" porque eso te da seguridad ante el grupo.

Diferencias con los otros tipos de TRES:

Eres el arquetipo del TRES, el que leemos en los libros de Eneagrama.

Una característica de los sociales, sin importar su tipo de personalidad, es la tendencia a compararse con los demás. En tu caso, la mejor manera de alimentar tu ego es atraer las miradas de los que te interesan, ser validado y aplaudido, ya que, en tu interior, existe una competencia interna por ser mejor que el otro.

Además de ser un líder pragmático, inteligente, dinámico, organizado, persistente, orientado a las metas del grupo, siempre estás a la vanguardia en todo y tienes una gran facilidad para hacer muchas cosas a la vez.

A diferencia de tus colegas TRES, eres más abierto, vanidoso y competitivo. Tienes un carácter más fuerte, ambicioso, exigente y asertivo en cuestiones de trabajo mientras que en la parte social eres amigable y cálido. Eres una persona alegre y positiva que proyecta una imagen jovial y saludable. Eres muy carismático, aventurero, con grandes aspiraciones sociales y profesionales.

Tu tenacidad hace que logres tus metas de forma rápida y eficiente. En el campo de las ventas, reflejas una imagen de perfección porque todo lo tienes bajo control. Sueles ser tan capaz, que le puedes vender "pescado a los pescadores".

Al ser social, te gusta llenar tu agenda con nuevos proyectos y eventos donde puedas conectarte e influenciar a mucha gente (vecinos, comunidad, sociedad en general). Siempre hay algo qué hacer para llegar al éxito, por lo que casi siempre estás de prisa, odias perder el tiempo en emociones tontas o trivialidades que obstruyan tu objetivo.

Igual sientes atracción por la gente que ya triunfó, por eso te interesa conocer sus historias, cómo hicieron su fortuna, qué premios han tenido, a quién conocen, con quién se relacionan, qué lugares frecuentan y cómo llevarte con esa gente poderosa.

Sueles ser el más vanidoso y tu alimento preferido es la admiración, los aplausos, los halagos y el reconocimiento de todos hacia ti. Crees que la gente sólo se fija y pone atención en los ganadores, por eso "tienes que ser alguien a los ojos de los demás o simplemente no eres nadie."[35] Necesitas que te vean, te valoren, te afirmen y te reafirmen que "eres el mejor", pero esto puede llegar a ser agotador. Se me vienen a la mente varios deportistas que considero TRES sociales como: el futbolista Ronaldo, el ciclista Lance Armstrong, el basquetbolista Michael Jordan o el golfista Tiger Woods, los cuales sobresalieron de forma mundial y obtuvieron un prestigio social ya sea positivo o negativo al ser el número uno en su especialidad.

¡Lo tuyo, lo tuyo es el poder! Eres ambicioso, competitivo y te importa más el éxito social y la imagen pública que la privada; sin embargo, conquistar la cima implica muchos sacrificios y una vez que llegas te das cuenta de que es un lugar solitario. Existen diferentes estrategias para lograr ese reconocimiento: la universidad de buena reputación en la que estudiaste, las medallas que obtuviste en algún deporte, tu compañía (no es lo mismo trabajar en ferreterías "La Lupita" que en una transnacional de alto renombre), lo importante es que el premio o trabajo sean calificados como exitosos por la sociedad.

Anhelas que tu grupo social valore los símbolos de tu éxito: viajar en primera clase, tener casa en el extranjero, frecuentar lugares de moda, llevarte con personas famosas, ayudar en una organización porque piensas que alguien dadivoso es exitoso si se sacrifica por el bienestar de una causa social.

Cabe aclarar que no todos los TRES sociales vienen de una familia acomodada donde se les brindaron todas las oportunidades para tener éxito. Existen TRES sociales en cualquier estrato social, pero todos tienen algo en común: hambre por ser alguien importante dentro de su comunidad a través de mucho esfuerzo y sacrificio.

Conozco a Silvia desde hace más de veinte años. Siempre se ha dedicado a dar servicio de manicure a domicilio. Todos los días se levanta a las cinco de la mañana y termina de trabajar a las 9 de la noche. Sus clientas la van recomendando de boca en boca porque es agradable, rápida y práctica. No pierde un segundo de su tiempo y es sorprendente el crecimiento de su clientela. Cada dos años cambia de modelo de auto y lleva a su mamá de vacaciones gracias al gran esfuerzo y dedicación que hay detrás de su sonrisa.

Eres el más camaleónico de los TRES. Cambias tu sombrero y tu presentación con gran habilidad dependiendo del grupo en el que te encuentres, te adaptas a cada uno para ser aceptado, pero siempre sobresaliendo e influyendo en los demás. Adoptas la máscara o personalidad que se requiere para atraer a la persona con quien deseas relacionarte y apantallarla, manipularla o sacar algo a tu favor.

Aquí podemos observar el autoengaño en acción: en aras de conseguir el éxito, reprimes tus verdaderos sentimientos; tu vulnerabilidad y tu vida interior desaparecen; te conviertes en un congelador o aparentas una alegría, una tristeza o un interés fingidos, porque estás tan metido en ti que los demás se desvanecen.

Como diría Naranjo: "Cuanto más te identifiques con la imagen que proyectas, más convencido estás de ser el papel que desempeñas." Todo empieza con ponerte un simple disfraz hasta que éste se acopla a tal grado a tu cuerpo, que terminas creyendo que ése eres realmente tú.

Estoy de acuerdo con Gonzalo Morán cuando dice que las TRES sociales de ficción y menos sanas las encontramos en la pantalla chica interpretando papeles de villanas: mujeres glamorosas, por lo general empresarias o ejecutivas con un pasado oculto, que no se detendrán ante nada y ante nadie para lograr sus objetivos o mantener su estatus. Por ejemplo: Alexis Carrington en *Dinastía* (Joan Collins), la implacable Amanda Woodward en *Melrose Place* (Heather Locklear) o la guapísima y despiadada Victoria Grayson en la serie *Revenge* (Madeleine Stowe).

Riso y Hudson bautizaron a este subtipo como el "buscador de estatus", esto me recuerda el ejemplo de Arnold Schwarzenegger, un TRES social muy conocido que nos ejemplifica perfecto este subtipo y que fue madurando con los golpes de la vida.

Cuando eres importante ante los ojos de la gente, todos son tus "amigos" pero una vez que no beneficies o suplas sus intereses, dejarás de importarles. No siempre eres quien crees que siempre serás, nada dura para siempre. La gente va y viene, los intereses de cada persona cambian de la noche a la mañana; hoy pueden abrazarte y mañana traicionarte, incluso pisotearte. El reto es aprender a escoger bien nuestras conexiones, alejándonos de los tóxicos y oportunistas, y tomarnos el tiempo para colocar en nuestro círculo de confianza a aquellos que nos amen por lo que somos, y no por lo que nos puedan sacar por interés. Toma tiempo, pero no es imposible, porque todavía hay gente genuina y que, a pesar de ser imperfectas, buscan ser mejores que ayer. ¡Busquemos lo que permanece!

Otra diferencia con los TRES: te agrada ser el centro de atención y manejas las masas a la perfección. "Creamos con facilidad una red de personas cuya función básica es la de ser admirados por los amigos, por los profesores, por los jefes, por los alumnos, por los pacientes."[36] Eres maestro en la comunicación y dominas las redes sociales; sabes cómo comportarte, hablarles, elogiar el éxito ajeno, qué decir para seducir, convencer y causar una buena impresión.

Estás muy consciente de tu imagen y para ti "tener clase y una apariencia física correcta", juegan un papel muy importante. Como dice el dicho: "Como te ven, te tratan", ya que verte muy bien por fuera, *camuflajea* cualquier defecto interno. A través de tu imagen, impones la moda a los de tu alrededor (pensemos en Carolina Herrera o Giorgio Armani, representantes de este subtipo).

Al ser social, si te observas con atención, siempre vas a sentir un temor interno al rechazo de cualquier grupo y "sientes que sólo vales cuando haces algo extraordinario a los ojos de los otros... ser el mejor de lo mejor".[37] Recordemos la frase de Will Smith, TRES Social: "Gastamos dinero que no tenemos, en cosas que no necesitamos, para impresionar a gente a la que no le importamos."

Lo peor que te puede pasar en esta vida es fracasar. Tu temor crece cuando sientes que la gente deja de voltear a verte porque para ti ¡si no te reconocen, no existes! Experimentas *miedo*, odio, dolor y te comparas compulsivamente con el otro que se llevó las miradas que te correspondían. Si no estás muy sano de forma emocional, harás un berrinche o un drama para retomar la atención de los demás.

¿Con qué eneatipo puedes confundirte?

Con el SIETE, pues ambos son activos, prácticos, polifacéticos, alegres, aventureros, evitan tocar la parte negativa de la vida y se sienten superiores a los demás. Son diferentes porque el TRES es más rígido, enfocado y te muestra lo que hace; mientras que el SIETE es más flexible, disperso y te muestra lo que disfruta. El TRES se toma la vida más en serio, se controla y prefiere verse bien; en cambio el SIETE es más espontáneo, se toma la vida a la ligera y prefiere divertirse.

¿Cuándo sacas lo peor de ti?

Tu instinto dominante trabaja en tu contra cuando se siente amenazado. Es decir, cuando tu "prestigio" o "estatus social" se tambalea (porque te sientes vulnerable o inseguro, dejaste de ser el mejor, perdiste tu casa o te sentiste rechazado), tu estrés y ansiedad crecen. Si los niegas, sacarás la parte más reactiva de tu personalidad para defenderte en el área social:

- Cuando la *vanidad* se apodera de ti, crece dentro de ti una *envidia* y una competencia interna que te quema por dentro: el otro puede ser bueno, pero ¡YO sé que soy mucho mejor! Ahí te puedes perder aparentando tener una solvencia económica que no tienes con tal de pertenecer y mantener tu estatus social.

- Sientes una energía interna que te impulsa a demostrarle al mundo que vales. Apartas tus sentimientos y trabajas más duro para llamar la atención y mantenerte en la cima. Te conviertes en todo un actor listo para interpretar el papel que se requiera: "Te transformas siendo seductor, adoptas las características del prototipo de persona que se valore en ese momento."[38] Te vendes al mejor postor, terminas sin saber quién eres y haciendo proyectos que halagan más a tu ego que a tu corazón.

- Entre más inseguro te sientes, más superficial, vacío, presuntuoso e insufrible te vuelves. Vives en un engaño y crees que el mundo gira a tu alrededor. Te promueves y exageras tus capacidades y actúas como si todo estuviera controlado.

- También puedes reaccionar de forma agresiva, sin aceptar lo que sientes: negando, mintiendo y cerrándote a cualquier comentario o crítica constructiva hacia tu persona. No demuestras tu dolor y lo tapas con una postura de distancia y frialdad.

- Tus relaciones se vuelven más superficiales. Te da *miedo* intimar porque ¡"no vaya a ser" que descubran tus debilidades!

¿Qué debe aprender el TRES social?

Empiezas a cambiar cuando percibes esa desconexión entre tu alma y tú: ya no te llena el deseo de éxito como antes, ya no te sientes tan popular e importante. Notas una tristeza, una soledad, un desánimo y un vacío interior que no te deja ser feliz. ¡Felicidades, vas por buen camino! No hagas nada al respecto... sólo déjate sentir.

- Atrévete a ver dentro de ti, hazte amigo de tu honestidad, ve más allá de tu imagen y reconoce lo que realmente eres: tus miedos, tus inseguridades, tus tristezas, tus alegrías... Así encontrarás paz y sentirás qué es vivir en libertad siendo sólo tú.

- En vez de usar a las personas para lograr tus objetivos, por qué mejor no las miras con otros ojos, te vinculas, expresas tus emociones, las ayudas, escuchas, empoderas y aprendes de ellas. Verás cómo tu interés auténtico las volverá tus mejores aliados.

- Haz contacto con tu cuerpo y aprende a escucharlo ¡es el único que te dice la verdad! Es tu mejor termómetro para indicar si tu ego se está apoderando de ti. Cuestiónate ¿me gusta lo que estoy haciendo? ¿Hay coherencia entre lo que hago con mis valores éticos, con mi verdad? O ¿sólo lo hago por el deseo de impresionar y agradar a los demás?

- Aprende a parar, a hacer pausas como la música. Revisa de manera constante los anhelos de tu corazón y reflexiona si eso quieres hacer en tu vida. Tómate la vida con más calma y no confíes en tu posición social ni en tu poder porque eso viene y va.

- Medita, respira, percibe el sonido del silencio con curiosidad, sé paciente y descubre más de ti.

TRES SEXUAL

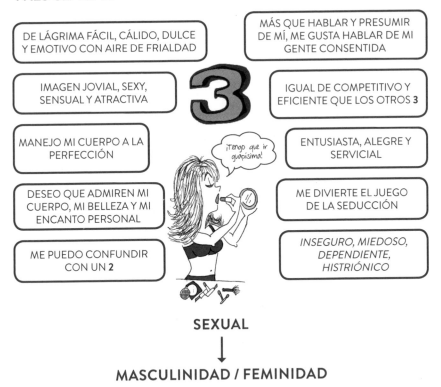

DE LÁGRIMA FÁCIL, CÁLIDO, DULCE Y EMOTIVO CON AIRE DE FRIALDAD

MÁS QUE HABLAR Y PRESUMIR DE MÍ, ME GUSTA HABLAR DE MI GENTE CONSENTIDA

IMAGEN JOVIAL, SEXY, SENSUAL Y ATRACTIVA

IGUAL DE COMPETITIVO Y EFICIENTE QUE LOS OTROS **3**

MANEJO MI CUERPO A LA PERFECCIÓN

¡Tengo que ir guapísima!

ENTUSIASTA, ALEGRE Y SERVICIAL

DESEO QUE ADMIREN MI CUERPO, MI BELLEZA Y MI ENCANTO PERSONAL

ME DIVIERTE EL JUEGO DE LA SEDUCCIÓN

ME PUEDO CONFUNDIR CON UN **2**

INSEGURO, MIEDOSO, DEPENDIENTE, HISTRIÓNICO

SEXUAL

↓

MASCULINIDAD / FEMINIDAD

Palabras claves que lo describen: MASCULINIDAD Y FEMINIDAD / ATRACTIVIDAD.[****]

Te presentas ante los demás con una imagen muy femenina o masculina. Es decir, sigues los parámetros sociales o culturales para ser atractivo, gustar y ser deseado.

Diferencias con los otros tipos de TRES: más que preocuparte por tratar de ser una persona implacable y adquirir bienes materiales que te den seguridad (como el TRES de conservación) o coleccionar una lista de éxitos que te den prestigio (como el TRES social), tú te preocupas por agradar, ser carismático y atraer las miradas del otro.

[****] Nombres puestos por Óscar Ichazo

Tienes una inquietud por encontrar el amor de tu vida y conquistar una pareja. Si ya la tienes, quieres complacer sus expectativas y representar "la pareja ideal". Deseas que te vea, te aplauda, valore, admire, desee y te reafirme lo atractivo, encantador, inteligente, fuerte o audaz que eres, lo bien que vistes o lo estético de tu cuerpo. Te gusta el juego de la seducción y causar un impacto emocional en el otro.

Si te comparas con los otros dos tipos de TRES eres igual de competitivo y eficiente que tus colegas, pero eres el más frágil e inseguro y usas tu encanto para disfrazar esa inseguridad. Veamos cómo lo expresa Naranjo: "De los tres subtipos, el sexual es el más dependiente. No suele mostrar agresividad y no tolera ser rechazado. Su seducción tiene la finalidad de ser acogido y confirmado, confundiendo el valor de sí mismo con lo atractivo de su cuerpo."[39]

Otra diferencia que te distingue es tu aspecto jovial, parce que hiciste un pacto con Dorian Grey para no envejecer. Sueles ser el más sexy, exótico, cálido, emotivo, dulce y sensible de los TRES. Sabes posar y manejar tu cuerpo a la perfección.

En el área social, sabes cómo vestirte y dar una excelente impresión, pero eres menos extrovertido y te comportas de forma más suave y tímida en especial "cuando se trata de hablar de ti",[40] a menos que estés con tus íntimos con quienes sientes mayor confianza para expresarte. Te cuesta trabajo mostrar tu *ira*, aunque tienes momentos de agresividad, frialdad y arrogancia, como buen TRES.

Naranjo dice que el TRES sexual está tan pendiente de complacer y agradar al otro a través de una imagen atractiva y excitante que pierde la capacidad de goce.[41]

Para muchos representas el arquetipo de la belleza actual, aunque no todos los TRES sexuales tienen un físico perfecto. Se te compara con los muñecos Barbie y Ken. Por eso estás atrapado en tu imagen, te vuelves esclavo de ella, te fascina verte varias veces al día en el espejo o en alguna superficie que refleje tu imagen, tomarte *selfies* y estudiar la mirada, la pose o ensayar el gesto que quieres proyectar. Lo peor que te puede pasar es no gustarle a los demás o que critiquen algo de tu apariencia física.

Lo malo de estar preso en esta armadura de belleza y perfección, es que tu aspecto físico se vuelve tan importante para ti que, si no tienes la cara, la figura o el cuerpo ideal, sientes mucha inseguridad y sufrimiento, por eso envejecer te da pavor. También esta armadura te desconecta de forma emocional, te impide ser tú, mostrarte tal como eres, gozar el momento, el sexo, amar y entregarte con libertad.

Chestnut describe un comportamiento curioso en los TRES sexuales que yo también he observado y comprobado: les cuesta trabajo promoverse y hablar de sí, por lo que prefieren poner su foco de atención en la gente significativa y cercana que desean apoyar: "No es que quiera presumirles, pero tengo una hija que es una maravilla, sacó el mejor promedio de su generación" o "tienen que comer en el nuevo restaurante de mi marido. La verdad, le quedó espectacular". En otras palabras, se sienten exitosos a través de apoyar el logro de otros.

Sientes una gran necesidad por contactar y cautivar a la persona que te atrae. Quieres gustar y ser deseado, estás hambriento de amor. Te encanta coquetear de forma discreta y seducir a tus presas para llamar su atención y mantenerlas hambrientas sin darles de comer.

Algunos TRES sexuales famosos son: Madonna, Tom Cruise, Paulina Rubio, Sydney Crawford, Adriana Abascal, Richard Gere y Martha De Bayle.

Quieres representar a esa mujer o a ese hombre ideal que todos desearíamos ser o tener como pareja. Dejas de validar lo que sientes y escondes todo lo que no te gusta que vean de ti o de tu vida familiar. Te cuentas historias para convencerte de que estás bien, mientras te vas desconectando de tu verdadero yo hasta que logras engañarte y, al final del día, ya no sabes qué es real y qué no. "A veces qué rara suena la palabra AMOR. La dices y no sabes si te engañas, o a ella, o a él o a los dos."

En cuanto a tu pareja, sabes perfectamente cómo atraerla. Te encanta el juego de la seducción, invitas con una mirada, con un movimiento sensual o con una sonrisa; pero a la vez rechazas y te haces el interesante o hasta llegas a comportarte arrogante o déspota porque te da pavor que te rechacen, mientras internamente mueres porque esa persona se te acerque y te bese apasionadamente.

Te gusta la intimidad, pero te da mucho *miedo* abrirte, confrontar algún problema o quitarte el disfraz y que descubra tu enorme fragilidad, tus carencias y tu gran necesidad de amor.

Te cuesta reconocer la sensación de vacío y tristeza que con frecuencia te visita por la gran desconexión emocional que hay en ti. Si le rascas un poquito te darás cuenta de lo frágil y vulnerable que eres, el mínimo amor que te tienes y lo poco que te conoces porque tu valía siempre te la da la aprobación del otro.

En el subtipo sexual podemos ver con claridad el autoengaño. Cada vez que seduces a una persona que te atrae, transformas tu comportamiento y tu imagen al gusto de esa persona para que te quiera y te valore. Es decir, en vez de ser tú mismo, creas una imagen para apantallarla y complacerla. Lo malo es que te anestesias y te enamoras tanto de tu máscara que luego ya no la puedes soltar. Dejas de gozar la experiencia desde el corazón porque tus sentimientos no son reales.

"Deprimidos, los TRES sexuales pueden descender hasta los más profundos infiernos; detrás de su carismática fachada de *cheer-leader*, suelen ser almas muy depresivas y autodestructivas, con tendencias a caer en vicios como el alcohol, la droga, las pastillas o el sexo, que sirven como paliativos a su falta de amor y de valor y a su vacío interno. La tristeza lleva a la desesperanza, y ésta a su vez, a la autodestrucción."[42]

¿Con qué eneatipo puedes confundirte?

Con el DOS, porque eres servicial, de lágrima fácil y expresas tus emociones de forma abierta (puedes sentir un nudo de emoción en la garganta dando una plática o contando una experiencia). Eres seductor igual que el DOS, pero éste seduce de manera más directa, apasionada, busca que lo quieran y lo necesiten; en cambio tu seducción es más fría, callada y controlada; en vez de que te quieran, buscas que te admiren; apartas tus sentimientos para que no te estorben ya que tu éxito está supeditado a la mirada del otro.

¿Cuándo sacas lo peor de ti?

Tu instinto dominante trabaja en tu contra cuando se siente amenazado. Es decir, cuando tu masculinidad, feminidad o atractivo físico se tambalea (porque te sientes vulnerable, inseguro, dejaste de ser guapo o bella, te rechazaron, se acabó la chispa con tu pareja, te sientes humillado o criticado), provoca que tu estrés y ansiedad crezcan. Si los niega, sacarás la parte más reactiva de tu personalidad para defenderte en el área sexual o uno a uno:

- Cuando el instinto se apodera de ti, pierdes conexión contigo, con tu fuerza interior, tu autonomía y capacidad de disfrutarte. Tu *miedo* a no ser deseable te puede convertir en un congelador déspota incluso con la gente que te quiere.
- No toleras la crítica hacia tu persona ni que te rechacen. Si esto ocurre, pierdes el control, tus deseos de venganza crecen y muestras tu agresividad reprimida por mucho tiempo de forma abierta y desmedida.
- Tu inseguridad ante el abandono puede generar celos desproporcionados y volverte falso, envidioso, más competitivo, dependiente y posesivo.
- Observa cómo tus conquistas sexuales te dan seguridad (mientras menos sano emocionalmente estés, más compulsión tendrás por presentarte como un vencedor ante los ojos de la sociedad o de tus amigos).
- Cuando tu instinto sexual se apodera de ti, es fácil que te pierdas y vivas seduciendo y queriendo conquistar a todos, compitiendo por el más guapo o la más bella para reafirmarte que eres deseable. Y por supuesto dejándote a la larga una sensación de soledad y vacío.

¿Qué debe aprender el TRES sexual?

- Deja de entregarle tu poder al otro, conócete, quiérete, valórate; si alguien te va a amar, que sea por tu esencia y no por tu apariencia.
- Aprende a estar sólo contigo, siente el vacío, quédate en él y pregúntate: ¿Qué sientes? ¿Qué quieres? ¿Qué necesitas? ¿Cuáles son tus miedos? Aprende a vivir más para ti y no para tu pareja. Y así como apoyas y tienes fe en tus seres queridos... creé más en ti.
- Fortalece tus otros dos instintos para que tu autoestima crezca: ponte a trabajar, gana dinero, desarrolla tu parte espiritual, medita, ofrece asistencia social, conéctate con tu cuerpo, muévelo y percibe las sensaciones que te expresa.
- Suelta el control y atrévete a ser tú, ama de verdad, déjate querer y relaciónate de forma profunda.

- "Si percibes que tu pareja ya no está emocionalmente presente, dejó de ser cariñosa o atenta o ya no habla de «nosotros» a futuro y la idea de separarte de ella te provoca mucho *miedo*, ansiedad o mucho enojo, quizá en realidad no la amas, sino más bien la necesitas como si fuera un ansiolítico."[43]

PERSONALIDAD TIPO CUATRO

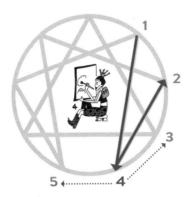

El creativo / el romántico / el artista o el individualista:
porque es intuitivo y tiene una gran capacidad para crear belleza.

Pertenece a la tríada emocional (2, 3, 4) porque percibe y filtra la vida desde el corazón. Recuerda que estas tres personalidades tienen en común problemas de identidad, buscan atención, aprobación y les importa mucho su imagen y la opinión de los demás. Sanos son amorosos y compasivos. Tóxicos son manipuladores emocionales.

En general te caracterizas por ser: una persona hipersensible, intuitiva, profunda y cálida. Te atrae todo lo que tiene energía de vida, la naturaleza, lo espiritual y la belleza; no imaginas una vida sin emociones. ¡Primero sientes y luego viene lo demás! Tu intensidad para sentir es superior a cualquiera: tus tristezas son tragedias y tus alegrías son descomunales. Percibes los estados de ánimo de las personas y tocas toda una gama de sentimientos con gran profundidad. Esto te hace muy empático cuando se trata del otro, pero te sientes solo e incomprendido cuando se trata de ti. La gente te tacha de dramático e intenso y no entiende la complejidad de tus sentimientos, y eso te lastima con facilidad.

Sabes que eres diferente a los demás, pero a su vez desconoces quién eres en realidad, sientes que tienes talentos únicos e inigualables, pero también te percibes carente, deficiente e incompleto. Te sientes orgulloso de ser original, pero te cuesta reconocer y potenciar las cualidades que hay en ti, por lo que mejor te concentras en ese "algo" que te falta para ser completamente feliz: ¿será paz interior, seguridad, un amor ausente, belleza, bienes materiales? No lo sabes, pero reconoces un vacío que te acompaña de manera constante y te causa tristeza, desesperanza, melancolía y dolor.

Buscas ser auténtico, diferente, original y ponerle tu sello a todo lo que haces. Tienes un mundo interior que nadie imagina y con frecuencia vives más absorto en tus emociones y fantasías que en la realidad. Esta actividad además de ser agotadora, te impide ver y apreciar todo lo valioso que sí tienes. Lo irónico: te comparas con los demás y algunas veces te sientes superior a ellos, pero la mayoría engrandeces y envidias las cualidades de los demás y acabas sintiéndote frágil, inseguro de tu imagen, triste, defectuoso y susceptible.

Repruebas la rutina y la monotonía. Eres el más romántico del Eneagrama y tienes una capacidad enorme para amar de forma intensa y sacrificarte por el otro. Tu adicción predilecta son las emociones y los asuntos del corazón. Vives soñando e idealizando el momento perfecto en el que una persona especial te rescatará de tu soledad, te valorará y te hará sentir amado y completo.

Te agrada vivir en los extremos y exagerar tus emociones porque te genera una sensación de estar vivo. Al ser temperamental, pasas del odio al amor, de la alegría a la *ira*, o del aplomo a la vergüenza sin ninguna explicación, lo que causa desconcierto en los demás. Y aunque es raro escucharlo, te agrada llorar, evocar momentos de melancolía, exprimir hasta la última gota de drama como si disfrutaras el sufrimiento.

ALAS

¡Recuerda que son la sal y la pimienta de tu personalidad!

Si eres un 4/3

En la luz: eres más apasionado, extrovertido, simpático, energético, elitista y competitivo que el 4/5. La influencia de la energía TRES hace que te enfoques más en los resultados, en la parte social, en ser eficiente y práctico. Eres difícil de complacer, quieres distinguirte a través de tu creatividad, cultura y buen gusto. Tu ala TRES te da un matiz sofisticado y aristócrata, te atrae lo fino, lo exclusivo y el mundo material.

En la sombra: tu autoestima se deteriora por eso buscas los reflectores para que la gente te acepte y se dé cuenta de que eres diferente, elitista y refinado. Detestas las masas y el mal gusto. Eres más celoso, ambicioso, dramático y vanidoso que el 4/5. Puedes llegar a mostrar una postura arrogante y merecedora de todo.

Tu vestimenta: depende de tu estado de ánimo. Quieres expresarte a través de la ropa, pero tu ala TRES provoca que te vistas de forma más cálida, clásica, refinada con fibras naturales, con un estilo muy auténtico y un sello personal de buen gusto y originalidad.

Si eres un 4/5

En la luz: eres mucho más artístico, reservado, solitario e introvertido. Te despreocupa el mundo convencional y las clases sociales. Eres sensible, auténtico, objetivo, profundo y el más creativo de todo el Eneagrama. Te atrae una vida simple e independiente. La energía del CINCO te hace más enigmático, hermético, intelectual, analítico y lógico.

En la sombra: vives más en tu imaginación que en el mundo real. Te aíslas de la gente, te vuelves más misterioso, escéptico, pesimista y excéntrico con tendencias depresivas. Experimentas una gran tensión entre querer emociones intensas y aislarte a tu mundo privado. (Deseas que se te acerquen y a la vez los rechazas.)

Tu vestimenta: te vistes de forma creativa, acorde a la actividad que desempeñas y para que te vean. Evitas lo ordinario y aburrido. Te atreves a mezclar diferentes texturas, combinar una prenda vieja o étnica con otra moderna o vestirte de forma dramática, atrevida, ecléctica, insólita, loca, excéntrica, pero a la vez relajada y cómoda.

¿QUÉ TANTO TE CONOCES?

En general, quieres: ser tú mismo, es decir, una persona única, auténtica y congruente con tus emociones. Anhelas conectarte de forma emocional con gente profunda y vivir experiencias que tengan significado. Quieres expresar tu inteligencia y creatividad en el ámbito en el que te mueves. Buscas a alguien que te complemente, escuche, proteja, valide y te sientas tan unido que te permita fluir y te haga sentir completo (piensas que así podrías recuperar esa sensación de amor ideal que perdiste hace mucho).

Deseas que los demás te vean: como una persona especial, profunda, cálida, refinada, talentosa, tenaz, preparada, inteligente, compasiva, amorosa, elegante y diferente.

¿Cómo te ven en realidad? Cuando tu punto ciego te traiciona (*envidia*), la gente te percibe como alguien difícil de abordar porque no saben si reaccionarás de forma agresiva o sensible. También como poco realista, intenso y complicado.

Evitas al máximo: interactuar con personas falsas que carezcan de profundidad emocional, ser rechazado, abandonado (abandonas tú primero), visto como alguien defectuoso o inadecuado. También evitas lo vulgar, lo común y corriente, lo aburrido, las cosas sin sentido y lo feo.

Tu talento natural: tu gran sensibilidad para crear belleza. Tienes el talento para expresar las emociones más profundas del ser humano, las que nos conectan con lo más sublime y espiritual, y plasmarlas de forma artística. Percibes el significado profundo y auténtico de una situación o conexión humana. Tu sensibilidad te permite intuir las cualidades del otro y tu empatía genera un inmenso apoyo para los que atraviesan momentos difíciles.

Tu mayor debilidad: tu sentimiento de carencia. No te validas ni te amas lo suficiente porque sientes que te faltan cualidades o ingredientes especiales que supuestamente tienen otros para ser feliz. Tu tendencia a compararte con los demás provoca un anhelo por lo ajeno, *envidia*, frustración, apego al sufrimiento y dejas de apreciar todo lo que en realidad sí tienes. Tus emociones te invaden, gobiernan, confunden, provocan que cambies de humor drásticamente y que te sientas inseguro respecto a quién eres porque, para ti, eres lo que sientes.

La fortaleza que más necesitas: *Ecuanimidad emocional.* Es la capacidad de reconectarte con tu ser en el presente y mantenerte en el mismo ánimo emocional, aunque las olas de tus sentimientos sigan en pleno movimiento (como si estuvieras parado en el ojo del huracán, un punto quieto donde puedes tomar decisiones vitales, aunque en la periferia haya un caos emocional). Tomar la vida con determinación y actitud implica: constancia, voluntad y capacidad para priorizar los anhelos de tu espíritu (aunque tu CUATRO dude, se canse o devalúe), para que el huracán no se trague tus talentos, tus momentos de oportunidad y tu vida.

Te atrae: lo estético, original y profundo, el buen gusto, el amor, los animales, aromas, texturas, la parte oscura de la vida, la sensación de unión que experimentamos en el amor, nacimiento, muerte, tragedia y en la sexualidad.

Cuando estás en tu mejor momento: en términos emocionales, te das cuenta de que la felicidad está dentro de ti y no afuera (como siempre la has buscado). Te sientes tranquilo y seguro de ti, conoces a tal grado tus sentimientos y cambios emocionales, que no te doblas con facilidad. En vez de actuar en automático y hacer dramas emocionales, te controlas y observas todo con mayor claridad. Te aceptas y muestras tal como eres, sin *miedo*, con virtudes y limitaciones. Además de ser cálido, sensible y muy intuitivo con los sentimientos de los demás, te vuelves más espiritual y profundo. Surge tu espontaneidad, eres más divertido, abierto y hasta simpático (te ríes de tus defectos). Te pones metas y fluye tu creatividad. Te involucras con el presente, con el mundo real, disfrutas y agradeces los momentos simples de la vida, los que te hacen feliz de verdad. Te das permiso de "soltarte el chongo" o *desalmido-narte* y perder un poco la formalidad de tus actos.

Cuando estás estresado: tu energía se contrae, te alejas, rechazas la ayuda y eres muy temperamental (cambios drásticos de humor). Puedes llorar o hacer una escena dramática y después ser cariñoso, posesivo, generoso y manipulador. Necesitas seducir y reafirmar el cariño de las personas hacia ti para que te resuelvan la vida. Tu creatividad se paraliza, te vuelves hipersensible y todo lo tomas personal. Te sientes tan especial, que tus sentimientos se vuelven incontrolables y sientes que no puedes lidiar con tu vida diaria. Te dejas llevar por tus emociones y terminas compadeciéndote de ti. Te perdonas tus obligaciones y te apapachas (te quedas en la cama, comes o bebes en exceso, faltas al trabajo, clases o compromisos), pero en realidad, te saboteas sin darte cuenta de que poco a poco te generas una depresión. A veces "estiras tanto la liga" (con tu pareja o alguien más) sin saber hasta dónde soportarán tus volubles cambios de comportamiento.

¡Date cuenta!

Ese "algo importante" que te falta para ser feliz nunca llegará porque tu mente casi nunca está en el presente, está enfocada en lo ausente, en el pasado o en ver que el pasto del vecino es más verde que el tuyo.

> Toma nota cómo, cuando te desconectas de tu esencia, sólo te enfocas de forma selectiva en la parte positiva que anhelas de

la otra persona. Tu imaginación es tan poderosa que de verdad crees que no tienes esa virtud o característica y entonces te quejas, juzgas y devalúas lo que sí tienes, dejando a un lado el panorama completo.

Ejemplo: encuentras una pareja abrazada, feliz, desinhibida y enamorada. Esa escena te recuerda que no eres del todo feliz. Tu mente se enfoca en detectar los defectos de tu pareja y te cuestionas por qué no es así de cariñosa contigo. Envidias esa forma de ser y piensas que ése es el ingrediente que te falta. No sabes si la pareja está abrazada porque se acaban de reconciliar después de un pleito. Tu mente sólo se enfoca en ver lo positivo, compara, se queja y quiere algo mejor que tu presente. Esto te impide apreciar todas las bendiciones y personas que tienes a tu alrededor.

No te das cuenta... de que entre más deseas ser "único y especial", más te desconectas y alejas de tu verdadera esencia. La baja autoestima y la sensación de sentirte deficiente la compensas y tapas buscando "ese algo". Cuando por fin te reconoces y aceptas, cuando esa lucha por desear ser alguien diferente se termina, entonces encuentras paz interior, te reconectas y le muestras al mundo lo mejor de ti.

No te das cuenta... de que vives a tal grado dentro de ti, que basas tu identidad en el estado de ánimo que experimentas en ese momento. Como señalan Riso y Hudson: "Lo único seguro respecto a tus sentimientos es que siempre cambian. Esto presenta un problema: si tu identidad se apoya en los sentimientos y estos varían siempre, entonces tu identidad es siempre variable."[44] Recuerda que tus sentimientos sólo comunican cómo te sientes en ese momento, pero no te dicen que eso eres.

Salgo muy contenta en la mañana y, en el camino a la oficina, empiezo a pensar que pasaría con mis hijos si me muero. Intensifico mis sentimientos con la imaginación y ya estoy viendo mi velorio, mi chiquita muerta de miedo y se me salen las lágrimas.

De repente, ya llegué a la junta de trabajo. Hago contacto con la realidad, me río, me intereso en el proyecto y opino. De regreso a la oficina, empiezo a fantasear con el cliente de la junta: "¿Cómo sería si me amara?" Amplifico mis sentimientos como si fueran reales... hasta que me impongo trabajar. Es curioso, pero en un mismo día puedo crear y sentir miles de emociones. Me admira (y me cansa) el poder de mi mente. Fabrico mi película y el guion siempre tiene matices dramáticos.

El mecanismo de defensa que más usas: la *introyección*

Cuando algo del exterior nos asusta o amenaza, los seres humanos de manera "inconsciente" levantamos una barrera para defendernos y no ver la realidad como es. De esta manera el mecanismo *nos protege y nos proporciona una sensación de seguridad* y esto nos permite funcionar.

Quiero aclarar que la *introyección* es diferente a la proyección (el mecanismo de defensa del tipo SEIS). En la proyección ves afuera lo que tú traes dentro: si eres inseguro y miedoso, ves a los demás como sospechosos. En la *introyección*, haces lo contrario: interiorizas algo de afuera, ya sea positivo o negativo que pertenece a otro (sentimientos, actitudes, modos de actuar y de pensar). Todo se incorpora sin filtro y sin asimilar, lo tomas como si formara parte de ti. No hay diferencia entre el otro y tú. Muchas veces "compras" problemas que no te incumben, pero para sentirte menos mal, los haces tuyos.

Ejemplo: imagina que la esposa de un amigo muere en un accidente. Asistes al velorio y ante la escena, introyectas (te comes de un solo bocado) la tristeza de tu amigo y te sobrepasan las emociones. Al verte tan desconsolado, la gente te confunde con un familiar del difunto y te da el pésame. Llegas a casa y sigues sintiendo como si tu esposa hubiera muerto: estás triste, no dejas de llorar, al siguiente día no tienes ganas de trabajar y sólo piensas en la tragedia de tu amigo.

Estás tan conmovido y triste como si te hubiera pasado a ti, pero lo que es interesante señalar es que en realidad, **tu tristeza se refiere a algún sufrimiento no elaborado en tu historia pero que no quieres recordar**. Es decir, tocas la emoción pero no el hecho que la provocó.

> "El resultado de la introyección es que lo que estaba afuera y que no era tuyo, lo hiciste tuyo y lo intensificas para protegerte

> de no sentir nuevamente esa desconexión o tus propias carencias o esa *incompletud* que vives y sientes constantemente.

Seguro te preguntarás si este mecanismo te defiende de no ver tu vida. La respuesta es SÍ porque con la *introyección*, logras sentirte "como si" fueras el otro y te ahorras el trabajo de pensar, elegir, cuestionarte y profundizar en todas las situaciones dolorosas que te han ocurrido pero no has querido trabajar en ellas. Es un mecanismo de defensa que, por un lado, te construye una personalidad y, por otro, te evita el dolor de tocar tu sufrimiento.

Tu sombra / punto ciego: la *envidia*

Es la dolorosa sensación de carencia interna y un vacío que necesitas llenar. "Nunca te sientes feliz con lo que tienes y siempre mantienes una cierta esperanza de obtener lo que te hace falta, lo que necesitas, que se traduce en una constante demanda. Crees que lo que necesitas siempre es algo que viene de fuera."[45]

"La *envidia* es un recordatorio de que otros parecen disfrutar la felicidad que a los CUATRO se les ha negado."[46] "La *envidia* es hermana de los sentimientos de inferioridad, culpa y vergüenza. Las personas con este eneatipo CUATRO tienden a verse como torpes, feas, incluso repulsivas física o moralmente."[47] Como decía Michael Jackson: "Si no tienes ese recuerdo de amor de la infancia, estás condenado a buscar por todo el mundo «algo» para llenar ese vacío." Pero no importa cuánto dinero ganes o lo famoso que seas, siempre seguirás sintiéndote incompleto.

Me gusta lo que dice Rocío Arocha, mi maestra de psicología profunda, sobre el sentir del CUATRO: "Allan Poe decía que no hay nada más romántico que una mujer hermosa; aún más romántico, que la mujer hermosa no te ame... y todavía más romántico, que muera. El CUATRO cree que jamás estará completo y que las cosas nunca estarán del todo bien."

"También existe la *envidia* admirativa del que se espolea (estimula) en un afán autoexigente para estar a la altura de los valores o modelos sociales respecto a los cuales se siente deficiente."[48] Es decir, la *envidia* se convierte en tu motivación para lograr esa felicidad que tanto anhelas. Lo paradójico, como diría Palmer, es que cuando los resultados y el éxito empiezan a materializarse, el ciclo de la búsqueda se reanuda y tu atención se dirige a otra nueva promesa de felicidad.

Objetivo final del Eneagrama: despertar y ampliar tu consciencia para contactar con tu esencia. Así, te darás cuenta de los patrones automáticos que realizas, transformarás tu *envidia* en *balance emocional* y podrás llevar una vida más equilibrada, plena y coherente contigo.

Observa tus hábitos y atrápate en el momento exacto en que, por ejemplo, tu corazón se contrae de dolor y dice "algo falta, hay algo mal en mí, no soy lo suficientemente bueno", también cuando te comparas y te sientes como un perro aplastado o hablas de forma dramática y te entierras el cuchillo, o cuando te decepcionas porque tus expectativas no eran las que imaginaste y tiras la toalla. ¡Detente! Deja de sufrir, cambia el foco de atención y enfócate en tu respiración. Relaja toda resistencia hasta que tus emociones se equilibren y puedas canalizar la energía emocional a tu cuerpo, esto te ayudará a enraizarte en el momento presente. Pruébalo y ve lo que ocurre porque éste es el camino del CUATRO.

¡Si te observas y ves tu propia película, puedes cambiar! Con el tiempo estarás más receptivo y presente con la realidad y tus comportamientos habituales se irán difuminando. Podrás diferenciar entre las reacciones emocionales de tu mundo interno y el mundo real. Cuando te aceptas, algo en ti se transforma, dejas de sentirte carente y de buscar ese ingrediente especial y todas las bendiciones vuelven a ti. Entonces, atraerás lo que en verdad te pertenece y poco a poco surgirá la sensación de estar completo y agradecido con la vida.

SUBTIPOS: LAS TRES VERSIONES DE CUATRO

Si combinamos la *envidia* con cada uno de los tres instintos que hemos mencionado, provocará tres reacciones o comportamientos muy diferentes, dando como resultado los tres subtipos: **CUATRO de conservación**, **CUATRO social** y **CUATRO sexual**. ¡Por eso las personas del mismo tipo se ven y se comportan de forma diferente!

Reservado y autoexigente   Hipersensible y diferente   Intenso y demandante

¿Cuál es tu reto?

¡Sal de tu zona de confort, sacude tu ego para que tu esencia impregne tu personalidad! Ve más allá de tu *envidia* y descubre el instinto dominante que gobierna tu vida para que hagas conscientes tus comportamientos automáticos primarios y los transformes en respuestas más sanas y equilibradas.

Sabemos que todos los CUATRO son nostálgicos por naturaleza y su personalidad está sustentada en una baja autoestima ya que su atención está enfocada en sus carencias y en sus anhelos inalcanzables. Todos los CUATRO tienen una enorme necesidad por llenar el vacío que sienten para sentirse completos y felices, como alguna vez lo fueron; lo curioso es que cada uno lo va a tratar de llenar de forma diferente de acuerdo con su instinto dominante. De acuerdo con Naranjo, esta personalidad es la que más contrastes presenta entre sus subtipos. A continuación, te presento un pequeño resumen para que descubras el tuyo:

- El **CUATRO de conservación** es el más independiente e intelectual, el "sufrido", el que esconde su dolor. Se sacrifica de forma callada; internaliza su tristeza, la reprime y se muestra a los demás como si no pasara nada.

- El **CUATRO social** es el más emocional, el "sufridor". Sufre, llora, se devalúa y le gusta el papel de víctima. Desea ser visto como alguien distinto y muy sensible. Está inmerso en su dolor, vive y se regodea con su sufrimiento.
- El **CUATRO sexual** es el más orientado a la acción, el "insufrible", el que hace sufrir a los demás. Vuelca su *ira* hacia el otro, exige a los demás y no está consciente de su *envidia* y vulnerabilidad.

CUATRO DE CONSERVACIÓN

SOY EL CONTRATIPO, EL QUE MENOS PARECE **4**

USO MI ENVIDIA Y TENACIDAD PARA CONSEGUIR LO QUE QUIERO

MUY TRABAJADOR; TOLERO LA FRUSTRACIÓN SOY MUY FUERTE Y RESILIENTE

SOY EL MÁS SIMPÁTICO Y ALEGRE DE LOS **4**

ME PUEDO CONFUNDIR CON UN **1**, **3** O **7**

ESCONDO MI TRISTEZA Y FRAGILIDAD, LA REPRIMO Y ME MUESTRO COMO SI NO PASARA NADA

EL MÁS INDEPENDIENTE, EXIGENTE E INTELECTUAL DE LOS **4**

PUEDO SER INTROVERTIDO Y AISLARME A MI RINCÓN FAVORITO O SER MUY INTRÉPIDO Y ATREVIDO

SUFRO DE FORMA CALLADA, SOY PROFUNDO Y EMOTIVO

PUEDO SER MUY QUEJUMBROSO, CRITICÓN, AUTOEXIGENTE Y DEPRESIVO

¡Saldré adelante a pesar de mi tristeza!

CONSERVACIÓN
↓
ATREVIDO / TENAZ

Palabras claves que lo describen: ESFUERZO / TENACIDAD

Te preocupa la sobrevivencia, cómo te sientes en relación a ella y cómo la gestionas para sentirte seguro en este mundo. Te gusta pasar mucho tiempo en tu casa y sentirte dentro de un ambiente exquisito, cómodo y acogedor que te genera paz, seguridad y bienestar.

Sientes un impulso por rodearte de cosas bellas y diferentes como obras de arte, diseños, artículos caros y originales que reflejen tu individualidad, buen gusto y evoquen algún significado emocional para ti. Cuidas los detalles de tu casa como la iluminación, el sistema de audio, el aroma y la temperatura cálida. Te molesta lo ordinario, por eso te agrada poner tu toque personal en los materiales, texturas y colores. Algo vital para crear una atmosfera única y original (y que nunca falta a tu alrededor) son las flores y plantas naturales porque su belleza te conforta.

También te gusta y exiges buena comida. Gracias a tu sensibilidad puedes disfrutar de una amplia gama de sabores elitistas y llegar a ser muy buen chef en la cocina, un gran conocedor de vinos o todo un gourmet en este campo.

Este CUATRO, cuando es introvertido, disfruta permanecer aislado en su rincón favorito. Ahí saca su mundo emocional y toda su creatividad a través de las letras, la pintura, el diseño, la artesanía, la música, la escultura o la naturaleza.

Diferencias con los otros tipos de CUATRO: eres el **contratipo** del CUATRO porque a simple vista eres el que menos "CUATRO" pareces y es fácil que te confundas con otros tipos de personalidad. La tendencia normal de esta personalidad es dirigir su *envidia* hacia los otros, pero tú la diriges hacia ti, la guardas y la controlas. Recuerda, al ser el contratipo, siempre tendrás momentos de tensión por la ambivalencia entre expresar tu *envidia* abiertamente o controlarla.

Naranjo bautizó a este subtipo con la palabra "sufrido" porque tiene mucho "aguante" y ha desarrollado una enorme tolerancia a la frustración. Aunque experimentas la sensación de carencia e intuyes la *envidia* dentro de ti, eres fuerte y resiliente (lo aprendiste a lo largo de la vida). Eres el CUATRO que no se queja porque te entrenaste para resistir el dolor y no demostrarlo. Pero en el interior eres muy profundo, emotivo y siempre le encuentras un significado a las situaciones difíciles o dolorosas.

No pasa nada, las aguas tranquilas, nada se mueve, nadie nota las fuertes corrientes del fondo. Voy por la vida en apariencia indiferente, insensible, blindada.

Me alejo de lo superfluo, me atrae lo místico. Amo los votos de pobreza, el necesitar poco; pero dentro llevo una angustia, de no tener suficiente.

Mi espacio me da seguridad, me he rodeado de objetos bellos y únicos: maderas con textura, hasta en los muros cuide el color. Un jazmín me recibe en la entrada con su sutil aroma; pero... algo falta. Empiezo a imaginar un lugar nuevo, diferente... y una y otra vez, nada es suficiente.

Parece ser que en la infancia te inhibieron tu espontaneidad y las ganas de llorar (quizá eras demasiado expresivo, intenso o ruidoso). Tal vez tu mamá, maestro, hermano o cualquier adulto te decía: "¡Ay, no puede ser! ¿Ahora por qué estás llorando?"

Tienes la misma capacidad de profundidad para sentir que los CUATRO, pero no muestras sensibilidad, vergüenza, no hablas mucho de tus emociones ni andas contando tus penas al viento y evitas con ello que te tengan lástima. Te ves como alguien más independiente e intelectual, porque para ti sufrir en silencio, callar tus penas, resistir y no mostrar el dolor se convierte en una virtud de la cual te sientes muy orgulloso.

"Te gustaría contar con el apoyo de los demás pero pedirlo, te incomoda."[49] "Tienes la esperanza de que tus autosacrificios sean reconocidos y apreciados ya que hablas muy poco de ellos. En vez de expresar abiertamente tu necesidad de sufrir, tiendes a negar tu *envidia* y a aguantar demasiado sufrimiento y frustración."[50] Estás convencido de que pedir ayuda te convierte en una persona débil, vulnerable y te impide hacer las cosas solo.

Pero tienes un área muy sensible y expresiva: el sufrimiento de los demás. Cuando alguien vive una injusticia o desgracia eres muy empático, compasivo, buen conversador y expresas de manera fácil lo inexpresable, lo que de verdad reconforta al que sufre. Aquí podemos ver claramente cómo introyectas el dolor ajeno para distraerte de no ver tu propio dolor.

Ejemplos de CUATRO de conservación: Meryl Streep, Nick Nolte, Príncipe Carlos de Inglaterra, Meredith Grey (*Grey's Anatomy*) y Lawrence de Arabia.

Una diferencia importante a resaltar es que mientras los otros dos tipos de CUATRO son más dramáticos y ruidosos, tú eres más duro, resistente y estoico. En vez de hundirte en el sufrimiento: "Pobre de mí", te mueves para conseguir lo que quieres. Usas la *envidia* y tu tenacidad como *motor* para llegar a esa promesa de felicidad que los demás tienen y que a ti se te escapa como: un puesto más alto en tu trabajo, realizar un viaje o adquirir cierto artículo. Lo curioso es que al obtenerlos, casi siempre terminas con una sensación de insatisfacción al no encontrar el ideal.

Cristina Nadal describe la motivación del CUATRO de conservación: "En este subtipo, el anhelo y el esfuerzo por conseguir aquello lejano aporta la sensación de obtener lo maravilloso que se perdió."[51] Es decir, estás convencido de que dejarás de sentirte carente y te liberarás de la mala imagen que tienes de ti si logras lo que te propones.

> Recuerda que a pesar de obtener cada vez más éxitos, títulos y logros materiales, tu sensación de carencia o insatisfacción nunca se va a ir de ti hasta que te aceptes y te valores y decidas cambiar tus creencias hacia ti.

Naranjo bautizó a este subtipo con la palabra "tenacidad". Consiste en "la necesidad de hacer «méritos» para lograr lo que la vida no te ha dado y que otros obtienen sin esfuerzo. El término mérito, implica esfuerzo y sacrificio que te convierte en merecedor de amor y reconocimiento".[52]

Este esfuerzo y sacrificio lo ves en tu vida diaria porque exiges la perfección en todos tus ámbitos, quieres tener todo bajo control y mejorarlo de forma compulsiva. Sueles ser muy persistente, ordenado, tenaz, intenso y activo, sin dejar atrás tu toque creativo. Al ser de conservación, te preocupa tener cubiertas tus necesidades básicas. Eres demasiado autoexigente, atrevido, decidido, ambicioso y muy trabajador.

Tienes una estrategia muy sana para escapar y compensar la tensión que acumulas en el cuerpo por guardar y callar toda la tristeza y frustración que sientes. ¿Cuál? Comportarte de forma ligera y alegre. Chestnut lo nombró "CUATRO alegre". Es decir, para nivelar y tolerar de manera sana tu sufrimiento, te ridiculizas, imitas personajes, cuentas chistes o anécdotas alegres.

Cuando la monotonía de la vida te va matando poco a poco, y las cosas sencillas ya no te importan, buscas actividades donde haya riesgo, mucha adrenalina y energía para compensar ese vacío existencial. Palmer lo explica así: "La vida al límite o al filo del peligro se vuelve atractiva cuando sientes la tristeza de tu condición. Te encuentras entre la esperanza y la desesperación, ¿por qué mejor no lo mandas todo a volar y a dejarlo a la suerte?"[53] Te atrae la locura, el peligro, romper reglas sociales, relacionarte con personas que no son convenientes para ti y te la juegas a tal grado, que hasta puedes poner en riesgo tu vida física o emocional.

Era tal mi tristeza interna que un día, de la nada, decidí vender mi negocio, mi casa y todas mis pertenencias y me fui a la India para probarme.

Cuando me siento aburrido por dentro o mi relación es monótona, estable y armoniosa, suelo provocar (o picar) a mi pareja para tener una escenita de celos, un pleitecillo o una discusión que le den un poco de sabor y de picante a la relación.

¿Con qué eneatipos puedes confundirte?

Con el UNO porque ambos juzgan y critican, se controlan, son exigentes y buscan la perfección, pero eres diferente porque tienes una base emocional que dirige tu vida y tus decisiones. Además, experimentas subidas y bajadas de ánimo, mientras que el UNO es más racional y lógico para tomar decisiones.

Con el TRES de conservación porque ambos son muy trabajadores, orientados a la meta, les importa mantener una buena imagen y la aprobación de los demás. Pero son súper diferentes en lo emocional: el TRES se comunica de forma más práctica y eficiente y le estorban los sentimientos, en cambio el CUATRO se comunica de una forma más sensible, paciente y vive inmerso en sus fantasías y sentimientos.

También con el SIETE porque ambos son aventureros, alegres, simpáticos y sufren de una sensación de insatisfacción. Son diferentes porque el CUATRO vive en las profundidades de sus emociones y acepta el dolor como parte de la vida, mientras que el SIETE es más superficial, vive en su mente y evita a toda costa el dolor.

¿Cuándo sacas lo peor de ti?

Tu instinto dominante trabaja en tu contra cuando se siente amenazado de forma real o imaginaria. Es decir, cuando tu "seguridad" se tambalea (porque tuviste un conflicto con alguien, hay escasez en tus recursos o tu imagen se siente intimidada por algún factor externo, experimentas mucha ansiedad, incluso sientes pánico), tu inseguridad interna crece, te pones nervioso, a la defensiva, te da pavor perder lo poco que tienes o te da *miedo* sacrificar tu independencia. Entonces:

- Puedes caer en malos hábitos económicos, alimentarios y de salud como diciendo: "¿Qué más da?" Recuerda: "Los hábitos de autocomplacencia son compensaciones por una vida no vivida."[54]

- Cuando te sientes atrapado en un tsunami de emociones, te vuelves hosco y retraído. Te autocomplaces y perdonas todo tipo de responsabilidades. Deseas que alguien te mantenga y buscas tener privilegios sobre los demás. Date cuenta de que te apapachas a tal grado que poco a poco puedes caer en una severa depresión.

- Eres el más materialista de los tres tipos de CUATRO y, por ende, debes poner mucha atención cuando la sensación de vacío toca tu puerta o cuando tienes bajones emocionales. Ojo: en esos momentos es cuando tu subtipo se apodera de ti y te autodestruyes (anorexia, bulimia, masoquismo o "comportamientos demoledores que confirman la carencia de valor."[55])

- Observa que cuando te sientes hasta arriba, lleno de vida, los niveles de excitación suben y son adictivos. Ojo: en esos momentos tu instinto te puede rebasar y con ello descuidas las consecuencias de tus actos, te vuelves rebelde, dejas de ser cauteloso y pones en peligro tu vida. Recuerda que estos episodios de mucha adrenalina, siempre van acompañados de momentos depresivos.

¿Qué debe aprender el CUATRO de conservación?

- Observa la enorme cantidad de tiempo que le dedicas al trabajo y a la rutina diaria para lograr tu seguridad económica. Ahora fíjate en el poco tiempo libre que dejas para amarte, amar a los demás, disfrutar de la vida, de tus éxitos, etcétera.

- Comparte tus sentimientos y tu fragilidad para que entiendas que no estás solo y que tienes más apoyos de los que te imaginas.

- Deja de sacrificarte por el otro, porque en el fondo "el sacrificio también es *miedo* a quedarte solo, a no poder o a ser rechazado. Lo puedes utilizar para controlar tus relaciones, para aferrarte al pasado o a una imagen falsa de ti o hasta para eludir la intimidad. Te excusas diciendo «lo hago por amor», no te engañes, el sacrificio de ninguna manera y bajo ninguna óptica puede ser amor; en realidad es egoísmo. Soterradamente siempre hay una exigencia de que el otro, o los otros, también se sacrifiquen. El amor entonces se vuelve un deber, un trueque. Y el infierno en vida se convierte en una realidad".[56]

- Suéltá el control y deja de autoexigirte tanto. Escucha a tu cuerpo y reconoce tus límites. Lo que te hace valioso es tu humildad y tu gran corazón; enfoca tu atención en el mensaje que quieres dejar en tus seres queridos. Sé más compasivo contigo y acéptate tal como eres, porque así eres perfecto.

- Deja de castigarte por lo que no has hecho. Descubre qué te hace sentir bien y cuáles son tus sueños, metas y deseos. Aprende a vivir en el punto medio y no en los extremos (como sueles hacerlo). Enfócate en lo que sí quieres y crees que sí puedes alcanzar en un período de tiempo.

CUATRO SOCIAL

TAPO LA "ENVIDIA" MOSTRANDO UNA IMAGEN EXTRAVAGANTE, EXÓTICA, MUY ELEGANTE Y ARROGANTE

DISFRUTO MIS MOMENTOS MELANCÓLICOS Y ME REGODEO CON MIS EMOCIONES

SOY EL MÁS EMOCIONAL, EL QUE MÁS SUFRO Y LLORO

DESCUBRO CON FACILIDAD EL TALENTO, LA BELLEZA Y LO ORIGINAL

SOY EL CUATRO TRISTE, MIS OJOS LO EXPRESAN TODO

HIPERSENSIBLE, TÍMIDO Y EL QUE MÁS ME DEVALÚO

Si yo tuviera su dinero... Seguro me invita

MANIPULO Y SEDUZCO CON MI SUFRIMIENTO

ME SIENTO EN DESVENTAJA Y DIFERENTE A TODO EL MUNDO

ME PUEDO CONFUNDIR CON UN 6

MUY CRÍTICO Y QUEJUMBROSO

SOCIAL

VERGUENZA / ORIGINALIDAD

Palabras claves que lo describen: VERGÜENZA / ORIGINALIDAD / DIFERENTE / Y EL EXCLUIDO.

Como buen social, "obsesivamente piensas en quien tiene influencia y prestigio. Pero básicamente lo que más te preocupa es no sentirte lo suficientemente especial para destacar y ser incluido por esas personas que tu percibes como «especiales». Eres sumamente creativo e intuitivo con una habilidad excepcional para identificar lo que la gente valora así como lo que la gente necesita para sentirse valorada".[57]

Diferencias con los otros tipos de CUATRO: eres el que se siente más diferente de todos los seres humanos. Esta sensación de ser **único y especial** te gusta, te enorgullece, te hace sentir superior, pero a la vez te causa problemas porque sientes que no encajas del todo en el grupo o sientes *miedo* a que te rechacen.

Eres el arquetipo del CUATRO, el descrito en los diferentes libros de Eneagrama. Tienes una extraña sensación de "Paraíso perdido", es decir, alguna vez las cosas fueron perfectas... y de repente, todo se derrumbó, dejándote sumido en la más profunda tristeza y melancolía.

Ichazo bautizó a este subtipo con la palabra "vergüenza" y significa que tienes baja autoestima, te sientes menos, deficiente o en desventaja. Me gusta la descripción que hacen los autores Durán y Catalán sobre la vergüenza: "La búsqueda por la originalidad en este tipo de CUATRO, produce vergüenza. Si este CUATRO social consigue mostrarse original, especial, se produce un sentimiento ambivalente, mezcla de pudor y orgullo. Si no se logra, hay que afrontar la vergüenza de no estar a la altura de los propios ideales y exigencias y, por tanto, sin mostrarse ante los demás... [También hablan sobre una *vanidad* que se queda frustrada]... En este tipo de CUATRO, un sentirse vulgar genera resentimiento y odio hacia los demás por no reconocerlo y hacia sí mismo por no lograrlo."[58] "Cuando tu autoestima es baja, tu sentimiento de vergüenza aumenta al ver en otros las cualidades que justifican el respeto social, mientras que en ti percibes un defecto interno que eventualmente saldrá a la luz."[59]

Por lo general eres una persona tímida y susceptible aun cuando seas famosa. Tu mirada melancólica lo expresa todo. Eres el CUATRO triste, el más extremista, el que más llora, sufre, siente, se complica, queja y lamenta de todo. Naranjo lo llama el "el sufridor".

Eres hipersensible para detectar los ambientes. Eres el diseñador de moda o el crítico que descubre el talento, la belleza, lo original, al igual que reprendes y juzgas el arte, el gobierno, el comportamiento humano y social, pero en el interior tienes *miedo* a no poseer un prestigio respetado y admirado por la sociedad.

Ejemplos de CUATRO social: Michael Jackson, Bob Dylan y Kurt Cobain con su famosa frase: "Ellos se ríen de mí por ser diferente, mientras yo me río de todos por ser iguales."

Tus sentimientos están a flor de piel, lo que te genera sentir mayor sufrimiento que los otros CUATRO. Pero "tu sufrimiento es lo que te hace ser único y especial y podemos observar que detrás de tu sufrimiento hay un tipo de seducción hacia los demás".⁶⁰ "¡Mi amor!, ¿podrías venir? no puedo caminar, me duelen mis piernas y ¡llevo todo el día sola!"

Te agrada sentir melancolía porque es una manera de conectarte, es como sentirte en casa, puedes rastrear el dolor del pasado y sentirlo de forma repetitiva.

Con frecuencia eres penoso y te sientes inseguro por lo que tiendes a jugar el papel de víctima en donde sientes que nadie comprende la profundidad de tus sentimientos. Y lo curioso es que, en vez de tomar cartas en el asunto y hacer algo con tu sufrimiento, manipulas a los demás para que te apapachen y te consientan: "¡Pobre de mí, soy el patito feo de la familia, el más desdichado e incomprendido, el mundo está contra mí!" Te aprovechas de esta postura y dejas que otros tomen las riendas de tu vida o te excusas de no tener responsabilidad alguna por el estado de ánimo en el que te encuentras.

Una de las características más significativas de tu subtipo: te la vives comparándote con los demás (unas veces te sientes superior y muchas otras en desventaja). Lo más importante es que, cuando te comparas, compites por el reconocimiento de los demás y surge la *envidia*. Envidias el talento, idealizas a la persona, su forma de ser, su estatus, su poder económico, su belleza: "Se ve más seguro de sí, habla muy bien, seguro es mucho más inteligente que yo."

Entonces vuelcas tu atención hacia ti, te juzgas, criticas, devalúas, sientes que no vales la pena, te avergüenzas y sufres.

Cuando entra mi CUATRO, se me acelera la cabeza y de verdad siento que soy diferente a toda la gente. Basta que se encienda en mí ese sentimiento de envidia o de celos para que, al instante, mi mente empiece a amplificar al otro, mientras yo me siento una basura. Pensar que el otro es más que tú, es horrible porque te chocas, te odias, ves todos tus defectos y te sientes muy vulnerable. Gracias a que trabajo en mi persona, logro relajar mis sentimientos a través de la respiración y me doy cuenta de que todos somos iguales, pero ¡el poder de la envidia es muy fuerte! Llevo 40 años sufriendo, pero deseo que mi hijo (que también es CUATRO) me escuche para que se conozca y no sufra lo mismo que yo.

Al ser social, tienes grandes aspiraciones, eres ambicioso, competente y competitivo. Buscas el reconocimiento de la gente, deseas ocupar un lugar especial en la sociedad y pertenecer al grupo elitista, al de los importantes o al *cool*. Ansías que los demás te vean como alguien distinto, único, exquisito, sensible y refinado, pero eres muy sensible a la crítica: "Tienes *miedo* a que te rechacen por tu apariencia física y te genera vergüenza la sensación de no estar al nivel de los estándares sociales o de ser lo suficientemente importante o valioso para pertenecer al grupo."[61]

Así como la *envidia* motiva al CUATRO de conservación a moverse para conseguir lo que quiere, al CUATRO social lo motiva a enfocarse en todo lo que no tiene. Tu baja autoestima te lleva a concentrarte en tus defectos y te da terror que los demás los descubran. Y si vemos el otro lado de la moneda, cuando logras tener éxito en algo, te sientes muy orgulloso de ti por esa contribución.

"El sentimiento de vergüenza en los ambientes sociales te lleva finalmente a creer que no sabes funcionar como persona normal. Envidias la felicidad de otros, a la vez que los rechazas por considerarlos burdos e insensibles."[62] Lo irónico y contradictorio es que envidias la sencillez en las personas, la manera como disfrutan las cosas, pero a la vez los consideras insípidos, aburridos y rutinarios, así que prefieres seguir siendo diferente y original.

El rechazo social te mata, eres demasiado susceptible cuando la gente no se acuerda de invitarte a una boda o a una simple reunión de amigos; experimentas una ambivalencia entre querer pertenecer a un grupo y separarte.

Me gusta que me inviten a los eventos sociales para sentir que pertenezco a ese grupo de amigas, pero a la vez les digo que no asistiré por alguna razón "x". En el interior me siento especial y no me gusta mezclarme.

Te cuesta mucho trabajo pertenecer a estos grupos, porque por una parte te atrae la gente, el prestigio social y ser reconocido, pero por otra, construyes fantasías de rechazo hacia ti o tienes miedo a que descubran tus defectos. Te puedes presentar con una actitud dulce, simpática, suave y amistosa mientras en tu vida privada, cuando te sientes en confianza, descargas tus emociones de forma agresiva las personas que desvalorizas o amas.

Como CUATRO no quieres darte cuenta de que sientes *envidia*, experimentas un vacío o te sientes en desventaja porque sería muy doloroso. Entonces, tapas o disfrazas esa *envidia* de diferentes formas:

- Te proteges adoptando una imagen llamativa, extravagante, exótica o muy elegante para llamar la atención de los demás y cubrir tu inseguridad. Pensemos en Michael Jackson, Lady Gaga, Walter Mercado, Ives Saint Laurent. Muchos CUATRO sociales se sienten atraídos hacia grupos alternativos como: los emos, hippies, góticos, hípsters, punks, etcétera. (a mayor inseguridad, mayor disfraz).
- Tomas una postura altiva, engreída, te sientes un divo y que nadie te merece: "Cuando me encuentro vulnerable en un grupo que desconozco y me piden mi opinión, siento que me pueden criticar o herir, así que no digo nada y me porto arrogante. Sólo quiero alejarme de ahí."
- Actúas de forma agresiva para lograr lo que deseas. Reaccionas con intensidad ante cualquier comentario que se haga sobre ti. "¡Ah! ¿Sí? ¿No me hiciste caso? ¡Ahora vas a ver con quién estás tratando!
- Eres encantador e hipócritamente amable.

¿Con qué eneatipo puedes confundirte?

Con el SEIS (un poco) porque ambos exageran, son quejumbrosos, llevan la contraria y dudan de sí. Son diferentes porque el CUATRO es más profundo, vive atrapado en sus emociones mientras que el SEIS es más mental, toca un rato las emociones pero evita quedarse ahí. Es difícil que esta personalidad tan marcada se confunda con otra.

¿Cuándo sacas lo peor de ti?

Tu instinto dominante trabaja en tu contra cuando se siente amenazado. Es decir, cuando tu "seguridad" se tambalea (porque te sientes excluido, cometiste algún error, rechazaron tus opiniones, una institución en la que confiabas se desmorona, etcétera), tu estrés y ansiedad crecen. Si los niegas, sacarás la parte más reactiva de tu personalidad para defenderte en el área social:

- Te conviertes en tu peor enemigo, te desconectas de tu esencia, te saboteas, te odias, te concentras en tu peor defecto. Además, juzgas y criticas de manera muy severa a la gente que envidias pues tienen lo que tú crees que no tienes.
- Entre más inseguro te sientas, más ansiedad generas y más quieres huir del mundo real. Desapareces del mapa por un rato, te aíslas, te dedicas a comer mientras ves una serie de televisión o pones tu música favorita para llorar. Vives las emociones muy fuerte, pero las disfrazas frente a la sociedad con suavidad y dulzura o con victimización, tristeza y quejas.
- Entre más baja es tu autoestima, más es tu tendencia a engrandecer e idealizar las cualidades de la persona que admiras. Al mismo tiempo intensificas tus fantasías sobre la felicidad que ella goza y que a ti te fue negada.
- Cuando tu personalidad está muy enferma, tu *miedo* al rechazo se convierte en terror, entonces te retiras por completo de la sociedad. Sientes tanta vergüenza de ti, por eso prefieres alejarte que arriesgarte a que te humillen.

¿Qué debe aprender el CUATRO social?

- Comparar no tiene nada de malo mientras sea contigo y lo enfoques de manera positiva para ser mejor persona cada día. Lo malo es compararte con otros y desear ser alguien que no eres. Recuerda que todos nos espejeamos, si envidias alguna característica de alguien es porque tú también la tienes y sólo te falta potenciarla (de otra forma ni siquiera la notarías).
- El problema no es tocar fondo en las profundidades de tus emociones, sino quedarte a vivir en ellas. "¿Acaso esperas que la vida te dé felicidad, que alguien te ame, que aparezca la luz verde? Seamos honestos, ¿en realidad es-

peras a tener el valor, a tener cero riesgos o a que te den una garantía? En ocasiones, esperar es sabio, pero casi siempre la espera no es más que un pretexto para perder el tiempo. ¿Temor a comprometerse, *miedo* a creer en las propias capacidades? En tu corazón radica la decisión, ya sabes de lo que debes hacer, lo que es tu camino, tu felicidad, el amor y el éxito. Sólo es cuestión de confiar y dar el paso."[63]

- Te hace muy bien toda actividad en la que puedas expresar y canalizar tus emociones: teatro, baile, canto, arte, deporte, ayudar en alguna institución, yoga o meditación. Todo lo que te ayude a tranquilizar tu mente y contactar con tu cuerpo es benéfico porque cuando te relajas, todo un universo se pone a tus pies.

- Échate porras, háblate de forma positiva. Cada vez que te denigras, hazlo consciente y cámbialo. Recuerda que el que no hace nada, no tiene derecho a quejarse. Diario agradece cinco bendiciones, por ejemplo: gracias por estar vivo, por tener agua caliente, por mis ojos, mi familia y porque tengo qué comer.

- Sé más independiente y responsable con tu vida. Organízate, lleva una agenda. Analiza la razón por la cual no eres constante con algo o por qué no puedes dejar "eso" que sabes que te hace mal. Quizá no sales de esa relación tóxica porque tienes hambre de amor y esperas que esa persona te dé lo que necesitas, pero evidentemente sabes que no te conviene.

CUATRO SEXUAL

SOY EL MÁS ACTIVO, EL MÁS ORIENTADO A LA ACCIÓN

HAGO SUFRIR A LOS DEMÁS PARA COMPENSAR MI SUFRIMIENTO

ME CUESTA RECONOCER MI ENVIDIA Y FRAGILIDAD

SOY EL "CUATRO AGRESIVO", ASERTIVO, INTENSO, POSESIVO Y A LA VEZ DULCE Y VULNERABLE

ME PUEDO CONFUNDIR CON UN **8**

MI "ENVIDIA" ES AGRESIVA: EN VEZ DE LLORAR Y CALLAR MI DOLOR, LO CONVIERTO EN AMBICIÓN Y COMPETENCIA

EN VEZ DE SENTIR VERGÜENZA, EXIJO LO QUE QUIERO Y TENGO QUE TENERLO

LASTIMO Y CASTIGO A OTROS COMO COMPENSACIÓN A MI DOLOR

ROMÁNTICO, SENSUAL, SEDUCTOR, NECESITO INTENSIDAD EMOCIONAL

DRAMÁTICO, IRACUNDO, ORGULLOSO, VENGATIVO E HIRIENTE

me encanta llevarles la contra

SEXUAL

↓

COMPETENCIA / ODIO / ANHELO

Palabras claves que lo describen: COMPETENCIA / ODIO / ANHELO / ENAMORAMIENTO

Te presentas con una postura más asertiva, agresiva, sensual, intensa y dinámica.

Diferencias con los otros tipos de **CUATRO**

El CUATRO social siente vergüenza y sufre más que los otros subtipos al sentirse culpable por desear algo, pero el CUATRO sexual es el opuesto, se vuelve contra la vergüenza para que sus necesidades sean validadas y satisfechas. Es el CUATRO que hace sufrir a los demás como consuelo a su propio sufrimiento.

Es decir, es un CUATRO más descarado que vergonzoso. Es impulsivo, agresivo, exigente y arrogante. Naranjo señala que esta forma de ser funciona cuando eres chico, pero no en la vida adulta porque nadie soporta convivir con una persona así. Esto genera un círculo vicioso de "odio y rechazo": te enfureces cuando tus necesidades no son satisfechas y la gente te evade cuando te comportas así.

> Los CUATRO de conservación sufren en silencio, los CUATRO sociales sufren y se lamentan y los CUATRO sexuales hacen sufrir a los demás "porque sienten que fueron hechos para sufrir por lo que necesitan un tipo de compensación. Podrían buscar castigar o lastimar a otros como una manera inconsciente de repudiar o minimizar su propio dolor. Externalizar su dolor les ayuda a calmar su sensación interna de inferioridad".[64] (¡Si yo sufro, tú también tienes que sufrir!) Naranjo lo sintetiza en la siguiente frase: "La gente herida, hiere a la gente."

Como buen sexual, necesitas intensidad emocional en tu vida. Eres muy romántico y anhelas encontrar esa alma gemela que llene de pasión tu corazón. Por lo general, tu vida emocional gira en torno a tu pareja o a las personas que te atraen. Quieres que te pongan atención, pero al mismo tiempo dudas y tienes *miedo* que descubran tus defectos, por lo que te esfuerzas muchísimo en desarrollar diferentes habilidades (cantar, decorar, escribir, crear, etcétera) para sentirte valioso y seguro frente a ellas. Puedes experimentar sentimientos de amor, admiración y cercanía o de odio, celos, desprecio y lejanía. "Idealizas a tu pareja por esas cualidades que admiraste en ella, pero igualmente la puedes denigrar si te sientes ignorado por ella."[65]

Eres el más extrovertido, sensual y seductor de los tres tipos de CUATRO. Te encanta la parte romántica y dramática del amor de pareja. Eres práctico, directo y asertivo porque no dejas que las fantasías te invadan ni tienes prejuicios ni te importa el qué dirán. Cuando tu seducción llega a ser exitosa, afirmas tu valía y tu sensación de carencia desaparece.

Tienes mucha sensibilidad artística y una gran profundidad emocional. "Internamente sientes un gran impulso por lograr algo único y sientes una tremenda necesidad por ser visto como alguien especial, pero con frecuencia te ves como un genio mal entendido."[66]

Otra diferencia a señalar: eres el más voluntarioso y enojón de los tres tipos de CUATRO. De acuerdo con Naranjo, eres la personalidad más iracunda y competitiva de todo el Eneagrama. Hay una gama de sensaciones entre odio, venganza, orgullo e injusticia por no tener lo que otros tienen.

Sueles ser dramático, te divierte llevar la contra y te cuesta trabajo mantener un equilibrio emocional porque eres voluble (pasas de ser tierno y encantador a agresivo e hiriente). Cuando tu nivel de consciencia no es muy alto, te conviertes en el más celoso, posesivo, apasionado y controlador de las tres variantes de CUATRO.

> Así como el tipo SEIS usa su agresividad para tapar sus miedos, tú como CUATRO usas tu feroz agresividad y odio para tapar tus sentimientos de carencia y dolor. Expresas de forma impulsiva, descontrolada, a pecho abierto y sin pelos en la lengua (como dicen en mi tierra) todo lo que piensas y sientes sin ningún tipo de remordimiento, aunque después repares y reflexiones en tu comportamiento.

"Los Cuatro sexuales, usualmente son arrogantes, a pesar de que internamente se sientan inferiores. Ante el dolor de sentirse incomprendidos, adoptan una actitud de arrogancia como compensación para sentirse reconocidos. Cualquier crítica o reproche lo toman como una afrenta o descalificación. Pueden incluso tratar de lastimar o castigar a otros como una manera de repudiar o minimizar su dolor subyacente. Se sienten justificados de señalar a otros como la fuente de su privación o frustración."[67]

La *envidia* del CUATRO sexual tóxico se observa perfecto en la película *Amadeus Mozart*. La trama gira en torno a la vida de los dos protagonistas, Mozart y Salieri. Mozart (SIETE) es un joven terriblemente infantil pero lleno de talento. Consigue llegar a la corte y conquistar al emperador, pero Salieri (CUATRO sexual) lo odia porque reconoce el terrible talento que tiene Mozart, lo cual le genera una relación de admiración, amor y odio hacia el genio. Cada triunfo de Mozart es una daga profunda en el corazón de Salieri, quien carcomido por el odio y la *envidia* desea hacer sufrir y provocar la ruina de su rival.

De acuerdo con Naranjo, la *envidia* de este CUATRO es agresiva, es un intenso deseo impregnado de enojo hacia esas personas que tienen lo que tú deseas (belleza, seguridad, capacidad intelectual), por eso las detestas y desprecias. De forma secreta también te odias por no tenerlo y cuando tocas el sentimiento de carencia o de inferioridad lo tapas con actitudes arrogantes, agresivas o de malhumor.

Chestnut opina que expresas la "*envidia con ira*" como una manera de establecer o asegurar tu poder cuando en el fondo te sientes inferior. Durán y Catalán explican: "La rabia y el odio surgen de manera incontrolada, a veces incluso contra la propia voluntad, de forma que también resulta difícil de integrar este aspecto dentro de la personalidad, pues ese descontrol es vivido como algo ajeno a mí, a mi verdadero ser, casi como un demonio que se apodera de mí y me hace actuar y decir cosas por las que luego siento mucha vergüenza. Cuando no se manifiesta de forma explosiva, sino en ataques verbales menos violentos, se genera menos culpa básicamente por la convicción de que es «verdad» lo que digo y que esa veracidad y mi dolor me dan derecho a decirlo."[68]

Naranjo bautizó a este subtipo con la palabra "competencia" porque tienes una energía "competitiva" que te hace no estar muy consciente ni de tu *envidia*, ni de tu sensación de inferioridad. Esta energía la experimentas como una rabia que te estimula a la acción y evita que te deprimas como el CUATRO social (a la vez, te sirve de motor para alcanzar lo que quieres).

"La competencia se enfoca de dos maneras: una competencia por conseguir aprobación («mi valía se incrementa si logro conseguir una atención especial») y la otra a través de la rivalidad con la gente que busca el mismo reconocimiento que quieres para ti. La competencia entre rivales se puede convertir en "*odio*". Si reduces la valía del otro, en automático se reduce tu *envidia*."[69]

Siempre he competido contra mis cuñados por el amor y reconocimiento de mi suegro, pero cuando logré conquistar su cariño, mis celos se relajaron.

En mi trabajo soy muy competitivo, me gusta ser el mejor diseñador porque el éxito me compensa ese sentimiento de sentirme defectuoso de fábrica.

Personajes famosos de tipo CUATRO sexual son: Angelina Jolie, Steve Jobs, Susana Zabaleta, Shakira, Gloria Trevi, Diana Ross, el amor de Romeo y Julieta, entre otros.

En el terreno del amor, hay una relación de amor y odio. "Surgen problemas en tus relaciones románticas porque sueles enamorarte de personas cuyas cualidades admiras o deseas para ti mismo, y luego acabas resentido y envidiando a la persona amada justamente por tener esas cualidades; la idealización de esa persona suele convertirse rápidamente en rechazo, a causa de sus defectos más insignificantes."[70]

> Aquí podemos observar el síndrome de la liga: si estás demasiado cerca, te rechazo; si estas demasiado lejos, te deseo y te extraño.

"Al mismo tiempo sueles sentirte atraído por personas que, por uno u otro motivo, son inalcanzables; podrías pasarte mucho tiempo ansiando tener a la persona deseada y a la vez detestando a cualquiera que desee conseguir tu atención."[71]

Un gran tema en tu vida es el abandono, por eso deseas ocupar el lugar más importante en la vida de tu pareja. Buscas que sea una persona fuerte porque necesitas que te contenga, te guíe y no se asuste ante tus arranques y cambios emocionales. De forma curiosa, cuando percibes que te va a abandonar, prefieres abandonarla tu primero como modo de agresión para desvalorizarla y eliminarla de tu pantalla. Pero a la vez te preocupa y te causa mucha *envidia* y celos el que tu pareja encuentre a alguien mejor que tú. La competencia contra tus rivales se puede convertir en odio: odias al exnovio de tu pareja sin haberlo conocido o a la persona que está desviando la mirada de ese alguien especial que deseas para ti.

Buscas rodearte y convivir con gente que te brinde seguridad, ya sea por su estatus económico, poder social o tipo de profesión. "Buscas la atención de esas pocas personas que son especiales, exquisitas, únicas o especialmente talentosas... Los plebeyos para este CUATRO no importan, si pueden lograr «la atención de la realeza», su baja autoestima se mantiene controlada, cuando se relacionan con gente de mucha valía social"[72]

> La competencia de este CUATRO es igual de agresiva que la del TRES cuando se trata de ir detrás de lo que buscan, pero el motivo de su *envidia* hace que se enfoque más en desplazar y darles en la torre a sus competidores que en la propia meta.[73]

¿Con qué eneatipo puedes confundirte?

Con el OCHO, pues a los dos les atrae experimentar la intensidad de la vida. Son impulsivos, auténticos, directos, poderosos, muy sensibles y de lágrima fácil (aunque el OCHO no lo demuestre con tanta frecuencia). La energía de ambos es muy fuerte, rompen las reglas sociales, les gusta la competencia, los desafíos y se pueden mostrar extravagantes en su forma de vestir. Ante una relación íntima, los dos necesitan honestidad para bajar la guardia y mostrar su vulnerabilidad. Ambos construyen o destruyen al prójimo. Son diferentes porque el CUATRO vive ensimismado en sus emociones, su intensidad es emocional, sus cambios de humor son repentinos, es demandante, dramático y necesita sentirse entendido. En cambio, el OCHO es más territorial, necesita sentirse respetado, vive más en el presente, su intensidad es visceral (todo o nada) y para él es una pérdida de tiempo quedarse atrapado en las emociones. "El OCHO representa la fuerza del poder exterior mientras que el CUATRO representa la fuerza interior, la fuerza creadora que lo hace diferente."[74]

¿Cuándo sacas lo peor de ti?

Tu instinto dominante trabaja en tu contra cuando se apodera de ti o se siente amenazado. Es decir, cuando tu "seguridad" o "atractivo físico" se tambalea (porque tu atractivo físico se acabó, te sientes vulnerable, te sentiste rechazado, se acabó la chispa con tu pareja, te sientes humillado, traicionado o criticado por alguien), esto provoca que tu estrés y ansiedad crezcan. Si los niegas:

- Te vuelves irreconocible. Te muestras al mundo como una persona poderosa, fuerte y segura que provocas *miedo* en los demás; mientras que cuando te retiras a tu mundo interior, te sientes carente e inadecuado. Intensificas tus estados de ánimo y sigues rumiando la situación. Tu mente se acelera, te sientes solo y traicionado. Brota un odio hacia ti y los que te contradijeron. Quisieras vengarte o desaparecer, surge la confusión y no sabes qué quieres ni quién eres.

- De tanto compararte con el mundo de afuera, terminas abandonándote, pierdes tu centro, pierdes la conexión real con tu esencia y con la realidad. Y cuando tocas la sensación de tristeza y vacío, rápido te distraes y adornas la realidad con palabras, anécdotas e improvisaciones para evitar enfrentarlos.

- Cuando la intensidad se apodera de ti, tu comunicación se vuelve torpe, dejas inconclusa la idea y saltas a otra, lo das por sobreentendido. Mandas mensajes mixtos con explosiones de llanto, risas o drama. Expresas movimientos faciales y corporales que distraen y desconciertan, lo que provoca que el contenido de tu mensaje pierda fuerza y se malinterprete.

- Tu hambre de amor y tu *miedo* al abandono se incrementan, a tal grado, que terminas sacrificándote y humillándote en una relación de codependencia tóxica y frustrante con tal de que te quieran. Te pierdes, te anulas, te esclavizas y terminas convirtiéndote en un tapete para el otro.

- Cuando estás muy mal, la *envidia* te consume, te sobrepasa y te conviertes en una persona hostil, caprichosa y dramática. Deseas vengarte de tus rivales y quieres lastimar a quien te ha herido. Te conviertes en alguien súper arrogante, sarcástico y agresivo. Descalificas, invalidas, matas con la boca y expones con odio los defectos de los demás. Si te sigues desintegrando, puedes autodestruirte y provocar actos de violencia contra ti o contra los que te lastimaron.

¿Qué debe aprender el CUATRO sexual?

- Deja de engañarte, aprende a tolerar la frustración y no derrames tu *ira* en otros. Reconoce tu *envidia* y ríndete ante ella porque te impide crecer y seguir adelante.

- Tu tarea es ser paciente y perseverante en todo lo que hagas ya sea en el trabajo, en la dieta, el ejercicio. No tires la toalla de inmediato, aprende a no desesperarte ante las primeras frustraciones o cuando no obtienes una respuesta rápida.

- Aprende a ser más receptivo con la realidad, date cuenta de que no hay verdades sino percepciones que muchas veces distorsionas de acuerdo con el estado emocional en el que te encuentres. Observa cómo la justificas, la manipulas, la decoras y la disfrazas con tus recuerdos, fantasías e imaginación.

- Ordena tu vida, impone metas, horarios, abraza la disciplina, lo simple de tu vida cotidiana y abandona la idea de tener que vivir en los extremos con mucha intensidad: amor y odio, euforia y depresión...

- Recuerda que "despertar" no borra tu pasado, pero al mirar atrás lo observas como la historia de alguien muy querido que aprendió muchas cosas. "Despertar" no sana tus heridas, pero ellas dejan de gobernarte. "Despertar" no te da más poder, pero descubres el poder que tienes. "Despertar" es amarte, con tus límites y tus experiencias, es amar al otro como parte de tu ser y es amar la existencia. Permítete disfrutar de la experiencia de ser ese SER maravilloso que ya eres.[75]

PERSONALIDAD TIPO CINCO

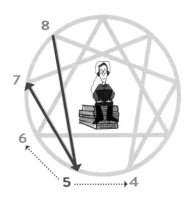

El observador / el investigador / el pensador / el raro: tiene gran capacidad intelectual para entender el "todo" y sus partes; puede ver el mundo desde otra perspectiva.

Pertenece a la tríada mental (5, 6, 7) porque percibe, filtra y decide la vida desde la mente. Recuerda que estas tres personalidades tienen en común problemas de inseguridad, ansiedad y *miedo*.

En general te caracterizas por ser: una persona sumamente racional, perceptiva, objetiva, independiente, alerta, analítica y con un sentido del humor ocurrente. Eres poco expresivo y adicto al conocimiento, quieres acumular la mayor cantidad de información en tu cabeza porque estás convencido de que estar bien informado te da control, poder y mucha seguridad.

Eres la personalidad del Eneagrama que mayor facilidad tiene para separarse de sus emociones. Sustituyes sentir por pensar, lo que te hace reflexionar y ser calmado ante las crisis. Te atrae más el mundo creativo y abstracto de tus pensamientos que la vida emocional y cotidiana, por lo que tu mundo es más intenso e intelectual. Investigas y entiendes la realidad de lo que te rodea con mayor claridad y profundidad que cualquiera. Volteas las ideas de cabeza y las desarrollas a su máximo provocando innovaciones y cambios revolucionarios en tu campo.

Tienes una enorme capacidad para concentrarte y profundizar en lo que estás haciendo. Cuando algo te interesa y te apasiona, se te va el tiempo. Te vuelves un experto en el tema y aprovechas tu conocimiento para relacionarte con la gente o como herramienta de trabajo.

La "privacidad y el tiempo" son todo un tema para ti; sientes una necesidad compulsiva por apartarte del mundo y controlar tu tiempo. Para ti este mundo es invasivo y la intrusión de la gente te molesta, por eso anhelas buscar un lugar privado donde te sientas libre, seguro y en paz para hacer lo que te venga en gana. Eres súper sensible si la gente invade tu espacio con tonterías o necesidades emocionales, te requiera y exija tu presencia, energía, tiempo e intimidad. Así que mejor optas por tomar una "postura de observador" en la que te desconectas de tus sentimientos para no involucrarte. O bien, optas por mantenerte "invisible" durante un tiempo hasta que ya te sientes listo para mostrarte y así evitar que termines asfixiado y con ganas de salir corriendo a esconderte a tu cueva. En tu soledad eres el más feliz, experimentas mucha seguridad, te recargas de energía, te sientes protegido de posibles invasiones, investigas, creas, reflexionas, te reconectas con tus emociones y hasta te diviertes.

Te sientes separado y diferente a los demás, como si no encajaras, por lo que muchas veces, aunque experimentes intensas emociones, prefieres no implicarte afectivamente para no ser lastimado. Salir a un mundo hostil es demasiado arriesgado, por lo que te aíslas, vives de forma independiente, marcas tus límites, ahorras, reduces tus necesidades y eres autosuficiente para depender lo menos posible de la gente. Eres la personalidad que más tiende a la soltería o a la que más le cuesta comprometerse y enamorarse por temor a que la invadan o le quiten lo poco que tienes.

ALAS

¡Recuerda que son la sal y la pimienta de tu personalidad!

Si eres un 5/4

En la luz: estás más orientado hacia el arte y las personas porque la influencia de la energía CUATRO te hace sensible a los sentimientos de los demás. Eres profundo, creativo, independiente, original (posees mayor imaginación) y más introspectivo que el 5/6.

En la sombra: eres distante, tienes altibajos de humor y te pierdes en la mente, esto te convierte en una persona complicada, fantasiosa y poco práctica. Experimentas ambivalencia entre querer emociones intensas y aislarte a tu mundo intelectual.

Tu vestimenta: es más original, étnica, loca, creativa, insólita, excéntrica, pero a la vez relajada y con un toque elegante y seductor.

Si eres un 5/6

En la luz: ¡Eres el más intelectual de todo el Eneagrama! Eres frío, orientado a los negocios, la investigación, la resolución de problemas y más asertivo y participativo que el 4/5. La energía del SEIS te hace ser más lógico, estructurado, disciplinado y perseverante.

En la sombra: eres agresivo y burlón con el que no comparte tu opinión. Te vuelves terco, dueño de la verdad, escéptico y ansioso. La intimidad te da inseguridad por tus reservas para compartir tu mundo. Eres menos hábil para relacionarte de manera social.

Tu vestimenta: es clásica, fina, relajada, confortable, a veces con un toque contemporáneo. También puede ser modesta, práctica y aburrida, sin expresión alguna.

¿QUÉ TANTO TE CONOCES?

En general, quieres:

Ser autosuficiente para depender lo menos posible de los demás, ampliar tu conocimiento, tener un espacio privado donde puedas descansar, disfrutar de tu soledad, pensamientos o proyectos. Quieres ser experto en algo (psicología, oceanografía, filosofía, música, cine, redes sociales, matemáticas) para justificar tu existencia y tener un lugar en el mundo, aportando algo útil a la sociedad.

Deseas que los demás te vean: como una persona preparada, inteligente, competente, responsable, lógica, perceptiva y objetiva. Deseas que reconozcan y valoren tu gran conocimiento en algún tema.

¿Cómo te ven en realidad?: Cuando tu punto ciego te traiciona (*avaricia*), la gente te percibe como raro, frío, distante, desconectado emocionalmente, poco comunicativo y egoísta. Las personas sienten que en situaciones de estrés te escondes o aíslas, y en los proyectos nuevos tienes poco interés. Tu lejanía expresa un doble mensaje: ser tímido y poco social o arrogante de forma intelectual.

Evitas al máximo: socializar con gente desconocida, exponerte, la intromisión, el conflicto, las confrontaciones, las emociones intensas o tocar temas muy íntimos (salvo que seas sexual). El tiempo es muy preciado, así que evitas perderlo en pláticas triviales, con gente tonta, presumida, falsa, ruidosa o dramática.

Tu talento natural: tu sentido común. Tienes una claridad de pensamiento envidiable que te permite analizar, sintetizar y transmitir información. Puedes ver con mayor nitidez y entender el todo y las partes, lo que te hace creativo e innovador en tu campo.

Tu mayor debilidad: la gran desconexión con tu corazón, cuerpo, gente y con la vida misma. Vives a tal grado en la objetividad y en el análisis mental que es difícil comunicarse contigo. Como tu corazón no vibra de pasión, alegría o dolor, te conviertes en un simple observador insensible y distante que vive solo y a medias.

La fortaleza que más necesitas: *desapego.* Es la capacidad de vivir el presente con tus cinco sentidos, permitiendo que las emociones y la espontaneidad te invadan. Déjate fluir con todo lo que te presenta la vida y entiende que el elixir de la sabiduría no es el conocimiento que guardas en tu biblioteca mental, sino el que surge al experimentar la vida con el cuerpo y el corazón.

Te atrae: el conocimiento, el silencio, las mentes abiertas e inteligentes, la innovación, privacidad, objetividad, creatividad, los descubrimientos y juegos que retan a tu mente.

Cuando estás en tu mejor momento: te sientes enganchado y comprometido con la vida. Todo adquiere más color, textura y definición, tienes mayor entendimiento de las cosas y entusiasmo por contribuir con tu conocimiento a mejorar el mundo en el que vives. En tu vida cotidiana nada se te escapa, disfrutas mucho pensar, cuestionarte y siempre encuentras algo interesante que aprender. ¡Nunca te aburres! Con los tuyos, sin dejar de ser independiente, te vuelves más participativo, cariñoso, amable, abierto, seguro, profundo y ocurrente (haces muy buenas bromas). Disfrutas la compañía de la gente con la que intercambias información, experiencias interesantes y aprendes de ella.

Cuando estás estresado: tu energía se contrae, tu cuerpo se enconcha como queriendo protegerte del mundo exterior, tu privacidad y mente se sienten invadidas. Te cuesta trabajo conciliar el sueño, te surgen mil ideas. La presencia de la gente se vuelve incómoda y molesta porque te succionan energía, sólo quieres retirarte a tu cueva y que te dejen en paz. Te vuelves terco, sarcástico y agresivo. Tu arrogancia intelectual crece, te conviertes en dueño de la verdad y quisieras comprobarles a todos que están mal, pero te sientes atrapado "entre puros idiotas" y te desespera toda esa gente que vive en su zona de confort sin aportar nada útil. Quisieras zarandearlos para que reaccionen y despierten, pero no lo haces... mejor te alejas y dejas que mueran ignorantes.

¡Date cuenta!

Eres hipersensible y a veces te sientes solo, vacío o desconectado, aunque das la impresión de ser una persona introvertida, indiferente, fría, de pocas palabras, con dificultades para tocar, abrazar, conectar y expresar tus emociones.

Si te observas, eres desconfiado. Tienes *miedo* a expresar tus emociones o tu fragilidad porque piensas que si lo haces, la gente se puede aprovechar de ti, te puede controlar, lastimar o traicionar. Por eso prefieres retraerte a la seguridad y compañía que te ofrece tu pequeño planeta y llenarlo con información, ideas creativas, música, videos, series de televisión, juegos mentales, datos, libros...

No te das cuenta... de que tu vida está dividida en diferentes compartimentos donde colocas a la gente con la que convives: en uno está tu familia, en otro tus colegas de trabajo, en éste tus amigos del ajedrez, en aquél los de la maestría, etcétera. Cada uno está separado del otro y nunca los mezclas. Es como si llevaras una vida misteriosa donde nadie sabe todo acerca de ti, esto te da una sensación de control porque como dice Palmer: "Una manera de mantener tu privacidad, es a través de tener un pedazo de ti invertido en cada sector, pero ninguno de ellos comparte toda tu información."[76]

Vives a tal grado dentro de ti, que descuidas a tus seres queridos. Tu mente adquiere prioridad, se convierte en tu mejor amiga: le preguntas, contestas y tu mundo se vuelve tan satisfactorio que parece que no necesitas de nadie para sobrevivir. Mientras tanto, los que te rodean anhelan una conexión emocional más profunda, les duele tu frialdad y se cuestionan si ya dejaron de ser importantes en tu vida. En cuanto a tus amigos, se sorprenden de que nunca los busques.

No te das cuenta: de que con frecuencia quedas atrapado en un círculo vicioso, lo que Riso y Hudson llaman "modalidad de preparación", en donde nunca te sientes preparado lo suficiente para lanzarte al mundo real. El problema es que piensas demasiado y entre más sabes, más descubres que no sabes y sientes más ansiedad y *miedo*. Como te sientes inseguro, te justificas diciendo que necesitas más tiempo para perfeccionar el tema y siempre encuentras un pretexto o detalle para posponer la acción.

Ejemplo: el que desea escribir un libro sobre su especialidad y se la pasa acumulando datos, investigando artículos y nunca se siente preparado para publicarlo. O el joven apasionado por el futbol que estudia y domina los equipos, jugadas, estrategias, no se pierde ningún partido, pero nunca se arriesga a jugar.

El mecanismo de defensa que más usas: el aislamiento

Cuando algo del exterior nos asusta o amenaza, todos los seres humanos, de manera "inconsciente", levantamos una barrera para defendernos y así no ver la realidad tal y como es. De esta manera el mecanismo *nos protege y nos proporciona una sensación de seguridad* que nos permite funcionar.

Tu mecanismo de defensa es el aislamiento, consiste en la habilidad de separar de manera inconsciente tus sentimientos de tus pensamientos. Es decir, quitas los contenidos emocionales del evento y sólo los observas, quedándote con la parte racional de la situación, en vez de participar en ella. En palabras sencillas, es como si cortaras o desconectaras tu cabeza de tu cuerpo para estar sólo en tu mente, dejas de sentir, lo que te permite observar con mayor claridad y vivir cualquier experiencia sin que te afecte a nivel emocional.

El mecanismo te defiende de no sentir *miedo*, dolor o tristeza en momentos como la muerte de un ser querido, el término de una relación afectiva o un conflicto en el trabajo. Entiendes la situación en tu mente, pero el problema para los demás es que pones "cara de *póker*" y no muestras señal alguna del impacto emocional que te causó (porque tus sentimientos están aislados). ¡Piensas los sentimientos en vez de sentirlos!

Como todo, tiene un lado positivo: puedes actuar y tomar decisiones objetivas en momentos de crisis. El lado negativo es que descuidas a tal grado tus sentimientos, que te vuelves un congelador insensible e indiferente. También puedes desasociarte de ti, de tu poder y sentirte empobrecido ante tus capacidades.

> Interesante: cuando estás a solas y en un lugar seguro, el mecanismo de defensa se desactiva y puedes volver a reconectar tu mente con tu cuerpo y sentir todo tipo de emociones y sensaciones que estuvieron reprimidas tales como: *miedo, amor, tristeza, rabia.*

Tu sombra/punto ciego es: la *avaricia*

Es el afán de poseer mucho dinero y bienes materiales sólo por el placer de atesorarlos sin compartirlos con nadie.

En el tipo CINCO requiere mayor explicación ya que eres el menos materialista de todo el Eneagrama y hasta te sientes orgulloso de vivir con muy poco. Pero en tu interior, eres avaro y te aferras a los recursos que has conquistado y te dan seguridad como: tiempo, conocimiento, pensamientos, energía, privacidad, sentimientos y dinero, y temes que alguien se aproveche de ti o te los quite.

"La *avaricia* debe ser entendida como una dificultad de dar al otro partes de sí –sean emociones o vínculos íntimos."[77] En palabras simples, consiste en acumular y atesorar esos pocos recursos que tienes y que son muy importantes para asegurar una vida autónoma, sin tener que depender o necesitar de los demás.

Cabe aclarar que cuando se trata de atesorar recursos materiales, éstos pueden ser de todo tipo: desde viejos y baratos como revistas, camisetas, apuntes, o cosas sin sentido como cajitas, latas viejas... hasta objetos muy caros como antigüedades, carros deportivos, colecciones antiguas de libros, arte, dispositivos electrónicos que te dan seguridad y forman parte de tu mundo.

> Muchas veces experimentas un hoyo negro, una sensación de "vacío tan profundo que nada resulta suficiente para colmarlo, ni conocimiento ni bienes materiáles. La acumulación desactiva los mecanismos de angustia ante el vacío, pero no lo resuelve".[78] El vacío es un momento de mucho pánico y desesperación en donde te sientes muy solo y la vida pierde todo su sentido.

Objetivo final del Eneagrama: despertar y ampliar tu consciencia para contactar con tu esencia. Así, te darás cuenta de los patrones automáticos que realizas, transformarás tu *avaricia* en *desapego* y podrás llevar una vida más equilibrada, plena, rica y significativa.

Observa tus hábitos y atrápate en el momento exacto en que tu cuerpo y mente se contraen, justo cuando te retraes como si quisieras escapar al lugar más lejano de la tierra para pasar desapercibido o hacerte "el invisible". También cáchate cuando te sientes superior a los demás o ajeno a alguna situación.

Abandonar tu zona de confort requiere mucho valor, pero vale la pena. ¡Rompe el hábito automático del CINCO! Si quieres huir, respira profundo varias veces hasta que tu ansiedad se tranquilice. Ahora concéntrate en tu cuerpo, percibe las sensaciones y, poco a poco, relájate hasta que te conectes con él de forma integral. Cuando lo logres, estarás más presente, receptivo, sensible, te conectarás con los demás y dejarás de verlos como objetos. Si lo logras, te aseguro que te sentirás parte de un todo y en sintonía con el mundo. Déjate llevar por tu confianza básica, ella te sostendrá, te guiará y te cuidará. Al experimentar esta paz interior, entrarás en el camino de la transformación... y la visión de un "mundo invasivo y peligroso" cambiará para ti.

SUBTIPOS: LAS TRES VERSIONES DE CINCO

Si combinamos la *avaricia* con cada uno de los tres instintos que hemos mencionado, provocará tres reacciones o comportamientos muy diferentes, dando como resultado los tres subtipos: **CINCO de conservación, CINCO social** y **CINCO sexual.** ¡Por eso las personas del mismo tipo se ven y comportan de forma diferente!

Reservado y frío   Intelectual y distante   Cálido e intenso

¿Cuál es tu reto?

¡Sal de tu zona de confort, sacude tu ego para que tu esencia impregne tu personalidad! Ve más allá de tu *avaricia* y descubre el instinto dominante que gobierna tu vida para que hagas conscientes tus comportamientos automáticos primarios y los transformes en respuestas más sanas y equilibradas.

¿Ya viste que los tipos DOS, CUATRO y SEIS son muy contrastantes entre ellos? Bueno, pues a simple vista los CINCO son súper difíciles de distinguir. Veamos cómo aseguran su supervivencia y controlan su *avaricia* manteniendo una vida mental y emocional separada de tres formas muy diferentes. Te presento un pequeño resumen para que descubras tu subtipo:

- El **CINCO de conservación** es el más solitario y callado. Se esconde y separa de los demás para buscar un espacio privado donde se sienta protegido del mundo exterior.
- El **CINCO social** es el que se relaciona más fácil con los demás (lo hace a través del conocimiento). Busca información poderosa porque ésta le da seguridad y poder.
- El **CINCO sexual** es el más cálido y romántico. Anhela encontrar una pareja ideal para unirse y confiarle su mundo interno.

CINCO DE CONSERVACIÓN

EN MI REFUGIO ME SIENTO SEGURO Y BAJO LA GUARDIA

TIENDO A ACUMULAR Y COLECCIONAR TODO LO QUE ME GUSTA

GRAN NECESIDAD DE PRIVACIDAD PARA CONSTRUIR UNA FRONTERA FÍSICA Y EMOCIONAL

¡AMO LA SOLEDAD! QUE NADIE ME MOLESTE PARA HACER LO QUE QUIERA

ME PUEDO CONFUNDIR CON UN 9

¡Ya llegaron las visitas, mejor me escondo!

MUY SENSIBLE, PASIVO, AGRESIVO, INEXPRESIVO, MI VENGANZA ES EL SILENCIO

PREFIERO NO PEDIR Y NO TENER CON TAL DE NO DAR

SOY EL MÁS MENTAL E INTELECTUAL DE LOS 5 EL MÁS FRIO Y PARCO

SOY EL MÁS AISLADO, TÍMIDO, CALLADO Y SOLITARIO DE LOS 5

HUYO, ME CIERRO, POSPONGO, ME HAGO INVISIBLE Y ME VUELVO ARROGANTE Y EGOÍSTA

CONSERVACIÓN
↓
"MI CASA ES MI CASTILLO"

Palabras claves que lo describen: CASTILLO, REFUGIO Y AISLAMIENTO

Al ser un CINCO de conservación, por lógica te va a preocupar la sobrevivencia, tu relación con ella y cómo la gestionas para sentirte seguro en este mundo.

Diferencias con los otros tipos de CINCO: amas la soledad. Eres el arquetipo del CINCO, el que describen en los libros: el más callado, tímido, analítico y solitario. Te cuesta demasiado trabajo expresar tus emociones (tanto alegría como *ira*) por eso eres el más reservado y reflexivo. Eres el que tiene menos energía corporal y el más fácil de identificar para los demás.

Este subtipo es muy fácil de entender porque es el que más experimenta la necesidad compulsiva de tener privacidad. Adoras meterte a tu cueva, oficina, coche o lugar favorito y establecer límites para sentirte protegido, seguro y que nadie te moleste.

Diario, después de un día largo y cansado de trabajo, llego a casa de forma sigilosa para que mi familia no se dé cuenta. Me meto durante dos horas (aunque quisiera más) al cuarto que tengo atrás del patio. En "mi cueva" me gusta armar y desarmar aviones a escala, grabar y editar música, en fin, mis pasatiempos favoritos. Cuando ya recargué baterías, entro a casa y saludo a mi familia como si acabara de llegar.

De los tres tipos de CINCO, eres el que más se protege y encapsula tanto física como emocionalmente. Esta necesidad de esconderte, te vuelve insensible a las necesidades de los demás. En un evento social, eres el primero en escapar o inventar una excusa para salir. Sientes una necesidad por regresar a tu santuario y recargar baterías pues el mundo exterior es un lugar hostil donde la gente te invade, te exige, es insaciable, te agobia, te drena, te roba energía y siempre quiere más.

Mi hermana y yo fuimos a la certificación del Eneagrama en San Francisco, California. Durante el descanso, había un señor solo. A mi hermana se le hizo fácil entablar conversación con él elogiándole su suéter: "¡Qué bonito suéter!" Pero él le contestó "gracias" de manera seca y dura, con una energía de "no te me acerques" y nos dio la espalda. Comentamos entre nosotras "qué gringo tan amargado". Cuando pasó con el panel de los CINCO, explicó la escena anterior y dijo: "Quiero ofrecer una disculpa por mi comportamiento ante ciertas personas." Luego explicó: "Cuando la gente se me acerca, siento que me van a pedir algo, por lo que mejor contesto de manera hosca para evitar tener contacto alguno."

El problema con esta postura de aislamiento, es que no satisfaces muchas de tus necesidades (prefieres no pedir y no tener) con tal de no dar. Te resignas con lo que tienes antes de arriesgarte a depender de alguien. Naranjo señala que este CINCO "limita extremadamente sus necesidades y sus deseos, ya que cada deseo podría significar para él un estatus de dependencia". [79] Es decir, ni pides ni das, así no generas expectativas.

> Interesante: incluso cuando estás enojado, se te dificulta expresar tus emociones. Por eso prefieres contener tu molestia o resentimiento con tal de evitar un conflicto adicional y desgastar tu energía con alguien. Más bien, optas por alejarte y matas a la persona con tu silencio, el cual usas como venganza. Es una forma de agresión pasiva o tu manera de castigarla por su ofensa.

Ignacio Fernández lo explica muy claro: "El proceso es siempre muy similar: primero sucede algo que me duele, no lo expreso, me lo quedo dentro y más tarde empiezo a tener sentimientos de rechazo o desvalorización hacia esa persona y me alejo, dejo de tener contacto con ella. Normalmente la persona en cuestión nunca llega a saber la razón de mi alejamiento."[80]

Como buen CINCO sabemos que te gusta la soledad, pero de los tres eres el más solitario. Sientes una necesidad por construir una frontera física y emocional, una muralla impenetrable que te proteja del mundo, que divida tu vida de la de los demás, que haya "límites, acuerdos precisos, tiempo, agenda, responsabilidades bien definidas"[81] para impedir que la gente se entrometa y te invada: "Ésta es tu área y ésta la mía, por favor respétala."

Te interesa el conocimiento profundo, especializarte en el tema que te gusta y evitas compartir la información con gente ignorante o que se pueda aprovechar de ella.

Te molesta mucho perder el tiempo en todo lo que tenga que ver con interacciones que interrumpen tu paz (juntas de trabajo en donde no se llega a nada, contestar el teléfono, pertenecer a "chats de amigos o familiares" que te invaden con mensajes triviales, etcétera).

Como tu instinto dominante es el de conservación, el dinero toma doble importancia. Es vital ser independiente de forma económica para asegurar una vida autónoma. Puedes ser "codo" hasta contigo, aunque tengas mucho dinero. De los tres tipos de CINCO eres el más minimalista, es decir, vives con lo mínimo indispensable. Eres austero y te sientes orgulloso de demostrarle a la gente que se puede vivir bien llevando una vida simple (además te libera del lío que implica pedir o necesitar algo). Eres el que más se apega a los objetos materiales, por eso guardas todo lo que te pueda servir para el futuro y te cuesta trabajo deshacerte de las cosas.

Me vienen a la mente dos casos muy famosos donde podemos observar el comportamiento de este CINCO en su nivel tóxico: *Cuento de Navidad* (novela escrita por Charles Dickens), donde vemos al famoso Señor Scrooge, un usurero avaro, tacaño y solitario que sólo piensa en ganar y atesorar dinero. Y una película: *Todo el dinero del mundo*, donde el magnate John Paul Getty (interpretado por Christopher Plummer) es uno de los hombres más ricos y avaros del mundo.

En la historia hay grandes millonarios CINCO de conservación que construyeron su fortuna gracias al ahorro y la reinversión. Por lo general, se enorgullecen de llevar o haber llevado una vida simple y austera como Carlos Slim Helú, J. Paul Getty, Howard Hughes y Warren Buffett, entre otros. Éste último es conocido por su austeridad personal y, a pesar de su inmensa riqueza, vive en la misma casa desde 1958. También es conocido porque donó 99% de su fortuna a la Fundación Bill y Melinda Gates.

Una serie de televisión que me divirtió mucho por los rasgos exagerados sobre el CINCO es *Dr. House*, protagonizada por Hugh Laurie. En ella vemos a un doctor (mezcla entre CINCO de conservación y social) que evita lo más posible el trato directo con los pacientes, pues considera que "todo el mundo miente" y esa actitud complica descubrir la verdad.

¿Con qué eneatipo puedes confundirte?

El CINCO de conservación es difícil de confundir ya que es muy definido, aunque se podría confundir con un NUEVE.

¿Cuándo sacas lo peor de ti?

Tu instinto dominante trabaja en tu contra cuando se siente amenazado de forma real o imaginaria. Es decir, cuando tu "seguridad" se tambalea (porque tuviste un conflicto con alguien, hay escasez en tus recursos o tu imagen se siente intimidada por algún factor externo), experimentas mucha ansiedad y llegas a sentir pánico. Tu inseguridad interna crece, te pones muy nervioso, a la defensiva, te da pavor perder lo poco que tienes, temes sacrificar tu independencia o sentirte invadido por la gente. Por eso:

- Deseas que nadie se entere de tus acciones, te escondes, desapareces sin avisar y actúas de forma silenciosa para evitar cualquier tipo de explicación o compromiso.

- Aceptas en automático lo que el otro pide con tal de quitarte a la persona de encima. Cuando estás solo, reflexionas y muchas veces te arrepientes y te enojas por no haber sido congruente y asertivo respecto a tus creencias y deseos.

- Huyes, te haces el sordo, el que no vio, el que no se dio cuenta, el olvidadizo, el invisible, aplazas la acción y te vuelves lento para tomar decisiones.

- Cuando sientes que pierdes el control de la situación, te cierras a lo que el otro dice, te invade una sensación de resentimiento y emprendes la retirada. Es una forma de ofenderlo. Adoptas una actitud arrogante de dueño y señor de la verdad que humilla y desvaloriza al otro, en vez de intentar entender su mundo.

- Si tu seguridad se siente amenazada y sientes que te vas a quedar sin nada, te vuelves egoísta, te apegas y aferras a tus ideas, convicciones y a tus objetos.

- Recuerda que cuando te sientes desequilibrado, castigas y descuidas a tu cuerpo; éste se convierte en un extraño para ti, te olvidas de cuidarlo, ejercitarlo, limpiarlo, nutrirlo o vestirlo de forma atractiva.

¿Qué debe aprender el CINCO de conservación?

- Comparte más de ti, de tu tiempo, tu atención y energía. Permite que los demás te conozcan, déjate ver, da tu opinión, platica tus preferencias, disgustos y cuenta alguna experiencia personal donde involucres tus sentimientos. Recuerda que cada persona que conozcas, merece ser saludada con una sonrisa.

- Es importante que hagas consciente tu historia personal, analiza tu infancia y afronta el resentimiento. Ahora que eres adulto, trata de comprender la vida de los que te hicieron daño para que dejes de ser víctima, hagas las paces con tu pasado y puedas crear una nueva historia.

- Aprende a ser más asertivo, congruente y directo en tus respuestas. Ocupa tu lugar en el mundo, involúcrate, habla con más fuerza y di NO cuando no estés de acuerdo con algo que se te pide, en vez de decir lo que el otro quiere escuchar.

- Cuando te enojes por algún comportamiento, rompe el hábito de castigar a la persona con tu silencio. Atrévete a expresarle tu molestia y tu sentir de una forma clara, suave y asertiva; te aseguro que te sorprenderás de su reacción.

- Tu camino espiritual consiste en reconectarte con tus tres centros de inteligencia (mente, corazón y cuerpo) dejándote llevar por tus instintos y tu espontaneidad. Aprende a estar presente en todo lo que haces, identifica tus deseos y necesidades, confía más en ti y en el mundo, lánzate con pasión a satisfacer tus anhelos y a conseguir tus objetivos sin *miedo* a equivocarte. Acepta la incertidumbre y arriésgate a ser lastimado y decepcionado. Toca el placer de la existencia, juega, muévete, baila, ríe de ti, haz deporte y atrévete a fluir y a enamorarte de la vida.

CINCO SOCIAL

BUSCO UNA POSICIÓN SOCIAL A TRAVÉS DE TÍTULOS, GRADOS Y DOCTORADOS

SOY EL MÁS ACTIVO, EXTROVERTIDO Y SOCIAL DE LOS **5**

HAMBRE POR SABER, POR CONOCER GENTE CON INFORMACIÓN PODEROSA

ME ATRAE INVESTIGAR, ENCONTRAR LA VERDAD, LO PROFUNDO Y LO SIGNIFICATIVO

ME RELACIONO CON EL MUNDO A TRAVÉS DE MI ESPECIALIDAD

BUSCAR CONOCIMIENTO EVITA QUE ME CONECTE CONMIGO

MAYOR INTERÉS POR EL CONOCIMIENTO QUE POR EL VÍNCULO HUMANO

BUSCO INFORMACIÓN QUE ME BRINDE SEGURIDAD Y PODER

ME PUEDO CONFUNDIR CON UN **3**

SOBERBIA INTELECTUAL, SABELOTODO, ARROGANTE Y DÉSPOTA

¡Soy una pieza clave en mi trabajo!

SOCIAL

↓

TOTEM / EL ESPECIALISTA

Palabras claves que lo describen: TÓTEM, MENTOR Y EL ESPECIALISTA

Cabe aclarar dos puntos muy importantes: el primero es que hay personas "sociales" sumamente *introvertidas* en todos los subtipos sociales, incluyendo este CINCO. Segundo: tenemos la tendencia a identificar el eneatipo CINCO con una persona llena de libros y apasionada por el conocimiento. Bueno, pues justo es el CINCO social. Conozco varios CINCO que no leen nada y no por eso dejan de ser mentales e intelectuales. Recordemos que el punto ciego de cualquier CINCO es la *avaricia*.

Como CINCO social, vives la ambivalencia entre actuar los comportamientos habituales de un CINCO (solitario, desconfiado, retraído) y ser social (*miedo* básico a ser rechazado o a no pertenecer). En tu interior siempre estás en la disyuntiva entre participar e interactuar en los grupos o alejarte a tu espacio privado.

Entonces, ¿cuál crees que sea la estrategia para relacionarte en un grupo (o en la sociedad)? Ser un "experto o especialista en tu campo", es decir, ser útil y volverte una pieza clave para los demás. Vincularás la *avaricia* con una búsqueda constante de conocimiento (necesidad compulsiva por leer, aprender y acumular saberes) esto te dará seguridad y poder.

Ichazo bautizó a este subtipo con la palabra "tótems": esculturas muy largas de madera o piedra que simbolizaban a las personas más importantes de una tribu y que poseían los secretos del conocimiento ancestral. "La comunidad identificaba a los Tótems como aquellos que saben."[82]

Naranjo nos dice: "Tótem indica a la vez altura y el carácter de ser un objeto construido más que un ser humano. La altura de un tótem evoca una tendencia de estas personas a mirar hacia lo alto, hacia lo ideal y a relacionarse con lo más sobresaliente y destacado entre las personas."[83]

Para el CINCO social hay "una búsqueda por los tótems, quienes son las fuentes del conocimiento y del poder que influyen en la cultura".[84] Por lo que tu deseo será encontrar un significado profundo a la vida, observarla y entenderla a través del conocimiento. El problema, como apunta Naranjo, es que si te enfocas demasiado en ver las estrellas y el más allá... el mundo terrestre, la gente común, el contacto humano y lo cotidiano perderá interés para ti.

Diferencias con los otros tipos de CINCO:

Sueles ser el más culto de los tres tipos de CINCO y tienes una gran capacidad para investigar, entender y transformar la información en sabiduría.

Como CINCO social disfrutas de la compañía, pero hay que aclarar que no puede ser cualquiera, sino alguien que te brinde información poderosa.

Mientras el CINCO sexual tiene hambre de amor, tú tienes hambre de conocimiento. Quieres descubrir o aportar algo nuevo, sientes que debes saber, leer y aprender muchísimo para lanzarte al mundo real. Más que dinero o posesiones, lo que te llena y le da significado a tu vida es tener información. Es un tipo de codicia por tener todos los libros; conocer todo lo que escribió un personaje, por ejemplo, toda la filosofía de Sócrates, de Nietzsche, todas las cartas y poemas de Sor Juana Inés de la Cruz; conocer a fondo todos los avances tecnológicos en cualquier campo que domines o sea de tu interés... porque la información te da poder, te reafirma y te hace sentir seguro. Ante la sociedad quieres sentirte experto en tu tema para ser reconocido y admirado.

> Tener conocimiento te hace sentir fuerte, es tu arma de seguridad. Es equivalente a tener poder. Guardarte información significativa (que los demás no poseen) te da un aire enigmático y misterioso que te sirve como protección hacia los demás.

Soy maestro de universidad. Cuando mis alumnos vienen a pedirme información, soy accesible y abierto, me conecto con ellos a través de las ideas y el conocimiento. Pero cuando termina el semestre, para mí se acabó la relación interpersonal. Sé que esta actitud desconcierta a muchos, pero por dentro soy muy CINCO y lo único que deseo es ir a refugiarme en mi oficina o biblioteca para buscar más información.

Al ser *social*, disfrutas mucho la sensación de ser parte de un *grupo selecto*, es decir, "gente intelectual" que comparte tus ideales por encontrar la información significativa que te hace vibrar. "Te gusta hablar de temas de peso y de teorías complejas, pero por lo general no te interesa el chisme social. Te relacionas con los demás discutiendo ideas, criticando a la sociedad y analizando las tendencias."[85] Y lo mejor que te puede pasar es "tener el reconocimiento de tus verdaderos maestros de tu gremio".[86]

Algunos representantes famosos de este subtipo son Bill Gates (creador de Microsoft), Mark Zuckerberg (creador de Facebook), Sigmund Freud (padre del psicoanálisis), Stephen Hawking (el físico teórico y astrofísico más brillante desde Einstein) y Claudio Naranjo (uno de los máximos referentes de la psicología transpersonal y el Eneagrama).

Una manera divertida y cómica de mostrar el comportamiento social de este subtipo es la comedia norteamericana *The Big Bang Theory*. En ella vemos un grupo de *geeks* (adictos a la tecnología) que están alejados de las inquietudes y problemas de la gente común. Es importante señalar la *"soberbia intelectual"* que muestra Sheldon, ya que tiene una inteligencia superior a sus amigos y, cuando discuten, la usa como argumento a su favor. Me encanta cuando le piden que vaya a dar conferencias porque se niega diciendo: "No necesito la aprobación de mentes inferiores."

Es tal tu fascinación por entender el mundo animal, el ecosistema, el comportamiento, la mente humana (o el tema que te apasione) que la vida mundana se te olvida (hacer un cheque, pagar impuestos, limpiar tu coche, vestirte de forma coordinada, poner la lavadora, llegar a una cita, peinarte, tomar un avión...).

Te platico otra diferencia: al CINCO de conservación no le importa ser famoso (hay muchos genios desconocidos), pero tú, como buen social, tiendes a compararte con los demás y buscas tener títulos, grados, maestrías y doctorados.

Quieres conectar con la gente, pero al mismo tiempo, protegerte y alejarte para no sentirte vulnerable, así que te comunicas a través de tu especialidad. Participas de forma funcional, no hablas de ti, sino del tema y, de esta manera, evitas tocar sentimientos.

La música es mi vida. Toco el saxofón tres veces por semana en un bar muy popular. Es una manera de sentirme parte de un grupo y a la vez no tengo que hablar de mí ni comunicarme directamente con mis compañeros porque cada uno se encarga de su instrumento. Me rodeo de gente, disfruto la música, siento que pertenezco y a la vez me conecto de forma indirecta.

¿Con qué eneatipo puedes confundirte?

Con el TRES, pues ambos son activos, trabajan muy bien de forma independiente, están orientados a la acción, son más lógicos que emocionales, aprecian tener tiempo y espacio para ellos y ninguno busca tener intimidad emocional. Los dos evitan los sentimientos porque al TRES le estorban y al CINCO le asustan. Son diferentes porque el TRES es más práctico y su actividad es más continua, mientras el CINCO es más teórico y su actividad fluctúa con periodos de retraimiento. El TRES toma decisiones rápidas, en cambio el CINCO investiga antes de decidir. El TRES presiona, es impaciente y va por la meta, mientras el CINCO es más paciente, reflexivo y evita el conflicto.

¿Cuándo sacas lo peor de ti?

Tu instinto dominante trabaja en tu contra cuando se siente amenazado. Es decir, cuando tu "seguridad" se tambalea (porque te sientes excluido, cometiste algún error, rechazaron tus opiniones, se desmorona la institución en la que confiabas o alguna persona del grupo está actuando de forma incoherente), crece tu estrés y ansiedad. Si los niegas sacarás la parte más reactiva de tu personalidad para defenderte en el área social, entonces:

- Te vuelves rígido, cerrado y tenso. Se incrementa tu ansiedad y vives una lucha interna entre mandar a volar a todos y aislarte del grupo para tener tiempo a solas o quedarte en el grupo e interactuar con tal de pertenecer.
- Reprimes tu espontaneidad; en vez de resolver y enfrentar tus problemas, los aplazas. Pierdes confianza en ti, te vuelves pesimista y evitas tomar decisiones, estás de mal humor, te vuelves impulsivo, te desconectas de tu cuerpo y cada día vives más en tu cabeza. Te retraes, te vuelves invisible, misterioso y extraño. Te invaden fantasías catastróficas de rechazo y la presencia de ciertas personas te molesta e incomoda.
- Al tener tanto conocimiento, desarrollas un alto grado de arrogancia. Te vuelves muy necio, impones y defiendes tus teorías y atacas de forma inte-

lectual a cualquiera que te contradiga. Tomas una actitud despreciativa, una *soberbia* cruel y agresiva de "sabelotodo" que humilla y lastima.

- Cuando alguno de tus compañeros o alguien de la competencia tiene algún éxito o llega a la meta antes que tú, te invade el orgullo, la *envidia* y los celos.
- Te vuelves muy egoísta. Usas a las personas a tu antojo como medio para beneficiarte con su información. Cuando la obtienes, desechas a la persona y la ves como una más del montón. Si estás muy mal, irás en contra de todos y de todo.

¿Qué debe aprender el CINCO social?

- Bájate del mundo de las ideas, honra tu vida y valora lo que hoy tienes: estar sano, una familia y amigos que te quieren. Practica estar más presente en la vida diaria y con los tuyos. No te tomes tan en serio, déjate ser y ábrete a las diferentes experiencias y sentimientos que la vida te presenta.
- Tu trabajo consiste en lograr "la omnisciencia" que claramente se refiere a la dimensión de consciencia que no viene del intelecto o del análisis. Es un conocimiento exacto que aparece antes de analizar los datos y abre una amplia gama de información no lineal y predictiva que no puede ser captada por el pensamiento lógico.
- Toca el placer de la vida, apapacha a tu niño interno, busca a una pareja o un buen amigo y demuéstrales tu afecto; contacta con tu buen humor, bromea, baila, planea un viaje o sólo sal a caminar porque tus grandes inspiraciones seguro no vendrán de tu cabeza, sino de momentos alegres que vivas con entusiasmo y pasión.
- Trabaja en ti, vives demasiado tiempo en tu cabeza controlando todo con tu mente, desapégate de ella y ocúpate de tu cuerpo y de tu corazón; busca la espiritualidad, practica la meditación, el yoga y todo lo que te aleje de tu mente. Exprésate de forma creativa (pinta, escucha música, canta, juega) Cuida tu cuerpo, escúchalo y atiéndelo. Duerme más y sal a la naturaleza.
- Contacta con tus emociones, tanto positivas como negativas. Atrévete a expresar tu resentimiento y tu rabia de forma contundente y tranquila; afronta

el conflicto, establece límites, responde y aclara lo que te molesta. También aprende a recibir con el corazón abierto y pide perdón cuando te equivoques.

CINCO SEXUAL

Palabras claves que lo describen: CONFIDENCIA / CONFIANZA / EXCLUSIVIDAD

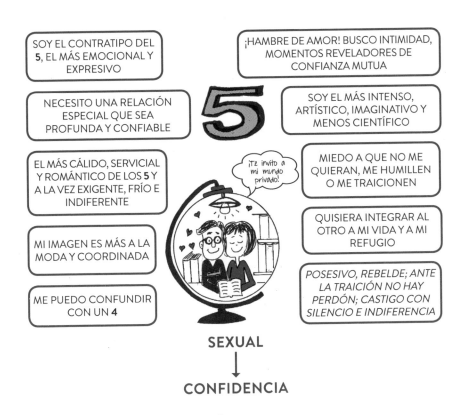

SOY EL CONTRATIPO DEL **5**, EL MÁS EMOCIONAL Y EXPRESIVO

¡HAMBRE DE AMOR! BUSCO INTIMIDAD, MOMENTOS REVELADORES DE CONFIANZA MUTUA

NECESITO UNA RELACIÓN ESPECIAL QUE SEA PROFUNDA Y CONFIABLE

SOY EL MÁS INTENSO, ARTÍSTICO, IMAGINATIVO Y MENOS CIENTÍFICO

EL MÁS CÁLIDO, SERVICIAL Y ROMÁNTICO DE LOS **5** Y A LA VEZ EXIGENTE, FRÍO E INDIFERENTE

¡Te invito a mi mundo privado!

MIEDO A QUE NO ME QUIERAN, ME HUMILLEN O ME TRAICIONEN

QUISIERA INTEGRAR AL OTRO A MI VIDA Y A MI REFUGIO

MI IMAGEN ES MÁS A LA MODA Y COORDINADA

ME PUEDO CONFUNDIR CON UN **4**

POSESIVO, REBELDE; ANTE LA TRAICIÓN NO HAY PERDÓN; CASTIGO CON SILENCIO E INDIFERENCIA

SEXUAL
↓
CONFIDENCIA

Te presentas ante los demás con una postura más asertiva, cálida y abierta. Eres el **contratipo del CINCO** porque la tendencia normal de esta personalidad consiste en aislar sus sentimientos y mantenerse al margen. En cambio, tú deseas conectarte de forma íntima y exclusiva con esa persona especial.

Cabe recordar que al ser el contratipo siempre habrá momentos de tensión en que experimentes una ambivalencia entre conectar con el otro o separarte y aislarte.

Diferencias con los otros tipos de CINCO:

Así como el CINCO de conservación se esconde en su cueva y el CINCO social se refugia en el conocimiento para sentirse seguro, tú sientes una necesidad profunda por encontrar una persona (pareja, amigo, socio, amante, mentor) con la que puedas sentirte seguro. Quieres alguien con quien compartir, vincularte y mostrar tus secretos más íntimos, tus ideas y proyectos.

Como buen CINCO, te encierras en tu mundo lleno de utopías, sueños románticos e idealizaciones por encontrar a esa pareja que perdure toda la vida. Anhelas que te acepte de forma incondicional para que ambos vivan en una burbuja separada del mundo exterior.

> Interesante: sólo cuando estás con esas personas significativas te permites ser tú: puedes cantar, imitar, bailar, moverte a tu antojo o hacer la locura que se te ocurra.

La palabra clave para ti es "confianza". Quieres saber que cuentas con alguien que nunca te va a fallar ni traicionar y que siempre estará para ti. Confías en muy pocos, pero con los elegidos te abres de forma profunda y compartes con total confidencialidad tu vida emocional.

> *En mis relaciones más cercanas, a menudo comparto con ese colega especial, secretos como algún tipo de información privilegiada, o algún chisme o conocimiento prohibido sobre alguien, o invento algún tipo de código o lenguaje para comunicarme con un amigo o con mi pareja.*[87]

> ¿Qué pasa si alguno de estos seleccionados traiciona tu confianza? Sería tan doloroso como una violación a tu persona.

> Te causaría mucha ansiedad el que tu secreto se divulgara, por lo que tu tendencia sería no perdonar y castigar a esa persona con tu abandono, indiferencia o silencio. La relación para ti se fracturaría al igual que se rompe un jarrón.

Durante muchos años acompañé a mi marido en sus viajes de trabajo por el mundo, pero cuando nacieron mis hijos me dediqué a ellos. Recuerdo que una vez dijo: "Necesito que me acompañes a esta convención de trabajo. Es la última vez que te lo pido". No sé si era inmadura, pero en ese entonces, sentía que los niños me necesitaban más y no fui. Cumplió su palabra y nunca más me pidió que lo acompañara, me castigó con su silencio e indiferencia por muchos años. Cuando crecieron mis hijos, me pidió el divorcio y me enteré que tenía otra mujer.

De acuerdo con Naranjo: "Este subtipo está en búsqueda del amor absoluto, y su búsqueda es tan fuerte que, si eres el que está siendo buscado, es muy difícil pasar el examen. Si alguien busca el absoluto, es fácil que se sienta decepcionado."[88] Cuando crees encontrar a la persona, la pruebas poco a poco para ver si llena tus requisitos. Son tan grandes tus exigencias que es muy fácil desilusionarte; primero, porque la persona idealizada es tan humana como tú, y segundo, porque tienes mucho *miedo* a que te lastimen, controlen o se aprovechen de ti.

Un amigo CINCO sexual estaba muy contento porque creía haber encontrado al amor de su vida. Le pregunté: "¿Qué te gusta de ella?" Contestó: "Es inteligente, exitosa, guapa, respeta mi espacio y me hace reír." Pasaron unas semanas y al cuestionarle sobre su pareja, me asombró su respuesta: "Terminé con ella porque, aunque es guapa e inteligente, no soporto su piel flácida. Imagina eso toda la vida, ¡no gracias!"

La combinación del instinto sexual con la mente intelectual del CINCO produce una reacción muy curiosa. En el terreno del amor, tu instinto te impulsa a conectar con la persona que te atrae, pero tu timidez y tus pocas habilidades sociales dificultan este acercamiento. Te vuelves torpe con las palabras, tienes *miedo* a que esa persona que idealizaste no te quiera, se burle, te invada o te controle. Muchas veces ya entablada la relación o a punto de madurarla, surgen fantasías catastróficas de lo que puede ocurrir si te abres emocionalmente con tu pareja. Esta incertidumbre te causa angustia y ansiedad, lo que provoca que, de repente, huyas de la relación sin avisar o sin dar una explicación a la otra persona. De un día para otro dejas de marcarle al celular o de contestar sus mensajes, le provocas mucho dolor e incertidumbre al otro y das por terminada la relación.

A veces, el silencio y la vida secreta que usas para alejar al otro, se comportan a tu favor generando de forma inconsciente mayor atracción y deseo sexual: "El misterio que envuelve a estas personas por su característica introversión se convierte en un elemento de fuerte magnetismo. Despiertan con facilidad el deseo de protegerlos, cuidarlos y descubrir su sexualidad y ternura."[89] Si logras una intimidad sexual y compartir información valiosa para ambos, la experiencia no tiene palabras ¡es como vibrar y bailar en las nubes! Esta experiencia intensa y corta de duración la atesoras y la guardas en tu mente para revivirla una y otra vez en privado.

Al ser CINCO sexual, deseas vivir con el otro una experiencia emocional no verbal, como ver una puesta del sol, escuchar música, viajar en carretera por largas horas, disfrutar un concierto de rock... La idea es compartir momentos con tu pareja sin nadie más. "La soledad es producto de tu aislamiento. No importa lo interesante que seas, estás cansado de tu propia mente. Puedes leer, imaginar o pensar, pero anhelas tener la experiencia por lo que tendrás que acercarte a buscarla."[90]

Otra discrepancia con los CINCO es tu apariencia física. Me he topado con dos tipos de CINCO sexuales: unos le dan la mínima importancia a su vestimenta (se ponen lo primero que encuentran) y otros son muy vanidosos (cuidan su imagen, el corte, usan loción o ropa cara. Si son mujeres, visten muy bien, se hacen faciales, luces en el cabello...).

Al tener más contacto con tus emociones, tu energía es más abierta, expresiva y expansiva. Podríamos decir que sueles ser el menos científico o intelectual y el más romántico, emocional, cálido, artístico y conversador de los tres tipos de CINCO.

Pensemos en el legendario John Lennon y en la riqueza de sus letras (como "Woman" dedicada a su esposa y compañera de vida Yoko Ono). Fíjate en sus frases famosas y encontrarás ejemplos de cómo piensa un CINCO sexual: "Todo lo que necesitas es amor", "el amor es la respuesta", "el amor es querer ser amado. El amor es pedir ser amado. El amor es necesitar ser amado".

A diferencia de los otros CINCO (más rígidos), expresas tu cariño de forma física abrazando o hablando con tal pasión, que de repente tu mirada se humedece o la voz se te entrecorta de emoción. Pero también "puedes sorprender y consternar a los demás cuando de pronto te retiras y desapareces durante largos periodos."[91]

Naranjo menciona a Frédéric Chopin como ejemplo de este subtipo. Fue uno de los compositores más románticos y poéticos del siglo XIX, pero en su vida diaria, era igual de frío y solitario como los otros tipos de CINCO.

Buscas encuentros muy íntimos, pero cortos. Tienes amistades que frecuentas muy poco, pero estimas mucho. Este comportamiento desconcierta a la otra persona: "¡Qué raro que no me busque! ¿Acaso dije algo que le cayó mal o se habrá enojado por algo que hice?" "Platicamos tan a gusto como si la hubiera visto ayer, Pero se desaparece del mapa por meses y siempre tengo que ser yo la que la busque para reencontrarnos y alimentar nuestra amistad."

¿Con qué eneatipo puedes confundirte?

Con el CUATRO, sobre todo si compartes el ala 4/5 ya que son vecinos en el diagrama. Tanto el CINCO sexual como el CUATRO son sensibles, cálidos, melancólicos, intensos y comparten un espíritu artístico. Ambos se consideran diferentes de los demás, les gusta mantenerse alejados de las normas sociales, tienen una vida interior profunda, les atrae hablar de temas significativos y les gusta la autonomía y la privacidad.

Son diferentes porque el CINCO es mental, más lógico, mantiene sus límites personales más claros, no siente *envidia* del otro, le cuesta más trabajo expresar sus emociones y demanda mayor privacidad y soledad. Enojado es más terco y soberbio. En cambio, el CUATRO es emocional, vive sus sentimientos a flor de piel, intensifica y dramatiza sus emociones, le cuesta mantener sus límites personales y demanda una constante atención del otro. Enojado es más explosivo y agresivo.

¿Cuándo sacas lo peor de ti?

Tu instinto dominante trabaja en tu contra cuando se apodera de ti o se siente amenazado. Es decir, cuando tu "seguridad" o "atractivo físico" se tambalea (porque tu atractivo físico se acabó, se acabó la chispa con tu pareja, te sientes vulnerable, rechazado, traicionado o criticado por alguien importante para ti), esto provoca que tu estrés y ansiedad crezcan y si los niegas:

- Vives el mundo emocional como algo peligroso, amenazante y complicado, ya que provoca dolor y frustración, tienes *miedo* a ser controlado o a perderte en tus emociones, por lo que mejor optas por alejarte y no implicarte emocionalmente.

- Cuando te sientes rechazado por alguien importante en tu vida, sientes *miedo* a que te abandone. El *miedo* y la tristeza se apoderan de ti y en vez de reflexionar sobre tu comportamiento para mejorarlo, racionalizas tu comportamiento: "Creo que terminar fue lo mejor, puedo prescindir de cualquier relación."

- Cuando algo te enoja o surge una situación desagradable, tu forma más común de agredir y defenderte es retirándote de la escena en vez de luchar por lo que quieres: "¡Basta! No quiero hablar del tema." Esta estrategia enfurece al otro y lo lastima el doble.

- Las demandas excesivas de tu pareja te agobian, sientes que te invade, pierdes tus límites, te das cuenta de que la persona es humana, te frustras y, como consecuencia, te contraes en lo afectivo y buscas tu libertad aislándote, lo que conduce a tu soledad otra vez. El círculo se repite y tienes la esperanza de encontrar nuevamente a una pareja o a alguien con quien compartir tus confidencias.

- Cuando te encuentras en un nivel más tóxico, te sientes muy inseguro, vulnerable e ignoras los deseos y sentimientos de esa persona significativa. Tienes arranques agresivos, te vuelves posesivo, celoso, controlador y quieres que la persona dependa de ti. Tomas una actitud castigadora y utilizas el poder para vengarte.

¿Qué debe aprender el CINCO sexual?

- Bájate de tu nube, deja de fantasear e idealizar a esa persona que no existe y mejor plántate sólidamente y conéctate con el mundo real y con las sensaciones de todo tu cuerpo que te harán sentir vivo y te indicarán lo que necesitas y quieres.

- Trabaja con los miedos y fantasmas que limitan tu existencia; cada vez que las emociones se activen en tu cuerpo, siéntelas; conecta tu alma y atrévete a expresar en ese momento lo que sientes.

- Cada vez que le impones mayores expectativas a esa persona idealizada que tanto buscas y no encuentras, pregúntate si no serán excusas para justificar tu *miedo* a comprometerte en una relación emocional.

- Permite que la vida te sorprenda. Déjate tocar emocionalmente por los demás. Practica salir de tu aislamiento y atrévete a vivir, a mostrar tu emocionalidad de forma espontánea, sin miedo a que te juzguen, enamórate de alguien terrestre que te quiera y te cuide, decídete a tener una familia y a sentirte parte de un todo más grande.

- Aprende a escuchar con todo tu ser (cabeza, corazón y cuerpo), ten una actitud más amable y compasiva. Cuando hay cariño, los conflictos se solucionan con creatividad; valida los reclamos y el sentir de la persona que tienes enfrente. Reconoce tu falta y pide perdón.

- Una receta infalible: dedica parte de tu tiempo a obras sociales sin esperar ningún tipo de remuneración. La idea es que salgas de tu aislamiento y te relaciones con diferentes personas como forma de contacto con el mundo real.

PERSONALIDAD TIPO SEIS

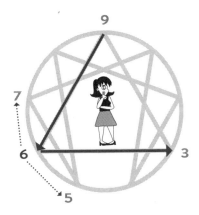

El cuestionador / el leal / el responsable / el abogado del diablo / el escéptico / el soldado: su mente es anticipatoria; hace preguntas y va a un nivel más allá de lo aparente.

Pertenece a la tríada mental (5, 6, 7) porque percibe, filtra y decide la vida desde la mente. Recuerda que estas tres personalidades tienen en común problemas de inseguridad, ansiedad y *miedo*. Su mente se anticipa y les importa mucho el futuro.

En general te caracterizas por ser: responsable, comprometido, leal, tenaz y muy trabajador. Serio, realista, suspicaz y rígido, pero a la vez acogedor, sensible y emotivo con una parte simpática y bromista. Tu tema en la vida es la "confianza" y podría afirmar que a veces te imaginas un mundo más peligroso del que es en realidad.

En tu mundo predomina la lógica y la razón sobre el corazón y el cuerpo. Si te digo que eres una persona miedosa, seguro lo negarás. Pero si te digo que eres un analítico que cuestiona todo, es muy probable que seas un SEIS porque tu *miedo* se expresa como duda o ansiedad ("¿Por qué lo dice? ¿En qué se basa? ¿Qué pasaría si...? ¡No estoy totalmente de acuerdo! ¿Si, pero qué tanto puedes confiar en esa persona?").

Hay dos formas diferentes de reaccionar ante el mismo *miedo*: fóbico o contra-fóbico. Te platico: un SEIS fóbico es miedoso, pero lo tapa siendo cálido, pruden-te, lindo, cariñoso, tierno, tímido, dependiente y complaciente. Ante el *miedo*, se adelanta al futuro e imagina escenas catastróficas: (¡Ya se murió! ¡Ya se embarazó! ¡Seguro lo corrieron del trabajo!). Su opuesto, un SEIS contrafóbico, va en contra de su *miedo*. Ante el *miedo*, ¡ataca y se lanza! No lo quiere ver ni aceptar, por eso lo tapa de forma inconsciente siendo directo y agresivo. Su actitud es más asertiva, impulsiva, fría, extrovertida e independiente. Se siente fuerte, seguro; está tan ajeno a su *miedo* que cuando explota de furia, se siente más culpable por su impulsividad o *ira* que por su *miedo*. Quiero aclarar que la mayoría de los SEIS son una mezcla de fóbico y contrafóbico, pero en tu vida cotidiana dominará más un tipo que otro.

Muchas veces, la falta de confianza en ti, te impide ser libre y espontáneo, por lo que prefieres preparar, ensayar, planear y tener opciones de emergencia por si algo sale mal. Esto te convierte en una persona súper precavida.

Te gusta la gente, eres amigable y fácil de tratar, pero si un elogio, una mirada o un susurro te parecen sospechosos surge tu parte analítica y escéptica. No te la crees a la primera, cuestionas todo, siempre estás con una actitud hipervigilante checando que el audio sea congruente con el video para detectar los peligros de tu entorno.

No demuestras ni compartes con facilidad tus sentimientos más profundos. Cuando alguien pasa tu filtro de confianza, te vuelves leal y tu confianza se abre cien por ciento, ¡pero cuidado y te traicionen porque ya no hay vuelta atrás!

ALAS

¡Recuerda que son la sal y la pimienta de tu personalidad!

Si eres un 6/5

En la luz: eres mucho más serio, callado, profundo, reservado, persistente, analítico, cauteloso, organizado, disciplinado y observador. Estás más enfocado al conocimiento, la investigación y el trabajo. Tienes mayor poder de concentración. Tu atención se centra en lo técnico y el mundo intelectual. Rara vez necesitas la opinión de los demás para tomar decisiones. Disfrutas estar solo. (Te puedes confundir con un CINCO).

En la sombra: eres más arrogante, negativo, agresivo, cerrado y frío para expresar tus emociones. Más egoísta con tu espacio y tiempo.

Tu vestimenta: casual, conservadora, informal, cómoda, seria, con colores tranquilos; a veces cae en lo aburrido sin expresar nada. Podría decir que tu color favorito es el azul.

Si eres un 6/7

En la luz: eres más alegre, divertido, sociable y espontáneo que el 6/5. Tienes un espíritu más aventurero, extrovertido y arriesgado. Disfrutas estar acompañado y dependes de la opinión de los demás para tomar decisiones importantes.

En la sombra: eres superficial, distraído, impulsivo y materialista. Pierdes tiempo en tonterías. Eres más nervioso, irritable y dependiente que el 6/5. Quieres abarcar todo, hacer muchas cosas y no perderte de nada, por eso terminas con ansiedad y frustración.

Tu vestimenta: es clásica contemporánea con un toque de elegancia. Usas ropa cómoda, variada, a la moda, con colores alegres, aunque no te atreves a salir del rango social.

¿QUÉ TANTO TE CONOCES?

En general, quieres: experimentar una paz interna donde te sientas seguro y aceptado, pese a las incertidumbres del mundo exterior. Quieres claridad, no tener *miedo*, una pareja y una familia estable, un mundo más coherente, consistente y responsable. Necesitas que gente valiosa para ti confíe en tu potencial, te reafirme y aliente de forma constante para seguir con tu proyecto de vida. Deseas creer más en ti, es decir, confiar en tu interior para liberarte de los miedos que te impiden lograr tus sueños.

Deseas que los demás te vean: como una persona leal, confiable, trabajadora, inteligente, amigable, profunda, simpática, comprometida y productiva.

¿Cómo te ven en realidad?: cuando tu punto ciego te traiciona (*miedo*), la gente te percibe como "muy reactivo y a la defensiva", pesimista (por tanta duda), cauteloso, indeciso, con actitud de "no se puede", falta de autoridad interna y muy ansioso.

Evitas al máximo: la incertidumbre, romper reglas o normas sociales, lo desconocido y las personas ruidosas y quejumbrosas que rompan tu paz interna.

Tu talento natural: representas el modelo de la lealtad. Tienes una mente lógica, perseverante, responsable e ingeniosa. Posees una inteligencia operacional para detectar los peligros, dificultades y solucionar los problemas que puedan surgir en una situación.

Tu mayor debilidad: la desconfianza en tus habilidades y capacidades. Tu *miedo* a equivocarte hace que frenes la acción. Te exiges demasiado, nunca estás a la altura de tu ideal y crees que no eres lo suficiente capaz o inteligente para hacer algo solo. Dejas de confiar en tu brújula interna mientras que tu mente te traiciona y dice que no tendrás las herramientas necesarias para vencer tu reto.

La fortaleza que más necesitas:

VALOR/FORTALEZA INTERIOR: cuando la loca de la casa (tu mente) se calla, descansa y se relaja ¡sientes paz! De inmediato te conectas contigo y percibes bienestar en tu cuerpo (como si estuviera contento y no quisiera salir de ese estado). Tus sensaciones se agudizan, sientes el silencio, confianza en el mundo y en tu corazón. Entonces contactas con tu intuición y tu "valor", es decir, esa fuerza interior cargada de poder, certeza y convicción, que te permite afrontar el *miedo* y lanzarte a perseguir tu sueño sin importar que te critiquen o pierdas el amor o protección de tus seres queridos.

Te atrae: la responsabilidad, lealtad, seguridad, alegría, sencillez, honestidad, sensibilidad, las mentes inteligentes y ágiles, el esfuerzo, compromiso y el buen humor.

Cuando estás en tu mejor momento: encuentras paz y silencio dentro de ti. Confías en tu sabiduría interna sin necesidad de algún plan. Sólo respiras, te relajas, gozas el momento presente y te dejas fluir. Te sientes fuerte de manera interna, capaz de sobreponerte a tus miedos de forma consciente, sin tener que "huir o atacar". Tomas la vida menos seria, la ves más amigable y te das cuenta que ríes con mayor frecuencia. En este estado, eres más asertivo, práctico, cariñoso, compasivo, ingenioso, proactivo y competente, en lugar de quejumbroso y reactivo como otras personas.

Cuando estás estresado: tu cuerpo se aprieta, tu respiración se corta, tus emociones se contraen y surge la ansiedad; te refugias en la parte intelectual; le das vueltas a tu cabeza y no sabes qué hacer. El *miedo* se convierte en tu peor enemigo porque tu vida la construyes en función de tus inseguridades. Desconfías y malinterpretas las cosas, presionas a todo mundo y tomas una actitud controladora, rígida, sarcástica y pesimista. Si eres un SEIS fóbico, "quieres ser rescatado o deseas que alguien haga las cosas por ti. Te quieres salir."[92] Si eres un SEIS contrafóbico no soportas que tu ansiedad crezca, así que te lanzas a la acción. Como dice Palmer: moverte a la acción puede ser energizante o aterrador porque te mueves con *miedo*, pero si enfocas tu intención a cumplir con la tarea (pasar un examen, hacer una entrevista), la energía se relaja y puede ser constructiva. Si piensas en escenarios catastróficos y te llenas de adrenalina seguro los resultados te saldrán mal.

¡Date cuenta!

"Eres un manojo de opuestos."[93] Dependiendo de la situación en la que te encuentras puedes sentirte muy fuerte y seguro o débil y temeroso; confías en todos o crees que el mundo te ve la cara; unos días eres dulce, agradable y generoso y otros amargo, frío y mezquino; obedeces o te rebelas; admiras o invalidas; a veces eres abierto con la gente y otras quieres estar solo. Esta ambivalencia de emociones la vives con mayor frecuencia cuando no estás conectado contigo; cuando intentas buscar seguridad en el mundo exterior, en vez de encontrarla en tu interior.

No te das cuenta: ¡Vives demasiado tiempo en tu cabeza! Piensas, estudias, acumulas conocimiento, ensayas en tu mente lo que vas a decir o hacer, imaginas lo peor para que no te tome desprevenido... siempre desconectado de ti. Esa desconexión te provoca dudas, ansiedad e irritabilidad, entonces sales a buscar alguien en quien confiar o apoyarte para tomar decisiones porque no confías en ti.

Ejemplo: una amiga, perdió su pase de abordar en un enorme aeropuerto de Asia ¡veinte minutos antes del despegue! En ese momento se sintió muy vulnerable, ansiosa y perdida porque poca gente hablaba inglés y la encargada no le entendía. Trataba de llamar a una compañera y estaba tan nerviosa que marcaba mal o ya no reconocía los números. Las manos le sudaban, el cuerpo le temblaba y entre más nerviosa se ponía, más nublado se presentaba el panorama. Entonces decidió hacer respiraciones profundas y largas para calmarse, callar su mente, conectarse con su cuerpo y escuchar su intuición. Cuando lo logró pudo explicar al gerente su situación de forma tranquila. Con amabilidad, checó sus datos en la computadora y la acompañó al avión.

El mecanismo de defensa que más usas: la proyección

Cuando algo del exterior nos asusta o amenaza, todos los seres humanos, de manera "inconsciente", levantamos una barrera para defendernos y así no ver la realidad tal cual es. De esta manera el mecanismo *nos protege y nos proporciona una sensación de seguridad* que nos permite funcionar.

La proyección consiste en "atribuir a las personas o a las situaciones todo lo que rechazas en ti" (deseos, carencias, miedos) mientras mantienes una actitud de crítica hacia eso que rechazas porque, para ti, es inaceptable y reconocerlo dañaría tu imagen. Como dice el refrán: "Es más fácil ver la paja en el ojo ajeno que la viga en el propio."

Ejemplo: al afirmar: "Mi suegra me odia", ¿no será que en realidad tú sientes aversión por ella? Si dices "¡Juan me cae en el hígado porque es un presumido y protagónico!" ¿No será que le tienes *envidia* porque no reconoces que eres aburrido?

Cuando te sientes inseguro o incómodo, pierdes "tu centro", dejas de ser receptivo, tu energía se contrae y, de forma inconsciente, tu mente compensa y calma tus miedos buscando al enemigo afuera, te vuelves hipervigilante ante cualquier señal de peligro y cuestionas todo. En automático el mundo se vuelve imprevisible: descubres gente sospechosa y problemas en todo lo que te rodea. ¡Le echas la culpa a los de afuera de lo que te pasa adentro!

> Cabe resaltar que la proyección siempre *distorsiona* la realidad en beneficio propio. Entender a fondo la proyección del SEIS y descubrir que "lo que ves afuera es un reflejo de lo que escondes dentro", es un shock y una gran luz para empezar a conocerte. Por eso cada vez que mires el exterior ¡observa tu interior!

Tu sombra/punto ciego: el *miedo* o la *ansiedad*

Es el sentimiento de preocupación constante y angustia profunda por la posibilidad de que ocurra el peor escenario. Cuando no controlas algo, surgen fantasmas inexistentes, sientes desconfianza hacia los demás y se apodera de ti la duda de no superar los retos que se te presenten.

Cuando el *miedo* te invade pierdes claridad, tu energía se contrae, tu corazón se desvincula de ti, tu cuerpo se anestesia, no encuentras una fuerza interior donde apoyarte. Entonces, te dejas atrapar por mucha actividad mental y un mundo peligroso, confuso, lleno ideas negativas que te hacen huir o atacar.

> Date cuenta como el *miedo* es el mayor enemigo del amor, el *miedo* te crea dependencia hacia otras personas, hacia las reglas y te paraliza.

Objetivo final del Eneagrama: despertar y ampliar tu consciencia para contactar con tu esencia. Así, te darás cuenta de los patrones automáticos que realizas, transformarás tu *miedo* en *valor* o *confianza interior* y podrás llevar una vida más equilibrada, plena y coherente contigo.

Observa tus hábitos y atrápate en el momento exacto en que sientes *miedo*, inseguridad y buscas culpables en el exterior para justificar el porqué de tus inseguridades: "Yo sería mucho mejor, si él cambiara." "¿Y si no cumple con lo que quedó?"

Si en vez de enfocarte en el culpable, rompieras el hábito automático del SEIS y te concentras en respirar, en relajarte y te conectaras para escuchar desde un lugar más receptivo y consciente la realidad del momento que estás viviendo, te aseguro que te sentirás mejor, harás un gran trabajo interior, entrarás en el camino de la transformación… y la visión de un mundo o persona peligrosos empezará a cambiar para ti.

SUBTIPOS: LAS TRES VERSIONES DE SEIS

Si combinamos el *miedo* con cada uno de los tres instintos que hemos mencionado, provocará tres reacciones o comportamientos muy diferentes, dando como resultado los tres subtipos: **SEIS de conservación, SEIS social** y **SEIS sexual.** ¡Por eso las personas del mismo tipo se ven y comportan de forma diferente!

Cálido y amable · Frío y obediente · Intenso y agresivo

¿Cuál es tu reto?

¡Sal de tu zona de confort, sacude a tu ego para que tu esencia impregne tu personalidad! Ve más allá de tu *miedo* y sus limitaciones, confía en ti y en el mundo. Descubre el instinto dominante que gobierna tu vida para que hagas conscientes tus comportamientos automáticos primarios y los transformes en respuestas más sanas y equilibradas.

Recuerda que el SEIS busca "seguridad y certeza". Cuando no las encuentra, de manera inconsciente desarrolla ciertos comportamientos o estrategias para disfrazar y reducir su *miedo*. "El *miedo* —dice Naranjo— es vivido de forma diferente desde cada subtipo: el de conservación lo seduce a través del calor y el afecto, el social lo amortigua cumpliendo el deber y haciendo lo correcto, y el sexual, lo desafía con la fuerza." De acuerdo con Naranjo, el tipo SEIS es una de las personalidades del Eneagrama que muestra más diferencias en sus variantes. A continuación, te presento un pequeño resumen para que descubras tu subtipo:

- El **SEIS de conservación** disfraza su *miedo* siendo una persona muy cálida y cariñosa con el otro, "deseando formar una alianza recíproca de protección". Su diálogo interno sería: "Me siento seguro si soy aceptado y protegido."
- El **SEIS social** disfraza su *miedo* siendo una persona más fría e intelectual. Se somete y se deja guiar por las reglas sociales y creencias de figuras de autoridad. Su diálogo interno sería: "Me siento seguro si soy responsable y cumplo con mi deber."
- El **SEIS sexual** está más orientado a la acción y disfraza su *miedo* aparentando ser una persona "fuerte y segura" física o intelectualmente (o sintiéndose

atractivo). Su diálogo interno sería: "Me siento seguro cuando la gente me admira, me respeta o cuando me puedo defender."

SEIS DE CONSERVACIÓN

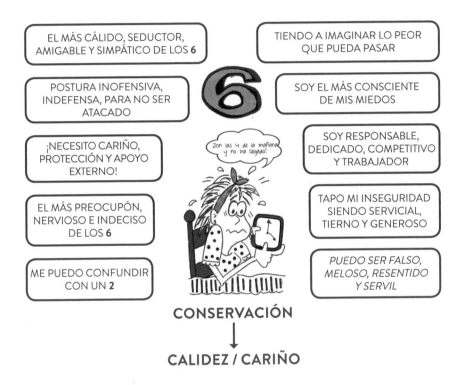

EL MÁS CÁLIDO, SEDUCTOR, AMIGABLE Y SIMPÁTICO DE LOS **6**

TIENDO A IMAGINAR LO PEOR QUE PUEDA PASAR

POSTURA INOFENSIVA, INDEFENSA, PARA NO SER ATACADO

SOY EL MÁS CONSCIENTE DE MIS MIEDOS

¡NECESITO CARIÑO, PROTECCIÓN Y APOYO EXTERNO!

SOY RESPONSABLE, DEDICADO, COMPETITIVO Y TRABAJADOR

EL MÁS PREOCUPÓN, NERVIOSO E INDECISO DE LOS **6**

TAPO MI INSEGURIDAD SIENDO SERVICIAL, TIERNO Y GENEROSO

ME PUEDO CONFUNDIR CON UN **2**

PUEDO SER FALSO, MELOSO, RESENTIDO Y SERVIL

¡Son las 4 de la mañana y no ha llegado!

CONSERVACIÓN
↓
CALIDEZ / CARIÑO

Palabras claves que lo describen: CALIDEZ / CARIÑO

Por lógica te preocupa la sobrevivencia, es decir, tener suficientes medios económicos para vivir y sentirte seguro en este mundo impredecible. Como buen SEIS, no confías lo suficiente en ti y deseas encontrar a *alguien más fuerte que tú* para que te proteja.

Diferencias con los otros tipos de SEIS:

Se te conoce como el SEIS cálido por el aspecto amable, inofensivo, cordial y amigable que presentas a los demás. Eres el más consciente de sus miedos (el más fóbico, aunque tienes momentos contrafóbicos), el más nervioso y culposo, el que más duda y al que más le cuesta sostener una postura. Le huyes a la agresión, confrontación o provocación, porque lo tuyo es crear un ambiente cordial y familiar donde reine la armonía y el buen humor. Pero al ser el SEIS ambivalente (o conjunto de opuestos) puedes tener reacciones inesperadas, en especial con gente de confianza.

Otra distinción con tus colegas: te cuesta mucho trabajo tomar decisiones importantes. Eres el más ingenuo, suave, sensible, cooperador, amigable, cariñoso y empático de los tres. Y algo muy importante, ¡tienes el mejor sentido del humor!

Eres una persona súper responsable, dedicada, competitiva y trabajadora. Por lo general creces siendo el bueno de la película: obediente, aplicado, buen hijo, amigo y estudiante que no se rebela ante la autoridad. Te cuesta mucho trabajo decir NO ante alguna petición por *miedo* a sentir culpa o crear un conflicto.

Como eres de conservación, le das mucha importancia a la parte estética de tu casa (bonita y rodeada de cosas agradables) porque ahí te refugias de los peligros del mundo exterior. Eres el que más disfruta quedarse en ella con tu familia, amigos o solo. Como precisa Naranjo, andas en "una búsqueda de calor... un anhelo por un mundo pequeño y cálido... quieren sentir el abrazo de una familia, estar en un lugar cálido, en un ambiente familiar en donde no haya enemigos".

La estrategia que usas para tapar tu inseguridad y miedos, es acercarte a la gente cuya su aprobación o protección te interesa, siendo protector, muy amable, cálido, sonriente y sutilmente seductor, "porque si le caes bien a la gente, no tienes por qué tener *miedo*". Y si tienes amigos, te sientes seguro. Muchas veces hasta te ridiculizas o te muestras como una víctima inocente para provocar la simpatía y protección del otro. En cuanto a tus sentimientos de enojo o agresión, no los muestras; los mantienes bajo control como estrategia de tu necesidad de afecto.

Otra parte de tu estrategia es buscar protección en los vínculos, por eso te muestras servicial, inofensivo y muy empático, pones mucha atención lo que dice la otra persona ("¡Qué coincidencia! Mis hijas van en la misma escuela, cuando se te complique, ¡con gusto paso por ellas!") y evitas cualquier conflicto.

Tu mensaje indirecto es cuenta conmigo, te entiendo, te apoyo y quiero ser tu amigo porque esta alianza me hace sentir seguro y protegido (*seguro tú harás lo mismo por mí cuando lo necesite*). "¡Hoy por ti, mañana por mí!"

> Interesante: cuando estás con la gente cercana que sabes que no te abandonará (pareja, hermanos, papás e hijos) sacas con facilidad tu mal humor, te vuelves honesto, directo, incluso agresivo y cruel con tus palabras.

Cuando iba en secundaria había un grupo llamado "Los Buitres". Eran los típicos acosadores, te quitaban el dinero y hacían de las suyas. Era tal el pavor que me causaban, que decidí ser su amigo demostrándoles mi lealtad siendo servicial y muy amable. Les llevaba comida, revistas, los apoyaba de forma incondicional y les festejaba con risas y comentarios todo lo que hacían... todo esto con tal de que me protegieran y demostrarles que estaba de su lado.

Observa cómo "el *miedo* desaparece en compañía de amigos"

Cuando estás con tus verdaderos amigos, esa exagerada amabilidad se relaja pues sabes que serás acogido y querido tal como eres, esto te permite ser tú, ser más libre y expresar tus miedos y preocupaciones de forma honesta y abierta. Pero ¿cómo te comportas con desconocidos? Encantador y complaciente. Desde afuera (para los demás), esa actitud parece hipócrita, melosa o demasiado insegura.

Cada vez que alguien invita a un nuevo integrante a nuestro grupo, mi amigo SEIS de conservación trata de conquistarlo: se desvive de forma excesiva atendiéndolo, contándole chistes y anécdotas, siendo muy alegre y actuando de forma inusual, incluso servil, para ganar su amistad y mantenerlo contento. Al resto del grupo (que ya lo conocemos) nos da risa observar su cambio de comportamiento.

Ahora veamos, ¿cómo reaccionas si no funciona tu estrategia de "desarmar al otro con tu encanto"? "Si no recibes cariño recíproco de parte de la otra persona, te vas a sentir muy inseguro y en automático la vas a rechazar por considerarla peligrosa."

Irás con cada miembro del grupo para que te apoyen y validen tu rechazo: "¿Verdad que esa mujer es insoportable? ¿Tú qué opinas?" Si no recibes el apoyo, te sentirás fatal, vulnerable y abandonado.

Otra característica de este SEIS fóbico es imaginar lo peor. Según tú, al ser pesimista te vas preparando para lo que venga. Piensa en una situación donde tu mente se puso a mil por hora, te surgieron todo tipo de dudas e imaginaste lo peor. Como dice Palmer: "La distancia y el silencio fomentan la duda y hacen que pierdas la fe." No me contestó el mensaje. ¡Seguro contrataron al otro más joven que yo! Tu mente te boicotea, concluye y justifica, y hace que pierdas la fe en ti: "Bueno, creo que en realidad no me convenía ese trabajo tan estresante para mi forma de ser."

También date cuenta de tu tendencia a hacer sacrificios por los demás, aprovechar cualquier oportunidad para ayudar o ganarte al otro siendo detallista (realizas un trabajo extra en la oficina por alguien; llevas sorpresas, chocolates, flores; recoges a los hijos de un colega, etcétera).

Creo que la siguiente característica es muy importante: "Para el SEIS de conservación —dice Palmer— hay dos realidades: muestras al mundo una imagen externa de calor, ternura, serenidad y paz y una realidad interna de *miedo*, culpa, angustia y tormento. Tu cabeza está totalmente separada de tu corazón; por una parte en el exterior te sientes conectado con el corazón, mientras que internamente estás conectado con la cabeza."

Les contaré sobre la desconexión entre cabeza y corazón. Tuve una infancia dura y estricta, le tenía miedo a mi mamá y nunca me sentí querida. Me dediqué a buscar cariño afuera, era obediente y linda. Con los años ya no me gustó ese comportamiento de ser encantadora para que me quisieran. Decían que transmitía inocencia, paz y dulzura, lo cual me ponía furiosa porque yo sentía todo lo contrario: me veía inteligente, fuerte, tensa y un poco enojada. Esto se volvió consciente el día que me llevaron un pastel de cumpleaños en la oficina. Todo el mundo gritaba: "¡Mordida, mordida!" Una de mis compañeras me hundió la cara en el pastel. Cuando vi la grabación en el celular, lloré al ver mi reacción de "¡no importa, qué divertido!" mientras por dentro estaba histérica por la broma y asqueada por mi actitud tan falsa.

La terapeuta me dijo: "Hay mucha ira dentro de ti, pero si tuvieras más acceso a tus sentimientos, te sentirías más fuerte, poderosa, menos vulnerable y serías más coherente contigo."

¿Con qué eneatipo puedes confundirte?

Con el DOS porque ambos son cálidos, seductores, serviciales, complacientes y les gusta conectarse con la gente. Pero son diferentes porque la verdadera motivación del SEIS es encontrar protección y seguridad al vincularse con el otro (en su actitud hay *miedo* de fondo), mientras que el DOS busca que lo quieran debido a su necesidad de afecto (en su actitud hay *soberbia* de fondo).

¿Cuándo sacas lo peor de ti?

Tu instinto dominante trabaja en tu contra cuando se siente amenazado de forma real o imaginaria; cuando tu "seguridad" se tambalea (porque tuviste un conflicto con alguien, hay escasez en tus recursos o tu imagen se siente intimidada), experimentas mucha ansiedad, incluso sientes pánico. Tu inseguridad interna crece y si la niegas:

- Te asustas, te inhibes; te vuelves muy callado o muy quejoso, nervioso, tenso y cerrado; te aíslas, te pones de mal humor, sacas tu agresividad y te atormentas con pensamientos negativos convirtiéndote en tu peor enemigo. Es común que surjan discusiones de dinero.
- Pierdes fe en ti. Te dejas llevar por el desánimo y la melancolía. Te imaginas escenas catastróficas relacionadas con tu sobrevivencia. Por ejemplo, sueñas que eres pobre, te ves mendigando en la calle y sufriendo por no alimentar a tus hijos.
- Te muestras falso, meloso e hipócrita. Te vuelves leal por *miedo* a quedarte sin apoyo. Buscas tu seguridad en alguien externo que te guíe y no dentro de ti.
- Manipulas a los demás y usas la estrategia de ser muy ingenuo e inocente: "¡Ay! Yo no sabía, ¿qué tiene de malo?" "¡Nadie me dijo que no se podía hacer esto!" Actúas así para que no te ataquen, en vez de responsabilizarte de tus actos.

- Buscas seguridad en el mundo material, le das demasiada valía a un traje de marca o una casa grande en vez de trabajar en tu inseguridad interior. Compras cosas innecesarias y gastas en exceso. Trabajas, comes, fumas de forma exagerada para calmar tu ansiedad. Viajas con la farmacia entera porque "no vaya a ser".

¿Qué debe aprender el SEIS de conservación?

- La ansiedad te hace paranoico, desconfiado y baja tu autoestima. Por eso trabaja en ella, deja de victimizarte, valórate, quiérete, contacta con tu fuerza y tu confianza y deja de buscar la protección de gente más fuerte que tú.
- Conéctate con tu cuerpo y con tu mundo emocional. Saca lo que hay dentro de ti; reconoce tus miedos, ubícalos en tu cuerpo y ponles nombre: *miedo* al rechazo, al dolor, a enfrentar hechos conflictivos, a reconocer la parte incómoda de la realidad. Entre más los hagas conscientes y los trabajes, más rápido se desvanecerán.
- Haz consciencia de que al sentir *miedo*, tu corazón se separa de tu cabeza y tu visión del mundo se vuelve confusa. Si tu *miedo* crece, tu mente imaginará escenas catastróficas que te bloquean y paralizan. La clave está en reconocerlo, percibirlo en tu cuerpo (en ese preciso momento), atravesarlo y respirar de forma profunda, enfocando tu mente en la exhalación, hasta que tu cuerpo se tranquilice para que tu corazón se reconecte con tu cabeza... y tu intuición te guíe con claridad hacia lo que debes hacer.
- Reconoce tu cuerpo, ámalo, aprécialo, muévelo, siente cada parte de él y úsalo para expresar tus emociones a través del baile, el teatro o el ejercicio.
- Expresa de manera clara y contundente tus opiniones, tus necesidades, tu amor y gratitud a las personas que quieres, cuidando de no asfixiarlas con demostraciones melosas y falsas.

SEIS SOCIAL

CUMPLIR CON LAS REGLAS Y LA AUTORIDAD, ME DA SEGURIDAD

HAGO GRANDES SACRIFICIOS POR LA CAUSA

SOY EL POLICÍA DEL ENEAGRAMA, MARCO LAS REGLAS Y DESEO QUE SE CUMPLAN

SOY EL MÁS CRÍTICO E INTELECTUAL Y ANALÍTICO DE LOS 6

¡APARENTO MUCHA SEGURIDAD!

SOY OPUESTO AL DE CONSERVACIÓN, FRÍO, SERIO, RÍGIDO Y FORMAL

ORDENADO, ESTRUCTURADO, PRECISO Y DETALLISTA

SOY REALISTA, OBEDIENTE EXIGENTE Y MUY RESPONSABLE

ME PUEDO CONFUNDIR CON UN **1**

PUEDO SER JUSTICIERO, INQUISITIVO, ARROGANTE E HIRIENTE

¡cumple!
¡paga!
¡obedece!

SOCIAL

↓

DEBER SER / RESPONSABILIDAD

Palabras claves que lo describen: DEBER SER/ RESPONSABILIDAD

¿Cómo relacionas el *miedo* con las palabras "deber ser"? Pues te platico, como bien sabes, a cualquier SEIS le cuesta trabajo creer en sí mismo, por lo que de manera inconsciente disminuye su ansiedad y *miedo* buscando un punto de referencia externa donde apoyarse. "Hay una idealización de las figuras de autoridad y una búsqueda de alguien lo suficientemente grande y fuerte como para que no pueda defraudarlo y le garantice la seguridad." Estás convencido de que, si eres una persona muy responsable, obediente y cumples con tus obligaciones, no tiene por qué sentir miedo. **¡Cumplir te da seguridad!**

　　Si ya te identificaste con este tipo de SEIS, observa lo bien que te sientes cuando antepones el deber y sigues las reglas. Date cuenta que al cumplir con las leyes de las instituciones o al dejarte guiar por figuras de autoridad que representan una autoridad mayor que la tuya: tu jefe, un sacerdote, tu médico o un abogado, genera que tu miedo se relaje, porque respetarlas te hace sentir seguro pues no tienes que dudar o cuestionarte si está bien o mal, si debes o no hacer tal cosa. Es una postura muy cómoda porque no debes pensar, ¡sólo fluir y seguir las indicaciones de alguien que idealizas como más fuerte y poderoso que tú! Diría Naranjo: **¡Eres como un buen soldado!**

Cuando entendí el concepto: "Cumplo porque en el fondo tengo miedo", fue shockeante y muy revelador. La imagen idealizada que tenía de mí, era la de una persona leal, responsable y cumplida, pero nunca relacioné la cantidad de miedo que había detrás de estas cualidades. Esto me invitó a reflexionar ¿cuántas veces cumplo porque "mi YO interior" está convencido de hacerlo? ¿Cuántas lo hago por miedo a no pertenecer, al castigo, al rechazo o por flojera para no hacerme responsable?"

Cabe aclarar que un SEIS social es una mezcla entre fóbico y contrafóbico según la situación. Si está sano y equilibrado puede someterse y ser leal a la autoridad sin nigún problema mientras ésta sea justa y coherente con los intereses del grupo, de lo contrario, se rebelará contra la autoridad y provocará que los demás también lo hagan.

Diferencias con los otros tipos de SEIS:

Eres opuesto al SEIS de conservación porque en vez de ser tierno, dulce y cálido, eres frío, teórico, exigente, directo, muy formal y súper responsable. Tu carácter es más rígido, fuerte y asertivo. Buscas certeza, precisión, eficiencia, orden y saber en dónde estás pisando. Te gusta cuestionar, saber más, estar bien informado y disfrutas mucho leer e investigar todo lo que te causa duda para contrarrestar tu inseguridad.

Naranjo compara este SEIS con lo que él llama un "carácter prusiano" porque los prusianos (alemanes) amaban la precisión y no soportaban la ambigüedad.

Eres el más eficiente, ordenado y ahorrativo de los tres SEIS y lo observamos en la planeación y rutina de tus actividades diarias. Sueles ser muy trabajador, serio, puntual, comprometido, dedicado, preciso y detallista con tus tareas (como un UNO). Eres muy racional y súper capaz para los sistemas de seguridad, por eso le das mucho valor a los contratos, documentos, leyes, etcétera. Piensa en la CIA, la policía o la Iglesia Católica como ejemplos de instituciones SEIS social.

Tiendes a ser más lógico y realista que intuitivo y espontáneo, lo que te lleva a ser más cerrado, inflexible y conservador que los otros dos tipos de SEIS. "Puedes reaccionar con gran ansiedad cuando algún cambio o innovación es introducido." Te cuesta trabajo tomar decisiones importantes. Delegar se vuelve todo un tema porque te da *miedo* que los demás no hagan las cosas como querías.

Con frecuencia sueles tomar el papel de Sherlock Holmes, Juez o Abogado del Diablo con la familia o los amigos. Te mantienes hiperalerta de lo que hace cada miembro del grupo. Analizas y cuestionas: "¿Es congruente? ¿Justo o injusto? ¿Cumplió o no cumplió?" Tu mente se vuelve inquisitiva y suspicaz: "¿En qué te basas?" Eres el policía, el que enjuicia, pone orden, marca las reglas y checa que se cumplan: "¡A ti te toca traer el pavo, tú te encargas de la música y tú de pagar la multa!" o: "Me duele castigarlo, pero hay que seguir las reglas por el bien del grupo."

Vives la mayoría del tiempo en tu cabeza y, al ser el más intelectual de los tres tipos de SEIS, tiendes a descuidar tus emociones. Amas las cosas claras, te gusta entenderlas, desde un texto escrito hasta una clase de matemáticas. El orden, el ahorro, la planeación, sistemas de referencia, la puntualidad, la rutina y la estructura son parte de ti. Las cosas son blancas o negras, buenas o malas, confiables o no confiables, verdad o mentira. Te molesta tener un abanico de opciones abiertas o tonalidades de grises.

Desde hace 25 años voy a cenar al mismo lugar. Me gusta ir ahí porque ¡para qué arriesgarse! Evito cualquier tipo de peligro, sé que no me van a envenenar, ya me conocen y me tratan muy bien.

Cabe aclarar que al ser social, se te facilita ser amistoso, muy amable y respetuoso con todo mundo: sueles ser muy amable ya sea con el policía de la colonia, el jardinero, la empleada doméstica, la vecina, el chofer, la secretaria.. sin embargo en ocasiones, posees un aire de altivez o superioridad inconscientes, en donde con mucha facilidad te muestras frío y escéptico; sueltas comentarios o juicios muy severos que desacreditan totalmente a las personas.

Cuando sientes que perteneces a algo más fuerte que tú y experimentas el apoyo y el respaldo de otros, te sientes con fuerza y seguro; te muestras más receptivo y cariñoso. Además, el ser validado te motiva a sacar lo mejor de ti, trabajar muy duro y hacer grandes sacrificios por la causa, mientras que experimentas una fuerza de unión con el grupo y contra el mundo. Como dice Palmer: "Cuando el deber te llama, te vuelves particularmente efectivo." El deber te moviliza a la acción.

Ahora, imagina que quieres realizar un proyecto de éxito personal solo, como escribir un libro o abrir una pastelería. Ya vimos que cuando se trata de trabajar por una causa, el SEIS social no tiene problema alguno, pero si se trata de algo individual, la cosa cambia. No es lo mismo sentir que compartes la responsabilidad con alguien, que cargar con ella tú solo. Te crea mucha ansiedad, surgen miles de dudas, imaginas lo peor, piensas en las críticas de los demás y todo eso hace que te frenes o pospongas tu potencial, salvo que ya estés muy trabajado.

La responsabilidad es todo un tema para ti, no concibes a la gente irresponsable. Podría afirmar que es una de las cosas que más te enfurecen en la vida: "¿Cómo que no vino a trabajar? No lo entiendo, ¡si ayer confirmó que presentaríamos juntos la información!" El incumplimiento te provoca enojo en la superficie, pero en el interior, la confianza que depositaste en el otro se tambalea porque no confías en ti y refleja tu inseguridad de presentar la información solo. Lo irónico es que puedes hacerlo muy bien, lo único que te falta es escuchar la voz de tu maestro interior y lanzarte con valor y confianza.

¿Con qué eneatipo puedes confundirte?

Con el UNO porque, al igual que tú, es ordenado, puntual, estricto, muy trabajador, exigente, responsable y comprometido como lo hemos mencionado. La diferencia radica en que el UNO sigue las reglas porque se deja guiar por sus convicciones internas de rectitud, mientras que el SEIS obedece las reglas por *miedo* a que la autoridad lo castigue.

¿Cuándo sacas lo peor de ti?

Tu instinto dominante trabaja en tu contra cuando se siente amenazado. Es decir, cuando tu "seguridad" se tambalea (porque te sientes excluido, cometiste algún error, rechazaron tus opiniones, una institución en la que confiabas se desmoronó o alguna persona del grupo está actuando de forma incoherente) crecen tu estrés y ansiedad y si los niegas sacarás la parte más reactiva de tu personalidad para defenderte en el área social:

- Estresado "te vuelves muy ansioso y no puedes dejar de hablar. Entre más ansioso, más grande es la necesidad de hablar". Experimentas mucho enojo por sentirte usado por los demás. Exageras a tal grado tu lealtad, que dejas las riendas de tu vida en manos de otros, terminando con una actitud fanática y servil o siendo el "Godínez" del lugar (los demás se aprovechan de ti dejándote la mayor carga de trabajo).

- Si tu instinto te domina, obedeces por *miedo*; tu parte espontánea y creativa desaparecen. Tu *miedo* te paraliza y te conviertes en esclavo del otro o en un burócrata que no se mueve de puesto, de la empresa o de su pareja por terror a que lo rechacen.

- Cuando las cosas no salen como te gustan, nota como en automático exageras tus talentos naturales: te muestras déspota, estricto, corriges y presionas a los que te rodean. Tu empatía por el otro desaparece. Te vuelves más serio, controlador, estructurado y menos flexible y adaptable, esto ocasiona que la gente se aleje de ti y no quiera estar ni trabajar contigo. ¡Tu cualidad se transforma en tu peor enemigo!

- Hay dos maneras muy comunes de expresar tu inseguridad en un grupo. Si estás en un momento fóbico: tu *miedo* te paraliza y te impide a actuar, te sientes chiquito y poco capaz, te traicionas, te adhieres fanáticamente a las creencias del grupo, obedeces las incoherencias con tal de seguir perteneciendo (piensa en un partido político o en una institución burocrática). La otra forma es actuar pasivo agresivo, es decir *cumples y mientes*, pones una cara de póker complaciente mientras que vas alborotando al gallinero a rebelarse contra la autoridad.

- Si estás en un momento contrafóbico, reaccionas de manera arrogante, agresiva e hiriente. Te conviertes en un congelador cruel e inhumano. Te enteras y te cierras, dejas de escuchar, te aceleras y subes la voz hasta llegar a los gritos. Todo lo argumentas y exiges explicaciones. Tu *soberbia* crece, atacas y presionas verbalmente a tu oponente, lo ninguneas y le quitas toda credibilidad.

¿Qué debe aprender el SEIS social?

- Lo que te puede ayudar a conocerte, es alejarte lo más posible de tu mente y contactar tus otros dos centros: el emocional y el instintivo a través de la meditación, el trabajo corporal (ejercicios de arraigo a la tierra, respiración, expresión corporal). Una de las mejores terapias es trabajar con las manos y descubrir en ti las sensaciones y emociones que surgen al pintar, tocar la arena, el barro...

- Observa que al actuar desde tu fuerza interior y en contacto con tu corazón, puedes escuchar con mayor claridad la voz de tu intuición, esto te permite ser tu propia autoridad y asumir con tranquilidad la responsabilidad de tus acciones.

- Diario atrévete a afrontar pequeños miedos, tolera tu inseguridad y recuerda que el *miedo* o ansiedad son energías pasajeras que se pueden vencer confiando en tu sabio interior.

- Deja de pensar, planear y anticipar tus movimientos, aprende a actuar más desde tu instinto, conéctate con el placer de la vida y olvídate de las reglas por un rato.

- Empieza tu día con humildad, deja de ser tan exigente contigo y tan crítico con los demás. Mira a las personas con otros ojos. Saca tus lentes de aumento y descubre que detrás de su apariencia física hay un alma con una riqueza interior igual a la tuya.

SEIS SEXUAL

ME CUESTA RECONOCER MI AGRESIVIDAD AL IGUAL QUE MIS MIEDOS Y FRAGILIDAD

TAPO MI INSEGURIDAD USANDO TRES TIPOS DE FUERZA: FÍSICA, EMOCIONAL E INTELECTUAL

SOY EL MÁS VANIDOSO, ASERTIVO, ARRIESGADO, DIRECTO Y REBELDE DE LOS **6**

TAPO MIS MIEDOS CON UNA MÁSCARA DE DUREZA Y CONFIANZA

¡con esta fuerza y seguridad, nadie podrá atacarme!

SOY EL CONTRATIPO DEL **6**. EL QUE MÁS TAPA O VA EN CONTRA DEL MIEDO

POSTURA DEFENSIVA DE FUERZA Y SEGURIDAD PARA NO SER ATACADO

MI MIEDO DESAPARECE CUANDO INFUNDO RESPETO EN LOS DEMÁS

LA GENTE SE QUEJA DE MI FORMA DURA Y DIRECTA DE DECIR LAS COSAS

ME PUEDO CONFUNDIR CON UN **8** O UN **3**

PUEDO SER SUMAMENTE DURO, INSENSIBLE Y CONFRONTATIVO

SEXUAL

↓

FUERZA / BELLEZA

Palabras claves que lo describen: FUERZA Y BELLEZA

Te presentarás ante los demás con una postura asertiva, fuerte y segura.

Diferencias con los otros tipos de SEIS: de los tres tipos de SEIS eres el que más trabajo te cuesta reconocer que eres miedoso porque siempre te has manejado como una persona fuerte, con mucho carácter, quizá agresiva y, claro, por qué no, con un poco de *miedo* como cualquier ser humano. Pero de ahí a reconocer que el *miedo* es la base de todo tu comportamiento, ¡toma su tiempo! Al principio es humillante y doloroso saberse cobarde, pero con el tiempo y la autoobservación empezarás a aceptarte.

Mi primer contacto consciente con el miedo fue en el temblor de 1985. Murió mi socia y compañera de trabajo, además de miles de personas. Esa mañana

experimenté el miedo en toda su plenitud. Siguieron muchos meses de ansiedad donde surgía la misma sensación de terror, inseguridad y vulnerabilidad que debía superar para seguir tan fuerte como antes. Ahí empecé a conocerme de verdad.

Eres el que más tiende a la contrafobia. Es decir, el que va en contra de la energía del *miedo*: lo desafías, lo combates, lo transformas en fuerza. Por eso eres el más agresivo, bravucón, energético, arriesgado y competitivo. O sea, al que más *miedo* le da reconocerse miedoso.

Tapas tus miedos con una máscara de dureza y confianza. Chestnut dice que este SEIS no se da cuenta de su lado agresivo, mucho menos de su intensidad. Muchas veces te vas a la yugular, lo que causa tus mayores problemas con los demás. La gente te percibe enojado, a la defensiva y se queja de tu forma tan dura, directa y franca de decir las cosas, pero tú ves la situación tan clara que no puedes guardar la información y mentir, así que la avientas sin prudencia ni delicadeza.

Naranjo compara a este SEIS con un bulldog: "Un contrafóbico es muy parecido a un perro ladrador. No siempre muerde, ladra más que muerde, pero tiene un aspecto feroz." Es decir, enfrentas el *miedo* con una actitud de valentía y poder. ¡Si te ves fuerte y seguro, nadie te atacará!

También te caracterizas por ser protector y muy empático con tus amigos íntimos (los escuchas con atención, aconsejas y empoderas). Eres carismático, simpático, seductor y el más orientado a la acción.

Eres el más desconfiado de los tres. Siempre sientes ese miedo de abrirte con el otro y contarle tus secretos más íntimos y mostrarle tu corazón. Vas feliz por la vida con un aire de seguridad negando tus miedos que sólo pocos conocen. "De niño pudiste ser cauteloso, pero en tu adolescencia aprendiste a esconder tus miedos."

Recuerdo que de niña ir al colegio me daba miedo porque los maestros eran muy exigentes y fríos. Yo era tímida, obediente, muy ordenada, bien portada y siempre cumplía con mis deberes por miedo a que me castigaran. En la adolescencia tuve la oportunidad de ir un año al extranjero, ahí me sentí feliz y liberada de la autoridad. De regreso a mi país, mi personalidad cambió 360 grados y me volví atrevida, agresiva y desordenada. Ahora me doy cuenta de que fue una especie de rebeldía al miedo y pasé de ser una SEIS fóbica introvertida a una SEIS extrovertida. Me gustaba esa nueva forma de ser porque la gente me tenía miedo y eso me hacía sentir segura. Ahora de adulta y después de estudiar el Eneagrama, me molesta que me perciban así y trabajo constantemente en mostrar más mi esencia y provocar menos miedo en los demás.

Te gustan las cosas claras, directas, concretas, útiles y prácticas porque te dan control y seguridad. Fíjate cómo en todo lo que te proponen, ya sea un proyecto, invitación, alianza, etcétera, en automático dices NO como una estrategia para protegerte y tomarte un tiempo para reflexionar (después de meditarlo ya puedes decir SÍ). También te tachan de ser negativo, "portador de malas noticias", "poncha globos", etcétera. A cualquier afirmación positiva, le encuentras la parte negativa: "¡Anda con una mujer guapísima!" SEIS: "Sí, pero esa mujer lleva tres cirugías estéticas." "¡Estoy feliz porque voy a poner un negocio de helados!" SEIS: "Sí, pero chécalo bien porque no hay estacionamiento en esa plaza comercial." Para ti no es ser negativo, sino realista.

Naranjo dice que en este SEIS "hay una necesidad neurótica por sentirse fuerte y capaz de intimidar. Es decir... la mejor defensa es un buen ataque". No quieres saber ni aceptar que eres una persona miedosa (y menos que los demás te perciban así), por eso, cuando te sientes inseguro, usar la estrategia de ser "cariñoso y complaciente" como lo haría un SEIS de conservación no te convence en absoluto (te parece melosa e hipócrita), así que te acercas a la gente con una estrategia diferente: la fuerza.

> El SEIS sexual se autoengaña y tapa sus miedos siendo fuerte. Lo curioso es que no tiene consciente su parte agresiva y no la reconoce hasta que otros se la reprochan.

Ichazo y Naranjo bautizaron a este subtipo con las palabras "fuerza y belleza". Es importante analizar el significado y observar que existen tres tipos de fuerza: física, emocional e intelectual.

Fuerza / Belleza física. Pones mucha atención en tu apariencia física, inviertes mucho tiempo en gimnasios, practicas algún deporte extremo para autodominarte, cultivas un cuerpo que te haga sentir poderoso y seguro. Si eres un hombre SEIS agresivo, desarrollas tus músculos de manera que intimiden a los demás con una actitud machista: "¡Conmigo ni te metas!"

Pensemos en los guardias de seguridad conocidos en México como *guaruras*. Se dedican a cuidar y a proteger a los políticos o gente de la alta sociedad intimidando con su lenguaje corporal y su aspecto físico para mantener alejado a cualquiera que quiera cruzarse en su camino.

Otra manera de disfrazar tu inseguridad es haciendo uso de tu Belleza física. Es decir, si eres un SEIS sexual más fóbico "recurrirás a tu sexualidad y a la coquetería para desarmar a los demás y atraer su apoyo". Sentirte atractivo y deseado te da mucha seguridad. Y si sabes que a muchos los desarmas con tu belleza y te lo confirman, adquieres una fuerza que te empodera sobre el otro, tus miedos se relajan y te reafirman la efectividad de usar una máscara de fuerza pero a la vez sexy, atractiva y bella.

El inconveniente de mantener esta aparente belleza es que te esclaviza a mantener una imagen: pues siempre debes estar bien presentado en cuanto a ropa, peinado, maquillaje, accesorios, etcétera. Observa cómo entre más logras cautivar y conquistar a esa persona inalcanzable que te interesa, más seguro te sientes.

Palmer dice que el problema de basar tu seguridad en el aspecto físico es tener "que representar de manera constante la *actitud de conquista* hacia el otro en una relación uno a uno, porque de lo contrario, puedes sentir más *miedo* en la relación, porque experimentarás la receptividad de las cosas como realmente son..." Es decir, si te muestras como realmente eres, sin máscaras ni maquillaje, surge tu *miedo* a que al otro ya no le atraigas o te abandone.

> *Una amiga SEIS sexual no dejaba que nadie la viera sin maquillaje, aunque fuera al gimnasio, al mercado o a clase de 7 de la mañana en la Universidad. Decía: "Me choca mi cara, por eso el maquillaje y estar bien arreglada me dan seguridad."*

Fuerza emocional. Otra estrategia inconsciente para tapar tu inseguridad: tratas de ser asertivo, duro y directo, reprimiendo el *miedo*, la rabia, el amor, la humillación o la tristeza. Estos sentimientos te los tragas, te controlas y por nada del mundo los muestras para que no te vean débil o te vayan a herir de nuevo. En tus relaciones uno a uno, te comportas de forma parecida al CUATRO, es decir, usando el síndrome de la liga.

Cabe enfatizar que, al ser sexual, te haría feliz encontrar una persona con la que puedas ser tú mismo y compartir tu vida. Pero cuando empiezas una relación te cuesta trabajo confiar y abrirte, por eso lo primero que haces es irte a la cabeza: te mantienes muy alerta y suspicaz porque ¡"no vaya a ser" que se aproveche de ti o te trate de manipular! Si te sientes seguro con esa persona, bajas la guardia y sacas tu ternura escondida al igual que tu necesidad de protección. En cambio, si ves al otro como peligroso o poco confiable, buscas mensajes ocultos y de inmediato te cierras y sale tu postura controladora, retadora y agresiva.

Podemos concluir que, así como el SEIS de conservación duda y pide que le reafirmen lo mucho que lo quieren, el SEIS sexual es al que más le cuesta trabajo abrirse y ser receptivo al amor y a la ternura.

Fuerza intelectual. De manera inconsciente, para contrarrestar tu inseguridad, quieres verte como alguien a quien le gira la ardilla. Conquistas y apantallas al otro o al grupo con tu inteligencia, anécdotas interesantes, conocimiento, preguntas directas y atrevidas, etcétera. Al ser tan mental, tu cerebro trabaja a mil por hora y tu mente cuestionadora hace que te vuelvas un experto en demostrar que siempre tienes un argumento más para ver el otro lado de la moneda: si se enfocan en lo positivo, tú puedes ver el arroz negro y, de igual manera, si se enfocan en lo negativo, puedes argumentar un punto positivo. Lo importante de todo esto es darte cuenta de cómo tus miedos se relajan y tu seguridad interior crece cuando logras conquistar la mente del otro.

> Podemos concluir que este SEIS busca que lo validen desde afuera ("eres fuerte, guapo, inteligente o sexy") para que su *miedo* disminuya y su seguridad crezca… en vez de desarrollar y confiar en su propia autoridad interior.

¿Con qué eneatipos puedes confundirte?

Con el OCHO porque ambos son agresivos, atrevidos y desafían el peligro. Son diferentes en su forma de actuar: el SEIS sexual quiere demostrar que es fuerte, puede titubear antes de actuar y tiende a exagerar los peligros. El OCHO ya se sabe fuerte, sólo se lanza a actuar y niega los peligros.

Enojados, los dos reaccionan de forma impulsiva y retadora, pero la fuerza del SEIS sexual se va debilitando por el *miedo* y entonces se retira, mientras que el OCHO no conoce el *miedo* y su ira crece hasta aplastar a su oponente.

También con el TRES sexual porque ambos son vanidosos, activos y trabajadores. Son diferentes porque el TRES "se siente a gusto con el éxito, los elogios y el reconocimiento, mientras que el SEIS se siente incómodo con estas cosas y duda de ellas".

¿Cuándo sacas lo peor de ti?

Tu instinto dominante trabaja en tu contra cuando se apodera de ti o se siente amenazado. Es decir, cuando tu "seguridad" o "atractivo físico" se tambalea (porque tu seducción o agresividad no funcionaron, tu atractivo físico se acabó, te sientes vulnerable, te sentiste rechazado, se acabó la chispa con tu pareja, te sientes traicionado o criticado por alguien) provoca que tu estrés y ansiedad crezcan. Si los niegas, sacarás la parte más reactiva de tu personalidad para defenderte en el área sexual o uno a uno:

- Cuando te sientes criticado, rechazado o abandonado por alguien importante en tu vida, el *miedo* y la tristeza se apoderan de ti y, muchas veces, en vez de reflexionar sobre tu comportamiento original para mejorarlo, levantas un escudo energético de orgullo y defensa para que nadie se te acerque ni te toque. O bien, te desquitas siendo duro y agresivo con la gente que más quieres y más te protege.
- Cuando te acercas a una persona con la intención de ser amable y educado, pero ésta no te corresponde de la misma forma (te ignoró, se burló o te contestó de mala manera), brinca tu demonio contrafóbico y sacas tu parte más agresiva. Entonces, te desconectas y te pierdes.

- Recuerda, entre más *miedo* sientas, hay más probabilidades de que tomes riesgos y pongas en peligro tu vida, desafías más a la autoridad y te comportas más *cool* y arrogante.

- Cuando estás enojado, te obsesionas con ciertas personas, les cargas demasiada energía negativa, no las soportas y les echas la culpa de todo lo que te pasa. Eso se llama proyección.

- Cuando alguien te provoca de forma directa, señala tu inseguridad o la pone al descubierto, te vuelves muy reactivo, sale tu parte más agresiva, internamente te conviertes en un congelador que se transforma en un monstruo. Manifiestas explosiones de *ira*, dices cosas muy hirientes y te pierdes hasta llegar a los golpes o actitudes temerarias.

¿Qué debe aprender el SEIS sexual?

- Identifica el momento en que expresas tus tres tipos de fuerza (física, emocional o intelectual) y cuestiónate: "¿A quién quiero apantallar? ¿Qué *miedo* estoy tapando?" ¡Corta con ese patrón y cambia! Cree más en ti y confía en tu autoridad interna.

- En una relación uno a uno, tener fuerza interior significa remover la armadura de orgullo y abrir el corazón. Atrévete a quitarte la máscara de fuerte y acepta tu ignorancia o tu equivocación. Aparta la idea de que eres el bueno del cuento y muestra tu vulnerabilidad. Te sorprenderás gratamente de la reacción de los demás.

- Si eres un SEIS agresivo, evita ser impulsivo y cuida la forma de decir las cosas. ¡Ahí está tu trabajo! Filtra y expresa tus ideas de forma inteligente y suave. Si eres un SEIS suave y cálido, aprende a centrarte, evita huir o sobre reaccionar imaginando lo peor.

- La verdadera fuerza y el valor no vienen de la cabeza o de imponerte que tu "eres fuerte y lo puedes lograr", sino de un lugar más profundo dentro de ti que se comunica contigo y te guía cuando haces contacto con tu paz interior y tu corazón.

- Al ser sexual tienes mucha capacidad para crear, descansa de tu cabeza y descubre tu centro emocional, introdúcete en el arte y atrévete a escribir, diseñar, pintar, componer poemas o canciones...

PERSONALIDAD TIPO SIETE

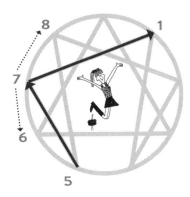

El optimista / el aventurero / el epicúreo / el visionario:
piensa que este mundo es fascinante y lleno de posibilidades.

Pertenece a la tríada mental (5, 6, 7) porque percibe, filtra y decide la vida desde la mente. Recuerda que estas tres personalidades tienen en común problemas de inseguridad, ansiedad y *miedo*. Su mente es anticipatoria y les importa mucho el futuro. Sanos son amorosos y compasivos. Tóxicos son egoístas y manipuladores emocionales.

En general te caracterizas por ser: carismático, optimista, espontáneo, divertido, cálido y muy seductor. Te enfocas en lo positivo de la vida, te gusta probar nuevas experiencias, viajar, iniciar proyectos, innovar, llegar a lo inalcanzable, conocer gente interesante y disfrutar al máximo el momento. Eres inquieto, curioso, disperso y buscas estímulos que deleiten tus sentidos. Te falta tiempo para comerte al mundo, para abarcar y experimentar todo lo que quieres, por eso llenas tu agenda con actividades que vives de forma intensa.

Tienes la sensación de ser el mejor y el más inteligente que los demás. Tu agilidad mental es envidiable, eres versátil, gran visionario y una constante máquina de ideas que te permite deleitarte con el porvenir. ¡Tu mente está hambrienta de experiencias! Aprendes rápido y te anticipas al futuro. Tienes muchísima energía, quieres hacer las cosas a tu manera, planeas un sin fin de negocios o proyectos que en ocasiones abandonas. Eres poco disciplinado, distraído, sueles improvisar y pasar de una actividad a otra, en vez de profundizar y concretar.

Divertido compañero de vida, te ríes de ti y haces reír a los demás con tus anécdotas y ocurrencias. Eres abierto, alegre, con espíritu creativo y corazón joven de niño travieso capaz de jugar y alegrarse con lo que sea. Disfrutas tener amigos. Eres muy expresivo con todo el cuerpo, usas mucho las manos, gesticulas, mueves las cejas y tocas por cariño a las personas al hablar.

Eres un excelente vendedor por tu facilidad de palabra. Eres astuto y te las ingenias para evitar situaciones complicadas, confrontaciones o temas negativos (en vez de imponerte, usas tu sonrisa y amabilidad para desarmar a las personas con tu encanto y simpatía), ¡siempre logras motivar, cautivar, manipular y convencer para salirte con la tuya!

Eres un gran escapista: le huyes al compromiso, al sufrimiento y a la rutina. Careces de una vida interior profunda y te mueves en la vida sin estar muy consciente del dolor ajeno. Te cuesta tanto trabajo enfrentar problemas emocionales, que prefieres mil veces evadirte y quedarte con lo positivo y placentero por *miedo* a sufrir.

ALAS

¡Recuerda que son la sal y la pimienta de tu personalidad!

Si eres un 7/6

En la luz: estás más orientado a las personas y al mundo de la creatividad, la comunicación e imaginación. Tienes una agilidad mental sorprendente, tu energía es suave y cálida, lo que te permite ser más cariñoso y romántico que el 7/8. Tu imagen es divertida, espontánea y amigable. Eres muy seductor, ingenioso, positivo, flexible y simpático. La influencia de la energía del SEIS le inyecta a tu vida mayor responsabilidad, lealtad, compromiso, cautela, persistencia y disciplina.

En la sombra: cuando la *gula* y el *miedo* se mezclan tiendes a ser más inseguro, dependiente, titubeante, desconfiado, acelerado y miedoso que el 7/8, pero sigues usando tu encanto para acercarte y desarmar a cualquiera que te produzca *miedo*. De repente te invaden pensamientos catastróficos y te comportas de manera ansiosa y distraída. Puedes ser muy egocéntrico y tu búsqueda de placer te lleva a la infidelidad.

Tu vestimenta: tienes muy buen gusto. Te agradan los colores alegres, la ropa casual, de marca o calidad muy fina, cómoda y, en ocasiones, inusual con un toque personal.

Si eres un 7/8

En la luz estás: más orientado al trabajo y al mundo material. La energía del OCHO te contacta con tu cuerpo y con tu agresividad, lo que te genera ser más astuto, asertivo, directo, con un aire de confianza y libertad. Eres más frío, práctico e independiente que el 7/6. La energía del OCHO también te empodera, te da dinamismo y fuerza para imponerte y arriesgarte en nuevos terrenos o aventuras. En el trabajo eres más persuasivo, competitivo, ambicioso y apasionado, con el deseo de acumular posesiones y lograr tus metas. Y en cuestiones materiales, eres más espléndido y generoso que el 7/6.

En la sombra: cuando la *gula* y la *lujuria* se juntan, te conviertes en una persona egoísta, impulsiva, poco profunda, muy egocéntrica, codiciosa y fría; con tal de salirte con la tuya, llegas a la mentira y a la traición. Te vuelves más hedonista, materialista, impaciente e infiel. También tomas la parte insensible y agresiva del OCHO que lastima a los demás.

Tu vestimenta: es seria y profesional (cuando se trata de una junta de trabajo) y atrevida e interesante (para la vida cotidiana). Amas los *jeans* y las chamarras porque te dan sensación de libertad. Si eres mujer usas colores alegres o intensos para llamar la atención. Tus combinaciones son más creativas que las del 7/6.

¿QUÉ TANTO TE CONOCES?

En general quieres: una vida llena de posibilidades para explorar y hacer realidad tus sueños; mantenerte vivo, activo y lleno de energía; probar todo lo nuevo y diferente. En otras palabras: comerte el mundo. Deseas generar grandes ideas, producir cambios y contagiar a todos tu pasión de vivir con alegría (compartir un mundo positivo, libre, flexible y equitativo con tu familia, tu pareja y amigos). Quieres ser alguien importante, te gusta que te reconozcan por tu carisma, trabajo, simpatía y gran generosidad.

Deseas que los demás te vean: como una persona cálida, accesible, inteligente, ingeniosa, generosa, práctica, segura, interesante, visionaria, rápida, protectora, servicial, encantadora, divertida y feliz.

¿Cómo te ven en realidad?

Cuando tu punto ciego te traiciona (*gula*), la gente te percibe como narcisista, distraído, ansioso, poco serio, poco realista, exagerado, "rollero", hiperactivo, falso, confuso y superficial. Tu mente dispersa hace que te vean como alguien que no sabe escuchar. Además, tu actitud juguetona, infantil y nerviosa, agota, esto provoca que muchas veces no te tomen en serio.

Evitas al máximo: todo lo repetitivo y aburrido; las personas cerradas y negativas; cualquier tipo de imposición o regla. También las situaciones conflictivas y dolorosas (te da *miedo* quedar hundido en el dolor) y las que te limitan (porque lo tuyo es la libertad).

Tu talento natural: eres un gran visionario e innovador, lo que te permite ser aventurero y tener agallas para tomar riesgos y decisiones. Eres bueno para hacer sinergias humanas, conectar datos dispersos, inspirar y contagiar tu entusiasmo y sentido del humor. Tu actitud positiva facilita que saques el mejor partido de cualquier situación negativa y le eches ganas a la vida con creatividad. ¡Tienes la magia de convertir lo ordinario en extraordinario!

Tu mayor debilidad: ¡La insaciabilidad por nuevas experiencias! No tienes límites, es difícil negarte a algo que te gusta y deseas (más si se trata de algo novedoso o divertido). Vives tanto en tu mente y en las maravillosas posibilidades que la vida te ofrece, que te cuesta estar presente y profundizar en lo que estás viviendo en el momento. Esto te lleva a una falta de compromiso, lealtad y perseverancia para completar un sinnúmero de proyectos a largo plazo. Mientras tanto, los que te rodean se frustran, desconciertan y decepcionan ante tu poca constancia y cambios repentinos.

La fortaleza que más necesitas: Ecuanimidad/Equilibrio/Sobriedad. En vez de buscar la felicidad en un mundo superficial (donde te deslumbras con cosas materiales, permisos excesivos y experiencias extraordinarias), debes afrontar tu vida y buscar la riqueza dentro de ti.

Me gusta la definición de Durán y Catalán: La sobriedad "permite vivir en el presente, disfrutar de lo real, parar la insaciabilidad, sentir el ser interior pleno, la sabiduría real del organismo que no necesita buscar tanto afuera sino reconocerse adentro... la sobriedad evita caer en los excesos. Se ve acompañada por calma, serenidad y sensatez".

Te atrae: la innovación, creatividad, diversidad, aventura, lo lúdico y divertido, el idealismo, el éxito, las relaciones personales, los estímulos fuertes que te generen adrenalina, el sexo y la libertad.

Cuando estás en tu mejor momento: ¡Le metes freno al tren de vida acelerada! Te alejas del ruido mundano y ves todo con mayor claridad. Te vinculas contigo, disfrutas estar solo, en silencio, tocas el vacío, distingues y valoras lo prioritario en tu vida. Te vuelves más sereno, callado, profundo, receptivo y reflexivo. Aprendes a escuchar con atención y buscas mayor intimidad para expresar tu vulnerabilidad. Ante el dolor, en vez de huir, te nutres de éste, creces, te reinventas y sales más fuerte para enfrentar la vida. Por otro lado, te estructuras, te ordenas y te concentras sólo en un tema y por ende te vuelves más productivo. Descubres y valoras el mundo del conocimiento, lo que te convierte en una persona más culta e interesante.

Cuando estás estresado: impregnas el ambiente con tu irritabilidad y mal humor. Te sientes superior a los demás y te vuelves impaciente, mentiroso, oportunista, egoísta, sarcástico, burlón, hipercrítico, exigente, necio y obsesivo con los detalles, la limpieza o el orden. Tienes estallidos fuertes de agresión, violencia y resentimiento contra los que se interponen en tus planes (insultas y hieres con crueldad). Te vuelves insensible, cortante, te sientes dueño de la verdad y subestimas a los demás. Te engañas y convences de que estás en lo correcto, pero en lo más profundo de ti, experimentas un vacío que crece e intentas taparlo viviendo de prisa o con miles de actividades hedonistas y placenteras.

¡Date cuenta! cada vez que aparece una dificultad, usas tu imaginación para distorsionar la realidad y alejarte a un mundo ideal donde siempre sales ganando, "estás bien", todo lo que haces se permite y logras las cosas sin demasiado esfuerzo ni disciplina.

Cuando la realidad y la fantasía se entrelazan y logras con astucia complacer, seducir (con tu sonrisa, tus bromas, encanto) y enamorar al otro; te sientes importante, orgulloso de tus habilidades, libre y perdonado. Según tú, vas de generoso por la vida manipulando para conseguir lo que quieres, sin percatarte de que el único que se escapa de la realidad y se engaña eres tú.

Ejemplo: un compañero de la universidad muy guapo que siempre se sale con la suya. Nunca se para en clase y cuando hay examen, se presenta con la maestra diez minutos antes con flores o lo que sea y la seduce con su encanto. Saca ocho de calificación sin haber realizado el examen. Y todavía se atreve a decir: "¡Ya ven que todo se puede, hay que ser dadivosos si quieren pasar y no estudiar!"

No te das cuenta: de que, con frecuencia, empiezas un proyecto con mucho entusiasmo, sientes que será exitoso y maravilloso, pero con el tiempo, surge el aburrimiento, te desilusionas, pierdes interés, aparece un problemita y de pronto, la acción se paraliza, evades la realidad, tiras la toalla, tu mente te boicotea y se justifica diciéndote que hay algo mejor y más interesante para ti:

Ejemplo: te metes a un curso y, al rato, ya te estás inscribiendo a otro. Comienzas una relación de pareja y luego te aburre porque conoces a alguien que crees mejor. Empiezas a leer una novela y te saltas capítulos para leer el final y dejarlo por otra obra más atractiva.

No te das cuenta: de que tu mente casi siempre está en el futuro, un paso adelante, fascinada por la variedad, viviendo rápido, tratando de expandir tus experiencias o mundo material. Por eso dejas de disfrutar el momento presente y ser receptivo con los demás. Al querer estar en todas partes, terminas con un enorme vacío. La ansiedad que surge en ti crece cada vez más y la manera como la controlas es regresando a tu hábito compulsivo de hiperactividad para evitar sentirla.

El mecanismo de defensa que más usas: la racionalización.

Cuando algo del exterior nos asusta o amenaza, todos los seres humanos de manera "inconsciente" levantamos una barrera para defendernos y así no ver la realidad como es. De esta manera el mecanismo *nos protege y nos proporciona una sensación de seguridad* que nos permite funcionar.

La racionalización consiste en "darle un giro positivo a una conducta que quieres justificar cuando las razones verdaderas te provocan *miedo*, angustia o ansiedad". Es decir, para mantener una autoimagen de "estoy bien" y evitar el dolor o la culpabilidad, te escapas de la realidad y justificas tu comportamiento con una versión positiva, lo cual es mucho más placentero que aceptar algo verdadero y desagradable.

Ejemplo: te corren del trabajo. Entonces, de manera inconsciente, lo encuadras diferente para justificarte y no ver la realidad tal cual es: "Me corrieron de la chamba, pero qué bueno porque me quedaba muy lejos y ¡ganaba muy poco!"

> Siempre encontrarás la excusa perfecta que justifique tu conducta para negar la realidad. Distorsionas la verdad y la acomodas de tal manera que siempre sales ganando porque te cuesta aceptar la circunstancia que te toca vivir. Y lo peor de esto es... que te la crees al 100 %.

Tu sombra/punto ciego es: la *gula*

Consiste en "la necesidad irrefrenable de saborear todo lo que el mundo ofrece. Saborear sin digerir significa tomar del mundo sólo los aspectos más excitantes, gustosos y, sobre todo, rechazar con facilidad todo lo que duele o hace mal".

En otras palabras, la *gula* es querer llenarte de lo que te gusta, estimula y genera placer, como respuesta a los sentimientos de ansiedad y carencia interior, los cuales disfrazas con una "aparente abundancia". Estás en una búsqueda continua de placer, ávido de experiencias y planes; todo te llama la atención; quieres ir a las dos bodas, pero también al coctel y, si te da tiempo, al partido de futbol con tus amigos; probar lo de acá, lo de allá ¡y no perderte de nada!

> Importante: observa cómo te vuelves selectivamente adicto a lo placentero y entre más te llenas de forma indiscriminada, más insatisfecho y grande se hace el vacío. Esta búsqueda por lo placentero, te desconecta de tus emociones porque te da *miedo* entrar en contacto profundo contigo y tocar los aspectos dolorosos y frustrantes de la realidad.

Objetivo final del Eneagrama: despertar y ampliar tu consciencia para contactar con tu esencia. Así, te darás cuenta de los patrones automáticos que realizas, transformarás tu *gula* en *equilibrio* o *austeridad* y podrás llevar una vida más equilibrada, plena y coherente contigo.

Observa tus hábitos y atrápate en el momento exacto en que tu mente se dispersa, sueña y fantasea como válvula de escape para huir de la realidad. Si lo logras, harás un gran trabajo interior porque esta compulsión te limita el tiempo para focalizar, profundizar y ponerle amor a todo lo que haces. Si en vez de buscar con ansiedad todo lo placentero, experimentas la sensación de estar en equilibrio o sobriedad (te centras en tu interior a través del silencio y calmas tu acelerada actividad mental a través de la respiración), encontrarás las respuestas que te ayudarán a identificar tus verdaderas necesidades y te darán una mayor claridad sobre ti y la realidad. Al activar la autoobservación, tus hábitos repetitivos serán menos compulsivos, entrarás en el camino de la transformación... y la visión del mundo empezará a cambiar para ti.

SUBTIPOS: LAS TRES VERSIONES DE SIETE

Si combinamos la *gula* o esa búsqueda excesiva por el placer con cada uno de los tres instintos que hemos mencionado, provocará tres reacciones o comportamientos muy diferentes, dando como resultado los tres subtipos: **SIETE de conservación, SIETE social** y **SIETE sexual.** ¡Por eso las personas del mismo tipo se ven y comportan de forma diferente!

| Práctico y materialista | Servicial y sacrificado | Idealista y soñador |

¿Cuál es tu reto?

¡Sal de tu zona de confort, sacude tu ego para que tu esencia impregne tu personalidad! Descubre el instinto dominante que gobierna tu vida para que hagas conscientes tus comportamientos automáticos primarios y los transformes en respuestas más sanas y equilibradas.

Ahora, te presento un pequeño resumen para que te descubras con facilidad:

- El **SIETE de conservación** manifiesta la *gula* satisfaciendo los placeres de la vida (comida, bebida, cosas materiales) y creando una red de alianzas que le ayudan a trabajar de forma ardua y enérgica para materializar sus sueños en recursos que le darán seguridad y bienestar. Es el más dirigido a la acción.
- El **SIETE social** va en contra de la *gula*. Sacrifica sus necesidades por el grupo. Aplaza sus deseos, reprime los excesos por lograr un objetivo, quiere innovar, hacer cambios y ser reconocido por sus sacrificios. Es el más intelectual.
- El **SIETE sexual** manifiesta la *gula* planeando y fantaseando experiencias y relaciones únicas. Siempre tiene "un proyecto maravilloso en puerta", desea que lo admiren por su imagen física y encanto personal. Es el más emocional.

SIETE DE CONSERVACIÓN

ME PREOCUPA GANAR, INVERTIR Y REINVERTIR DINERO PARA CUBRIR MIS NECESIDADES

HAGO ALIANZAS: SOY ASTUTO, AMBICIOSO, CARISMÁTICO Y SOCIABLE

SOY EL MÁS INDEPENDIENTE, ACTIVO, VISIONARIO, PRÁCTICO Y TERRENAL DE LOS **7**

PARA REALIZAR MIS SUEÑOS Y SENTIRME SEGURO, ES VITAL FORMAR UNA FAMILIA YA SEA SANGUÍNEA O CON AMIGOS

MI FAMILIA, MI CASA Y MIS AMIGOS, SON MUY IMPORTANTES

INTUITIVO; GRAN COLMILLO PARA HACER NEGOCIOS Y LEER OPORTUNIDADES

¡ÁVIDO POR EXPERIMENTAR Y VIVIR LA VIDA!

GRAN SEDUCTOR Y VENDEDOR DE IDEAS Y PROYECTOS

ME PUEDO CONFUNDIR CON UN **3**

PUEDO SER AGRESIVO, IMPACIENTE, EGOÍSTA Y OPORTUNISTA

¡Hoy cierro el negocio de mi vida y después a festejar!

CONSERVACIÓN
↓
FAMILIA / AMIGOS SIMILARES

Palabras claves que lo describen: FAMILIA/ AMIGOS SIMILARES/ALIANZAS

La seguridad en el área de conservación significa que te preocuparás por tener muchos recursos de todo tipo que apoyen tu sobrevivencia para que nunca te falte nada. Deseas ganar, invertir y reinvertir dinero para que tus necesidades básicas siempre estén cubiertas, es decir, que no te falte (ni a tu familia) comida, techo, ropa, cosas materiales, viajes, dinero...

Naranjo bautizó a este subtipo con la palabra "familia". Los SIETE de conservación construyen relaciones con las personas que se basan en ideas como: "Yo seré familia para ti y exijo que seas familia para mí." "Juntémonos, yo te serviré y tú me servirás." "Podemos crear una buena mafia juntos."

La manera como expresas la *gula*, es decir, la sensación de querer llenarte con más de todo lo que te estimula, es formando "alianzas" para realizar tus sueños o satisfacer tus necesidades. Y una manera para amortiguar o suavizar tus miedos más inconscientes a no sobrevivir o a que se te niegue lo bueno de la vida, es creando una familia (sanguínea o ficticia) a través de estas alianzas. Estas personas compartirán tus ideas, metas y visión del mundo ("la vida es alegre, maravillosa y está llena de oportunidades") para ayudarte a hacerlas realidad. Eres el líder de esta familia y el que goza de mayores privilegios ya que la gente depende de ti. Irás cambiando o sustituyendo a los miembros a tu antojo, dependiendo de nuevas alianzas, sueños compartidos o rupturas definitivas. Cabe aclarar que con las personas que quieres puedes ser muy protector y cariñoso; pero quienes no son afines a ti, son rechazados y los puedes tratar de forma fría y dura.

Seguro te preguntas: "¿Y cómo voy a convencer o vender mi sueño a toda esa gente?" Bueno, recuerda que tus grandes herramientas son: carisma, optimismo, seducción, facilidad verbal y gran habilidad para vender (desde tu imagen hasta tus proyectos o cualquier plan estimulante que cruce por tu cabeza). Y es probable que uses el recurso de la seducción intelectual para motivar a los demás a acompañarte en el viaje a realizar tus sueños.

Somos siete hermanos. Fue increíble darme cuenta de que mi padre era un SIETE de conservación. Desde chiquitos, a todos nos vendió su sueño de incursionar en los medios de comunicación. Solía decir: "El futuro está ahí, en el aire." "Hay

que ser pioneros y deleitar a la gente con la maravillosa calidad de sonido que brinda la banda de la FM." En aquella época en México sólo se podía escuchar AM. De forma individual nos decía: "Tú ya eres el dueño de la séptima parte y necesito de tu ayuda para crecer!" "Es importante mantenernos juntos, ¡nunca vendas tu parte!" Lo interesante es que, de una u otra forma, todos terminamos estudiando lo mismo y trabajando en las diferentes áreas del negocio. Cuando éste empezó a crecer, fue invitando a sus amigos y gente en quien confiaba para expandirlo en diferentes lugares de la república mexicana."

Diferencias con los otros tipos de SIETE: por lo general, cualquier persona que se identifique con este subtipo tiende a ser más hogareña, independiente y poco social. Sin embargo predomina en ti una parte extrovertida y carismática que te facilita hacer amistades de forma rápida, con todo tipo de personas, en cada puerto que tocas y que usas para entretener y divertir a los tuyos. Es más, puedes ser más sociable que el mismo subtipo social.

Eres muy versátil y estás ávido por vivir y aprovechar hasta el último segundo del día para experimentar la vida. En tus venas corre champaña en vez de sangre (como diría Palmer) y tienes hambre por hacer e innovar.

Mi padre era un SIETE de conservación. Trabajaba como vendedor de piezas y artículos de aviación. Una noche no llegó a dormir. En esa época no había celulares, así que mi madre se durmió. A las cuatro de la mañana mi padre la despertó para contarle que había comprado un avión viejo de verdad. Ella pensó que se le habían pasado las copas y que estaba alucinando. Al día siguiente descubrió que era verdad lo que le había dicho y se preocupó: "¿Pará qué queremos un avión viejo que ya no sirve? ¡Necesitamos ahorrar para forjar un patrimonio!" Mi padre respondió: "No te apures, ¡verás que este avión será el inicio de un gran negocio! Lo voy a convertir en cafetería para que todas las personas que nunca han tenido la oportunidad de subirse a un avión, lo conozcan y además consuman alimentos." Ese avión cafetería fue el origen de la cadena de restaurantes llamada Wings.

Al ser de conservación, eres el más terrenal de los SIETE y completamente opuesto al SIETE sexual (el más idealista y soñador). El tema del dinero es muy importante para ti, lo que te convierte en el más materialista y comprador de los tres. A veces, eres consumidor porque eres hedonista y sientes que mereces consentirte con lo mejor del mercado, a fin de cuentas, el dinero es para obtener todos los caprichos y "juguetes" que te hagan feliz.

A diferencia de tus colegas SIETE, eres el más práctico, resuelto y decidido para obtener lo que necesitas, aunque implique compromiso, esfuerzo y mucho trabajo. Eres duro, ambicioso, astuto, visionario y estratega, pero sobre todo tienes una gran intuición para leer y aprovechar cualquier oportunidad que se presente. Tienes un gran colmillo para hacer buenos negocios, cerrar acuerdos, encontrar ofertas, etcétera.

También te caracterizas por ser el más rebelde de los SIETE. Al igual que tu vecino OCHO eres directo, asertivo y las reglas no se hicieron para ti. Odias que te impongan, controlen o limiten y entre más te presionan, más agresivo y rebelde te vuelves.

Tu casa, familia y amigos tienen un lugar muy valioso y especial para ti. Te gusta brindar por la vida y celebrar lo bueno de ésta. Eres considerado el *bon vivant* del Eneagrama, siempre sabes cuál es el mejor vino, el mejor restaurante, la película del momento o el antro más divertido. Amas la naturaleza, el mar, mirar el cielo y las estrellas... todo lo que te genere sensación de libertad porque uno de tus peores miedos sería perderla o quedar atrapado y no escapar.

También te gusta organizar viajes y reuniones con tus amigos donde cantan, platican anécdotas, juegan cartas, cuentan chistes y se divierten. Te encanta disfrutar de la familia, acompañado de una cerveza helada y una buena comida con una larga sobremesa donde no te limiten y, claro, seas el centro de atracción.

Por lo general tienes ala OCHO y eres una persona con mucho carácter, astuta, escéptica, talentosa, enérgica, ambiciosa y muy trabajadora. Al mismo tiempo, como buen SIETE, eres alegre, cálido y muy seductor. Te caracterizas por mezclar el trabajo con el placer y representas la parte creativa, lúdica y divertida que todos llevamos dentro. Es común observar a un SIETE cerrando un trato en un campo de golf o en un bar, entre comentarios ocurrentes y anécdotas divertidas e interesantes.

Recordemos a Richard Branson, versátil empresario inglés, SIETE conservación. Según Forbes, es una de las personas más ricas del mundo y creador, entre muchas otras empresas, de Virgin Atlantic Airways. Branson dice que su éxito se debe a que siempre ha hecho las cosas de forma diferente, por lo que decidió consentir al cliente: les ofrece vuelos divertidos con paletas heladas, masajes, manicures, magos, músicos y hasta una barra de bar para tomar una copa. Su frase: "La felicidad es el ingrediente secreto de los negocios con éxito."

¿Con qué eneatipo puedes confundirte?

Con el TRES porque ambos son positivos, energéticos, ambiciosos, muy activos y echados para adelante; egocéntricos, superficiales, poco introspectivos, no saben manejar la crítica, se desconectan sus sentimientos reales y evitan tocar la parte conflictiva y negativa de la vida. Son diferentes porque el TRES es más rígido, controlado, le interesa la aprobación de los demás, enfocado, organizado y determinado. Mientras que el SIETE es más libre, espontáneo, su mente está en todas partes, es *multitask*, creativo, soñador, divertido, distraído y menos disciplinado.

¿Cuándo sacas lo peor de ti?

Tu instinto dominante trabaja en tu contra cuando se siente amenazado de forma real o imaginaria. Es decir, cuando tu "seguridad" se tambalea (porque pierdes autonomía, hay escasez en tus recursos o tu imagen se siente intimidada), experimentas mucha ansiedad, incluso pánico. Tu inseguridad interna crece y si la niegas:

- No tienes "llenadera", dejas de vivir y de disfrutar el momento presente por querer estar en otra parte, con otras personas, en una experiencia más interesante o más divertida; tu mente te traiciona con una idea falsa y se anticipa a un futuro más prometedor e ilusorio con más posibilidades, en donde el presente nunca es suficiente, generándote un vacío de insatisfacción.
- Cuando tus necesidades no son satisfechas de forma rápida, reaccionas de forma impaciente y exigente. Cuando se te priva de alguna comodidad o placer te aceleras de forma agresiva, reactiva y experimentas mucha ansiedad y angustia.

- Cuando la *gula* se apodera de ti, derrochas el dinero en regalos excesivos, compras innecesarias y te dejas llevar por la adrenalina del momento. Rompes con los límites razonables y te lanzas a los excesos en comida, parrandas, alcohol, cigarro, drogas, infidelidad, diversión, apuestas o descuidas tu salud (todo lo que evite que sientas y enfrentes la realidad, el dolor y las frustraciones que la vida te pone).

- Detrás de la supuesta "alianza" que haces con los demás, te aprovechas, sacas ventajas y te vuelves "oportunista de las situaciones"; hay un egoísmo disfrazado de amabilidad y encanto donde el "fin justifica los medios" y te vales de todas tus artimañas con tal de sacar ventaja o salirte con la tuya.

- Cuando la *gula* se apodera completamente de ti, buscas ampliar e intensificar tus vivencias y tus pertenencias materiales. Quieres comerte al mundo y a la vez no quieres nada. No terminas lo que empiezas porque surge una opción más interesante. Te aburres con facilidad y nada te satisface, por eso tu búsqueda por estímulos placenteros se vuelve eterna. Quieres probar más y, en esta desmesura, puedes caer en la mentira, en la trampa, la autodestrucción y la depresión.

¿Qué debe aprender el SIETE de conservación?

- Cuando haces consciente tu alegría tu cuerpo vibra por dentro. Se produce un estado de entusiasmo y plenitud interior profunda; es un tipo de alegría en donde puedes llorar de felicidad y gratitud. Pero cuando tu alegría es tocada por tu ego, se convierte en euforia, la cual es muy diferente porque se manifiesta en el exterior con ruido, bromas y carcajadas. Aprende a identificar tu alegría.

- Recuerda que el ego siempre piensa en singular, "yo quiero, yo primero", en cambio, si te conectas con tu consciencia y tu parte sabia, éstas siempre van a pensar en plural, en "nosotros".

- Aprende a controlar tu estado de "dispersión" porque el que mucho abarca poco aprieta. Cuando te distraes, no tienes tiempo suficiente para profundizar y ponerle amor a lo que haces. Y si no sabes estar en un lugar, date cuenta de que es porque tienes la mente dispersa.

- Es importante que descubras que el dolor, la tristeza, la soledad, las situaciones difíciles y el aburrimiento son pasajeros, te enriquecen, te humanizan y forman parte irremediable de la vida.
- Comprométete a disminuir tu ritmo acelerado para que disfrutes con atención plena el momento que te toca vivir. Ponte restricciones en las áreas en donde tu *gula* se exacerba y comprende que los límites te cuidan y te protegen.

SIETE SOCIAL

SOY EL CONTRATIPO DEL 7, VOY EN CONTRA DE LA GULA

SOY EL MENOS SUPERFICIAL: EL QUE MÁS TOCA EL DOLOR Y LA CULPA

DISFRAZO MI "GULA" A TRAVÉS DE UNA ACTITUD DE SERVICIO; SUELO SER ENCANTADOR; EL BUENO DE LA PELÍCULA: "ME SACRIFICO POR LOS DEMÁS"

APLAZO MIS DESEOS Y NECESIDADES PARA LOGRAR UN OBJETIVO

¡Uff!... Todavía tengo junta con el patronato, comida con proveedores, y el coctel

HAMBRE DE SER POPULAR Y SER RECONOCIDO POR MIS SACRIFICIOS

SENTIMIENTO DE AMBIVALENCIA ENTRE "SER LIBRE Y SEGUIR CON EL GRUPO"

SOY EL MÁS INTELECTUAL, RESPONSABLE, DEDICADO, GENEROSO Y SERVICIAL

ME PREOCUPA EL FUTURO: SOY EL MÁS IDEALISTA Y ENTUSIASTA

PUEDO PROMETER Y NO CUMPLIR; SER INCONSTANTE, DISTRAÍDO Y MUY IRRESPONSABLE

ME PUEDO CONFUNDIR CON UN 2

SOCIAL

↓

ME SACRIFICO POR EL GRUPO

Palabras claves que lo describen: SACRIFICIO/ "ME SACRIFICO POR EL GRUPO"

Si eres un SIETE social, te obsesiona saber ¿qué necesitas o cuáles son las credenciales, títulos o acciones correctas para ser parte de tu sociedad? Tu miedo a no pertenecer lo vas a disfrazar *sacrificándote con una actitud de servicio*.

He aquí algo muy interesante: eres el **contratipo** del SIETE, es decir, el que menos parece SIETE porque reprimes o vas en contra de la energía natural de la *gula*. Eres el subtipo que más nos cuesta reconocer a simple vista porque escondes tu pasión a través de un comportamiento altruista (ser "lindo, mártir, el bueno de la película, el que se sacrifica por ser una mejor persona o lograr un mundo mejor"), en vez de darle rienda suelta a los placeres de la vida como el típico SIETE que se describe en los libros.

Ichazo bautizó a este subtipo con la palabra "sacrificio". Pero de acuerdo con Naranjo no es un sacrificio normal, es "un sacrificio de *gula*. Es un aplazamiento de los deseos ante un ideal. El engaño consiste en que estas personas tienen una gran *gula* de reconocimiento de su sacrificio. Ansían que los demás los vean como muy buenos".

Es decir, existe una bondad que no es auténtica, sino narcisismo encubierto e inconsciente que busca el aplauso y reconocimiento. Josep Micó, estudiante de Naranjo, afirma: "El sacrificio y el servicio es el precio a pagar por mi necesidad neurótica para obtener admiración de los demás."

Así como el SIETE de conservación es el más independiente y terrenal de los SIETE, tú eres el más idealista y entusiasta. Te preocupa el futuro de nuestro planeta y sociedad. Estás convencido de construir un mundo mejor, más sano y libre, donde todos puedan vivir en paz. Tu ideal sería que no existiera la autoridad, que todos fuéramos iguales, sin jerarquías ni reglas y cada quien fuera libre y responsable de sus actos.

En mi opinión, estoy de acuerdo con Gonzalo Morán cuando dice que el nombre de este subtipo debería ser "Sacrificio... pero con entusiasmo". El *idealismo y entusiasmo* que caracterizan a este SIETE son el motor que lo impulsa a mantener la energía, la constancia y los grandes esfuerzos que implica cualquier sacrificio. Si el interés o el entusiasmo se pierden, se termina la fuerza, la dedicación, la entrega y el amor que invirtió al principio y, en vez de cumplir con su ideal, desperdicia su tiempo en soñar.

Confieso ser una persona egoísta e interesada con "máscara de buena" porque, de forma inconsciente, manipulo a la gente seduciéndola con mi cariño y ayuda o dándoles por su lado siendo alegre, muy condescendiente, complaciente y empática. Todo en aras de salirme con la mía. Ahora que conozco mi subtipo y me puedo observar, cuando me cacho fingiendo que soy "linda y buena" me siento fatal y muy confusa al no saber si me interesa el otro de verdad o soy una hipócrita.

"Si la *gula* es un deseo de querer más —dice Morán— es decir, un deseo de tomar ventaja de todo lo que se puede obtener de una situación, entonces hay en la *gula* un indicio de *explotación* hacia el otro. Pero como contratipo, este subtipo social quiere ser bueno y puro y *no* dejarse llevar por su impulso glotón. Esta persona quiere evitar ser excesiva u oportunista y trabaja en contra de cualquier tendencia inconsciente que pueda tener para explotar a los demás."

Una característica de todos los sociales es la tendencia a compararse con los demás. En tu caso, te gusta ser accesible, popular, cariñoso, creativo y, por supuesto, reconocido. Otro punto a recalcar: aunque se tenga la creencia errónea de que todos los SIETE son extrovertidos y chistosos, quiero aclarar que hay muchas personas sociales introvertidas y serias que participan en el mundo de forma indirecta y no sólo en fiestas y cocteles.

Diferencias con los otros tipos de SIETE: al ser un SIETE social tienes hambre por vivir y relacionarte en un mundo lleno de posibilidades donde puedes arriesgar tu vida y aportar tu talento, trabajo y creatividad en alguna causa. Si eres el SIETE extrovertido, por lo general, eres adicto a las personas, tu red de amistades es enorme, te apasiona involucrarte con la vida y participar en actividades sociales como organizar eventos, convenciones, colaborar en fundaciones donde eres reconocido por tu servicio y, a la vez, te sientes seguro e importante por haber contribuido a hacer un mundo mejor.

Para ti es importante ser visto como una persona buena, inteligente, accesible, altruista, de buen corazón y muy generosa que se sacrifica por su familia, la empresa o el grupo en el que te mueves. Te preocupa dar una buena imagen, llevar la fiesta en paz con todos y evitar conflictos. Eres el más entusiasta y servicial. Tienes *miedo* a dejar de participar en los grupos porque dejarías de ser reconocido socialmente.

Tengo un amigo encantador que llenaba su agenda semanal de compromisos. Me impresionaba que tuviera tres o cuatro eventos diarios de tipo social muy variados (exposiciones, patronatos, fundaciones como Cruz Roja, Teletón, la Asociación de Bomberos de México o reuniones con amigos). Una vez le dije: "¿No te cansas de todos estos eventos superficiales (además de desvelarte y tomar alcohol todos los días)?" Me respondió: "Cuando llego a casa para tomar un baño sí, me da mucha flojera y quisiera quedarme. Pero cuando llego al evento y conozco gente nueva se me prende la pila, me brotan las ideas y me conecto con clientes potenciales. Ahí hago negocios, aprendo temas nuevos, me lleno de adrenalina y me convierto en el más feliz del planeta." Después de un tiempo lo volví a ver y me confesó que esta hiperactividad lo llevó a una severa depresión y a tener problemas con su pareja.

Aquí observamos la *gula* social al buscar de forma compulsiva ambientes estimulantes (llenos de planes, opciones positivas que te llenen de energía y de ideas) donde saciar tu gran necesidad de reconocimiento. Deseas encontrar grupos afines a ti donde haya gente que te active y comparta tu entusiasmo e intereses. Quieres que te reconozcan, validen, quieran, respeten y te hagan sentir útil a la sociedad. Entiendes los beneficios de unión, apoyo, información y fuerza que brinda el pertenecer a un grupo, porque ahí te sientes seguro y protegido, además de compartir y luchar por los mismos ideales. Observa cómo evitas independizarte porque en el fondo te da *miedo* hacer las cosas por ti solo.

Como buen social, tienes grandes ambiciones e intuyes por naturaleza cómo subir la escalera y relacionarte en las grandes ligas. Tu habilidad social es envidiable y tu mente es rapidísima para captar lo esencial o sintetizar conocimiento y conectar una idea con otra, además de tener muchísima facilidad para comunicarte y quitarle la parte tediosa y aburrida a la información y hacerla amena e interesante.

Eres encantador de serpientes. Tienes un aire de inocente con el que desarmas a todos con tu "don de gentes". Te agrada ser el centro de atención, tener mayor cercanía y conquistar a cualquier persona (desde el abogado hasta la cocinera). Pero muchas veces tus relaciones son interesadas, disfrazadas de *entusiasmo* y *bondad* ya que tu ayuda hacia el otro desea generar un sentimiento de deuda hacia ti.

Todos los SIETE huyen del dolor, pero tú lo tocas un poco más. Existe en ti mayor sentimiento de culpa por buscar el placer y evitas ser visto como una persona oportunista o egoísta.

Ejemplos de SIETE social: Patch Adams, Cantinflas (en la mayoría de sus películas educa a la sociedad de forma original y simpática), la Novicia rebelde (Julie Andrews), Larry King, John F. Kennedy, Steven Spielberg, Carol Burnett, Bette Midler y Yordi Rosado, entre otros.

"Frecuentemente la parte más difícil con un grupo es lidiar con la estructura de autoridad. No quieres que te digan lo que debes hacer o te disgusta desperdiciar tiempo en tareas rutinarias. En este nivel, el *sacrificio* adquiere un sabor de *mártir*. Tú aceptas el sufrimiento por el bien de la causa mayor, imaginando, mientras tanto un futuro idealizado que nivela la autoridad." Sin embargo, detrás del precio que pagas por este esfuerzo, hay una *ganancia oculta*: obtienes prestigio, seguridad y sentido de pertenencia. A la vez te sirve como vehículo para desarrollarte o *sacar ventajas* disfrazando tus necesidades bajo el rol altruista de ser el buen samaritano que trabaja muy duro.

Aquí es vital que te des cuenta cómo siempre te acompaña una sensación de ambivalencia entre ser libre, ser tu propio dueño y mandar a todos a volar para hacer lo que se te pegue la gana en donde nadie te controle, o estar dispuesto a quedarte en el grupo y sacrificar tu libertad para materializar tu sueño en el futuro.

¿Con qué eneatipo puedes confundirte?

Con el DOS, pues ambos tienen una actitud positiva y de servicio; son alegres, complacientes y generosos; seductores, manipuladores y buscan la atención de los demás. Son diferentes porque el DOS vive en el corazón, es más dependiente del otro, le cuesta trabajo identificar sus necesidades y tiene *miedo* a que no lo quieran; mientras que el SIETE vive en la cabeza, es más independiente, tiene muy claro lo que quiere y su *miedo* es al dolor y al sufrimiento.

¿Cuándo sacas lo peor de ti?

Tu instinto dominante trabaja en tu contra cuando se siente amenazado. Es decir, cuando tu "prestigio" o "estatus social" se tambalea (porque te sientes vulnerable, inseguro, dejaste de ser el mejor, perdiste tu casa, te sentiste rechazado, humillado o criticado), crecen tu estrés y ansiedad. Si los niegas sacarás la parte más reactiva de tu personalidad para defenderte en el área social:

- Te vuelves extremadamente distraído, inconstante e impaciente con la gente; empiezas las cosas, odias los procesos y las cortas a medias porque nada te llena por completo, dejando un camino de cabos sueltos, gente enojada y frustrada.
- Para evitar tu ansiedad interior, tratas de llenar tu tiempo perteneciendo a varios grupos, clubs o asociaciones, y saturas tu agenda con múltiples actividades. Inviertes mucho tiempo en eventos sociales con los que no te comprometes por si te surge una opción más interesante.
- Cuando la *gula* te invade, dejas de apreciar las bondades del presente porque toda tu atención y energía están concentradas en un futuro fantasioso y placentero.
- Entre más inseguro y ansioso te sientas, más hiperactivo, exhibicionista, hablador, simpático y divertido te vuelves. Aconsejas, te promueves y exageras tu inteligencia y tus capacidades frente a los demás; gastas y despilfarras el dinero, haces grandes promesas y terminas por cumplirlas a la mitad.
- Cuando tu seguridad se siente amenazada, reaccionas de forma tensa y agresiva, sin reflexionar en lo que realmente sientes: niegas, haces trampa,

mientes, te vuelves charlatán y justificas tu comportamiento cerrándote a cualquier comentario o crítica constructiva hacia tu persona.

¿Qué debe aprender el SIETE social?

- Bájale a tu ritmo acelerado porque te aleja de tu salud y de tu centro donde, por cierto, se encuentra la belleza del silencio. Ahí está lo más profundo de nosotros, lo que nos conecta con lo que somos en realidad.

- Deja de comprar amor y querer ser el salvador, el bueno del cuento para que te quieran y reconozcan; mejor entra a tu vida, empodérate, conócete, quiérete, vincúlate e interésate por el otro desde un lugar más honesto.

- No te olvides de saborear la vida y encuentra algún momento durante el día, aunque sea corto y breve, para agradecer y valorar tu existencia, tu salud y tus seres queridos.

- Evita quedar en el ciclo vicioso de buscar el placer y bloquear el dolor y el conflicto. Ábrete y relájate a la experiencia de la realidad en este momento, vive el presente, siente curiosidad por la vida, fluye y haz lo que te toca hacer.

- ¡Vuélvete más selectivo en todas las áreas de tu vida! Ya sea en tus relaciones personales, en tus eventos sociales y al escoger tus causas; apuéstale a la calidad y no a la cantidad.

SIETE SEXUAL

SOY EL MÁS TIERNO, ROMÁNTICO Y POÉTICO; SUEÑO EN EL AMOR IDEAL, SIN EMBARGO, ME CUESTA SER FIEL Y COMPROMETERME

DEMASIADO OPTIMISTA, ENAMORADO DE LA VIDA: LA PINTO DE ROSA

EXPERTO SEDUCTOR; CARISMÁTICO Y ENCANTADOR DE SERPIENTES

SIMPÁTICO, RÁPIDO, JUGUETÓN; TENGO MUCHO SENTIDO DEL HUMOR

FASCINACIÓN POR LA VIDA: UNA PERSONA, UN TEMA O UN PROYECTO

LO OPUESTO A LOS OTROS 7; SOY EL MÁS "NAIVE", IDEALISTA Y SOÑADOR

VIVO EN MI IMAGINACIÓN; PLANEO, FANTASEO Y EMBELLEZCO LA REALIDAD

ME GUSTA VER LAS ESTRELLAS, PARA NO VER LA REALIDAD

ME PUEDO CONFUNDIR CON UN 4

PUEDO SER DEMASIADO INTENSO, SENSIBLE, SARCÁSTICO Y CAPRICHOSO

Te invito a Las Vegas y al fin del mundo

SEXUAL

↓

FASCINACIÓN

Palabras claves que lo describen: SUGESTIONABILIDAD/ FASCINACIÓN

Eres ingenuo, seductor, entusiasta y un eterno optimista enamorado de la vida. Estás convencido de que la vida está llena de posibilidades para ser feliz. De acuerdo con Naranjo: "El SIETE sexual no es terrenal, sino celestial. No está interesado en las cosas de este mundo. Su pasión es soñar, ir hacia lo dulce de la imaginación en vez de contactar con la ordinaria y no tan interesante realidad... Se trata más bien de una idealización de lo común: el siete sexual mira las cosas con el optimismo de aquellos que están enamorados. Dicen que el amor es ciego. Podría ser que el siete sexual sea ciego en el mismo sentido. Es demasiado entusiasta."

Diferencias con los otros tipos de **SIETE:**

Representas el arquetipo del SIETE, es decir, eres el que se describe en los libros de Eneagrama. Vives en modo avión, volando entre las nubes e imaginando un mundo utópico mientras que, de forma inconsciente, evitas la parte desagradable de la vida. Al ser una persona inquieta y nada conformista, tienes intereses de todo tipo y buscas variedad, novedad, situaciones estimulantes, vanguardistas y divertidas, amigos íntimos y rodearte de gente interesante, fascinante y aventurera.

Más que ser práctico y terrenal como el SIETE de conservación o buscar el reconocimiento de los demás al tratar de ser bueno y servicial como el SIETE social, tu preocupación consiste en imaginar "algo extraordinario o mucho mejor" que la cruda realidad que vivimos a diario.

Ichazo bautizó a este subtipo con la palabra *sugestionabilidad*. Significa idealizar, anhelar, embellecer, imaginar, convencer, persuadir, hipnotizar, soñar... Por eso te consideran ¡el gran soñador del Eneagrama! Quieres probar de todo y no perderte ninguna experiencia.

"Tu imaginación es un instrumento tan poderoso que puede provocarte una decepción. En la mente todo es posible. La mujer más hermosa, el hombre más considerado. Puedes traer a tu memoria recuerdos muy valiosos en un sólo pensamiento: una casa hermosa, la cara de tu niño favorito, un fondo musical, como en un set de película. Pero, al comparar, la realidad puede convertirse en una desastrosa decepción. La existencia física y material son imposibles que coincidan con los placeres de la mente. Consecuentemente, cuando las ideas se plasman en hechos, te sientes alarmado ante la discrepancia entre lo ideal y lo actual. Te desesperas ante un verdadero logro. Ya no es tan interesante como en un principio lo habías pensado. Te preguntas ¿Qué sigue?"

"En este caso, la pasión de la *gula* se manifiesta como una manía por embellecer la existencia y ver las cosas con el entusiasmo y optimismo de un «enamorado» o más bien de un soñador. En esta pasión por soñar, los sueños se viven más intensamente que la realidad. Es como si este SIETE anduviera por la vida con gafas rosadas que le permiten ver sólo lo positivo de la vida."

Mi padre padeció Parkinson durante más de veinte años, enfermedad que le fue minando el movimiento físico hasta quedar rígido en una silla de ruedas. Como buen SIETE, a pesar de su terrible enfermedad, le encantaba hacer una gran fiesta en su cumpleaños. La planeaba con mucha anticipación, deleitándose y saboreando en su mente todo lo que iba a acontecer en ese día. Recuerdo que a mis hijas les decía: "¡Quiero que se compren el vestido más bonito que puedan porque va a ser mi cumpleaños! Quiero verlas guapas y alegres. Si quieren inviten amigos para que se diviertan ¡porque va a ser un gran reventón!" Ellas respondían: "¡Qué padre abuelo! ¿Cuándo es tu fiesta?" "Faltan ocho meses, pero no importa porque ya voy a «estar sano» y ¡será la mejor fiesta del mundo!"

Como buen sexual, te atrae la belleza y eres súper vanidoso; te interesa mucho tu apariencia física y atraer la atención del otro con tu cuerpo y tu arreglo personal.

Encontrar tu alma gemela es primordial. Buscas la intimidad y quieres que tu pareja te desee, atienda, cuide y escuche todas las infinitas posibilidades e ideas locas que surgen de tu mente. Eres tierno, romántico y el más profundo y sensible de los SIETE. Te divierte el juego de la seducción, te atrae el amor, la intimidad, lo poético, una puesta de sol... es decir, te gusta soñar en el amor ideal y embellecer la realidad con fantasías.

Encantador de serpientes, dominas y te maravillas sobre el "don" que tienes para encantar y derretir a la gente, pero en el interior tienes *miedo* a no ser una persona interesante. Como dice Palmer, te conviertes en el Don Juan o Doña Juanita del Eneagrama, usas tu energía y carisma para seducir y conseguir lo que quieres. Te sientes tan especial que sabes que tu energía ilumina cualquier momento ordinario con gran facilidad. Tu buen humor es contagioso y sabes hacer reír a los demás. Tu voz es segura, alegre y expresas a la perfección lo que el otro quiere escuchar, aparentando saber más de lo que en realidad sabes. Todo mundo te ama y quiere sentarse a tu lado porque sabe que va a pasar un buen rato, pero que no se te pasen las copas porque te vuelves un disco rayado o caes en la intensidad de halagos o agradecimientos hacia el otro.

Eres el SIETE más *naive* o inocente. Así como tu vecino SEIS es el más negativo del Eneagrama, tú eres el más positivo. Te dejas influenciar con facilidad, tu pensamiento es mágico con un futuro prometedor o te escondes en un mundo feliz para evitar la incomodidad, la tristeza o el dolor.

Te tomas la vida a la ligera porque eres un espíritu libre y disperso con una imagen despreocupada, juguetona e inquieta. Te llama la atención el cosmos, el mar, lo espiritual, lo esotérico, el arte, la creatividad, las personas interesantes, rápidas de mente y con mucho sentido del humor.

Cuando alguien te toca un tema delicado que involucra sentimientos difíciles, de forma inconsciente usas tu mecanismo de defensa preferido: la racionalización. Eres un genio para manipular la verdad y pintar de colores pastel la realidad. Te cuesta trabajo sentir tristeza, frustración, aburrimiento, ansiedad, carencias, *miedo*, enojo o expresar lo que te duele o no te gusta. "Es probable que niegues tu *miedo* y creas que si eres optimista, todo funcionará muy bien. Solo tus más allegados pueden saber que luchas con la tristeza."

En este punto me viene a la mente una película italiana muy famosa: *La vida es bella*. Roberto Benigni interpreta a Guido, un SIETE sexual que emplea su fértil imaginación para proteger a su hijo de los horrores de un campo de concentración nazi. Hace todo lo posible para hacerle creer que "la vida es bella" y lo que están viviendo sólo es un juego.

Eres adicto a las personas, te fascina conocer gente nueva, enamorarlas, pero no comprometerte. Es factible que te dejes deslumbrar por una conversación fascinante con alguien que acabas de conocer y termines idealizándolo por su historia, trabajo o trayectoria. También eres astuto y no pierdes la oportunidad de sacar ventaja o algún tipo de provecho cuando se presenta la oportunidad.

Otras de mis películas favoritas es *Elsa y Fred*. Cuenta la historia de Elsa, una SIETE sexual de 82 años que encuentra el amor de su vida en Alfredo, un viejito SEIS "amargadón". Tras enviudar de su anterior mujer, Alfredo descubre una nueva vida junto a la divertida y soñadora Elsa. Vemos cómo aprende a amarla, a contagiarse de su vitalidad, locura, "juventud" y a disfrutar del tiempo que le queda de vida.

Más que estar enamorado de una persona, estás enamorado del amor, de la idealización por encontrar una relación de pareja. Pero, cuando por fin encuentras "ese alguien especial" y sientes que hay una atracción química entre ustedes, tu imaginación se desborda y te urge intimar de forma auténtica, intensa y cercana. Deseas conocer todo sobre esa persona y que ésta se interese al igual por ti.

Muchas veces la habilidad que tienes para pintar un mundo color de rosa lleno de posibilidades futuras, donde ambos entran en el juego de un sueño imaginado, puede ser muy peligroso porque ocasiona que la otra persona malinterprete y se emocione o se haga ilusiones falsas, cuando tú sólo pretendías compartir un momento mágico. "En cinco años, cuando me retire, quiero vivir cerca del mar y disfrutar al máximo la vida. ¡Imagínate tener nuestro yate para viajar por todo el mundo y un hotelito *boutique* con seis habitaciones para cerrarlo cuando se nos antoje y abrirlo sólo en verano!"

Cuando te sientes atraído y hechizado por una persona en específico, sueles idealizarla porque se crea algo conocido en psicología como el "Efecto Halo". Sin conocerla le adjudicas características favorables y te convences de que harían una excelente pareja. Pero el problema con este efecto, es que tiende a ser pasajero y te empiezas a aburrir, te desilusionas, te cansas o tu atención se deslumbra por energías diferentes, pastos más verdes o personas más bellas o interesantes que te hacen claudicar o abandonar la relación, sin estar muy consciente del impacto o dolor que causas en la otra persona. Por eso el SIETE sexual (después del CINCO) tiende a la soltería.

Es interesante lo que señala Chestnut: "Contrariamente a lo que podríamos esperar de un SIETE sexual, no está tan enfocado en el sexo como lo está en la esencia del amor. Los SIETE sexuales se enamoran fácilmente pero no están tan interesados en tener sexo con alguien como lo están en lograr una especie de conexión suprema idealizada. Su sexualidad se mantiene principalmente en la cabeza de estos personajes. Es una sexualidad normal por un lado, pero es una promesa para una mayor apertura a una unión mística por el otro."

¿Con qué eneatipo puedes confundirte?

Con el CUATRO porque ambos son románticos, intensos, profundos, aventureros, idealistas y están enamorados del amor. Son diferentes porque el CUATRO vive en el corazón, se toma las cosas más en serio, se enfoca en las carencias y en las sombras. Su atención está hacia dentro, se regodea en el dolor y la melancolía, se devalúa, es más pesimista y siente *envidia*. En cambio, el SIETE vive en su imaginación, soñando y planeando un futuro excitante, se toma la vida más a la ligera y es entusiasta. Su atención está hacia afuera, huye del dolor y del sufrimiento, se ama, es positivo y no siente *envidia*.

¿Cuándo sacas lo peor de ti?

Tu instinto dominante trabaja en tu contra cuando se apodera de ti o se siente amenazado. Es decir, cuando tu "atractivo físico", "masculinidad o feminidad" se tambalean (porque tu atractivo físico se acabó, te sientes vulnerable, inseguro, rechazado, se acabó la chispa con tu pareja, te sientes humillado o criticado por algo), provocan que tu estrés y ansiedad crezcan. Si los niegas, sacarás la parte más reactiva de tu personalidad para defenderte en el área sexual o uno a uno:

- Enojado, te rebelas y te vuelves irónico, burlón, demasiado sensible, caprichoso, berrinchudo, te llenas de *ira* por nimiedades y te sientes de todo.
- Cuando tu relación es inestable o tambaleante, internamente sientes mucho *miedo* y ansiedad; reaccionas de forma evasiva, haciéndote el ingenuo, dejando de hablar, desapareciéndote de la escena o bien te vuelves agresivo y con una postura defensiva.
- Escondes tu inseguridad manipulando la situación con tu pareja o con la persona que estás. Usas tu habilidad mental para voltear la situación a tu favor, haciendo dudar a tu oponente mientras tú terminas convencido de que tienes la razón.
- Cuando nada te llena y percibes una sensación de vacío e insatisfacción, y quieres más de lo que te gusta, surge la desmesura. Tu ansiedad te ciega a la realidad, te desentiendes de ella y buscas experiencias excitantes que te hagan sentir vivo. Te vuelves hiperactivo, muy impaciente, egoísta, superficial, indisciplinado, adicto a lo placentero y a la infidelidad.
- Cuando la *gula* y tu instinto sexual te dominan, "podrías llegar a enredarte en proyectos locos o en aventuras amorosas peligrosas o nada realistas. Te conviertes en buscador de emociones; buscas fuentes de diversión cada vez más sofisticadas, al mismo tiempo éstas te afectan cada vez menos."

¿Qué debe aprender el SIETE sexual?

- Observa tu tendencia a vivir en Disneylandia y en tu imaginación; mejor vive la realidad día a día, enfrenta tus miedos y los sinsabores de la vida sin olvidar el privilegio de estar aquí y ahora en este mundo lleno de posibilidades.

- Recuerda que entre más prisa tengas y más inquieto estés, más vacío sentirás. El sólo respirar de forma profunda, te tranquiliza y te da claridad para apreciar el recorrido, afianzar tu espiritualidad y agradecer cada detalle y cada acompañante de tu alma que la vida te muestra.

- Como diría Jorge Bucay: "¡Serás feliz cuando entiendas que...!" Ser feliz es estar sereno y esa serenidad se obtiene cuando uno está en el camino que eligió. Ahí te darás cuenta de que la felicidad es algo que ocurre de la piel para adentro y no de la piel para afuera.

- Toma decisiones radicales que te lleven a una sensación de bienestar y de paz. Distingue lo que tiene valor y lo que no lo tiene. Los vínculos de amor que hayas hecho perduran y producen más luz en tu vida. Cancela la parte tóxica y recuerda que es imposible cambiar un hábito si no hay compromiso.

- De acuerdo con los japoneses, todo mundo tiene un *ikigai*, es decir, un motivo para existir. ¿Te has preguntado por qué estás aquí? Dentro de ti hay una pasión, un talento único que da sentido a tus días y te empuja a dar lo mejor de ti hasta el final. ¡Tu misión es descubrirlo!

PERSONALIDAD TIPO OCHO

El protector / el jefe / el líder / el desafiador: tiene gran capacidad para mandar, guiar, resolver y tomar el control de cualquier situación de forma inmediata.

Pertenece a la tríada visceral (8, 9, 1) porque percibe y filtra la vida desde el cuerpo. Recuerda que estas tres personalidades tienen en común problemas con el manejo de su agresión y represión de la *ira*.

En general te caracterizas por ser: una persona orientada a la acción. Eres visionario, fuerte, directo, decidido, realista, concreto, astuto y práctico. Te estimulan los desafíos, los obstáculos, el peligro, los problemas y la competencia abierta con el enemigo. Nada ni nadie te afecta. Quieres saberlo todo y no soportas que escondan, suavicen o manipulen la información.

Eres un líder natural con un alto sentido de justicia y equidad, lo que te lleva a ser gran defensor de los débiles y oprimidos. Intuyes con facilidad la mentira, la porquería o falsedad porque tu mente se enfoca en las intenciones ocultas de las personas. Buscas en quién confiar, por eso te gusta observar a la gente, probarla y presionarla en situaciones difíciles (en esos momentos sale a flote su verdad y compruebas qué tan segura, íntegra o confiable es para arriesgarse contigo).

Por naturaleza, eres generoso y de gran corazón, te atrae estar al mando, tomar el timón del barco y dejar una huella en los demás. Expresas cariño cuidando a tu gente. Si tu nivel de consciencia es sano y equilibrado, la provees económica y emocionalmente: la empoderas, la desafías para que saque su mayor potencial porque quieres que sea segura, competente, fuerte y asertiva como tú. Pero si eres una persona tóxica puedes aplastarla, minimizarla y aniquilar en un dos por tres toda su autoestima.

Eres el rey o la reina de tu territorio y estás tan acostumbrado a mandar y que las cosas se hagan a tu manera que exiges obediencia. Tu presencia es sólida, firme y segura como un *tanque alemán* cargado de una energía expansiva imparable que rara vez se agota. "Tu cuerpo lo demuestra: piel gruesa, musculatura maciza, bien plantado, gran resistencia al dolor físico y psicológico." Eres un ser seductor, visceral e impulsivo y el que más fácil accede a su enojo. Te comunicas con franqueza y sin rodeos, algo que intimida a algunas personas, mientras a otras les genera protección y respeto.

Un tema importante en tu vida es el control. Te gusta tener todo bajo control ya sean posesiones, recursos, situaciones, personas o hasta tu espacio personal. Tienes *miedo* a ser controlado, que alguien se aproveche de ti; no soportas que te manden o te digan qué hacer. Eres rebelde y atrevido, desafías a la autoridad y rompes las reglas a tu antojo porque te riges por un código personal.

¡Tu problema se llama exceso! Eres tan apasionado e intenso que desconoces los límites, por eso te excedes en la comida, compras, diversión, trabajo, ejercicio, celos y hasta en el control.

ALAS

¡Recuerda que son la sal y la pimienta de tu personalidad!

Si eres un 8/7

En la luz: eres extrovertido, asertivo, sociable, energético, activo y simpático. La influencia de la energía SIETE te hace innovador, arriesgado, ambicioso, rápido, aventurero y emprendedor. Si combinas la agilidad mental y la alegría del SIETE, con la pasión, practicidad y visión del OCHO, se tendrá como resultado personas carismáticas y compasivas con gran liderazgo, una orientación a la acción y los resultados. Eres más proactivo, quieres más reflectores, ser escuchado y causar mayor impacto en los demás. Te gusta crear tus propios negocios y ser independiente económicamente.

En la sombra: eres impulsivo, voluntarioso, hablador, protagónico, poco tolerante a la frustración e ineficiencia. Hedonista y vanidoso, presumes al viento lo invencible y poderoso que te sientes. Prometes más de lo que cumples. Explotas de forma irónica, violenta y humillas con tu lenguaje oral y corporal. Eres propenso a las adicciones.

Tu vestimenta: te vistes para ti sin importar que estés a la moda. Muchas veces quieres reflejar una imagen de poder con elementos atrevidos y creativos que captan la atención de los demás. Tu ropa es cómoda, moderna, seductora y con colores divertidos y alegres.

Si eres un 8/9

En la luz: eres más sereno, serio, receptivo y gentil que el 8/7. La energía del NUEVE te genera una mano izquierda más suave para mandar y mediar cualquier situación. Tienes gran capacidad para empoderar, proteger y liderar de forma más tranquila. Por momentos te gusta más disfrutar de la vida con la familia que estar produciendo. Eres tímido y reservado, pero más cálido que el 8/7. Eres mucho más observador, estratega, paciente y perseverante. Te muestras tranquilo mientras por detrás controlas y manejas los hilos de todo el gallinero. Hablas con cierta ecuanimidad, pero con la misma fuerza y autoridad que el 8/7. "Estas personas parecen tener una doble naturaleza; se manifiestan de un modo distinto en diferentes aspectos de su vida. Por ejemplo, puedes ser acogedor y afectuoso en tu casa, y a la vez muy enérgico, determinante y agresivo en el trabajo."

En la sombra: eres más terco, aislado, frío, parco, insensible y cerrado que el 8/7. Ignoras a la gente, te haces el sordo y te comportas con indiferencia (muy parecido al CINCO). Para salirte con la tuya, intimidas a la gente con tus silencios prolongados o a través de explosiones violentas cuando pierdes el control.

Tu vestimenta: usas ropa fina, distinguida, clásica, autoritaria, pero a la vez simple, funcional y cómoda que te permite expresar autenticidad, movimiento y libertad. Te atraen los colores sólidos. A veces le añades elementos atrevidos a tu arreglo que hablan de ti.

¿QUÉ TANTO TE CONOCES?

En general, quieres: ¡Experimentar la vida al máximo con todos sus placeres! Probar o tener mucho de lo que te gusta y te hace sentir vivo. Construir un mundo mejor, dejar un legado, trascender en tu trabajo y familia, ser tu propia autoridad y dirigir tu vida. Quieres tener poder adquisitivo para ser un líder independiente y autosuficiente.

Deseas que los demás te vean: como una persona que no le teme a nada ni a nadie, directa, eficaz, honesta, confiable, justa, decidida, poderosa y con una actitud de "déjamelo a mí, yo me encargo". Como un líder con capacidad de mando que no anda con rodeos pues crees que, para ganar respeto, debes mostrarte fuerte y tapar cualquier indicio de vulnerabilidad.

¿Cómo te ven en realidad?

Cuando tu punto ciego te traiciona (*lujuria*), la gente te percibe como una presencia avasalladora, ruidosa, intensa, con un tono de voz alto y controlador que intimida y desagrada a los demás. También como alguien demasiado valiente, egoísta y oportunista que rompe las reglas a su antojo e invade terrenos ajenos para conseguir lo que quiere. A veces, tu manera imperativa de hablar se malinterpreta con mal humor. Cuando estás en tu punto más álgido, te vuelves el dueño de la verdad absoluta, insensible, prepotente, agresivo y dictador. En ocasiones, creas un escudo energético de "no te me acerques".

Evitas al máximo: la hipocresía, la falsedad, que te controlen o dominen. Evitas entrar al terreno de la intimidad emocional: mostrarte débil, dependiente, culpable o vulnerable. No quieres aceptar tus miedos, dudas, dolores y sufrimientos.

Tu talento natural: gran capacidad de mando, claridad para evaluar una situación, ponerle nombre y tomar acción. Eres un líder natural con tanta energía y optimismo que contagias e inspiras a otros para superar la adversidad. Representas el modelo de la resiliencia, tu perseverancia y fuerza de voluntad permiten que te levantes una y mil veces transformando el dolor en fuerza motora para salir adelante. Tu magnanimidad (es decir, tu gran corazón) y nobleza de espíritu te impulsan a trascender tus intereses a favor de un bien común.

Tu mayor debilidad: la falta de autocontrol y equilibrio para ponerte un "hasta aquí" cuando algo te gusta o disgusta. Tus impulsos son más rápidos que tu mente, lo que provoca reacciones violentas que lastiman (muchas veces sin querer) de manera profunda y devastadora. Ignoras el gran impacto que tiene tu energía en los demás: tu manera de enojarte, imponer, someter, pedir o decir las cosas suscitan en el otro *miedo*, odio y muchas veces destruye la relación. Al expresar tu ira sientes que tomas el control, pero ésta te ciega, insensibiliza, te hace inmune al dolor, al *miedo* y disminuye tu consciencia (entonces escala a una furia descontrolada y cruel). Toda esta *ira* te aísla y produce infelicidad. Tu frase puede ser "¡Divide y vencerás!" (A la familia, socios y amigos.)

La fortaleza que más necesitas: *Inocencia/Vulnerabilidad.* Crees que, para sobrevivir en esta selva, debes mantener una posición de dominio y mantener bajo control tu sensibilidad porque si la muestras sería signo de debilidad. Mostrar tu vulnerabilidad es dejar que el otro vea tu mundo íntimo, tu capacidad de entrega total al amar, tu ternura, agradecimiento y la gran necesidad de sentirte amado, mimado y cuidado. Tener fortaleza interior implica soltar el control y buscar vínculos de apoyo. Ser inocente significa apartar tus prejuicios de sospecha y traición. Es bajar la guardia, ser receptivo sin fronteras y dejarte afectar por el momento presente, contactar con lo más profundo de ti y dejar salir de forma espontánea lo que tu alma quiere expresar.

Te atrae: una posición de poder, relacionarte con otros líderes, la honestidad, gente fuerte e independiente que sustenta su opinión, la competencia, la astucia, la vitalidad, la sexualidad, el contacto físico, el juego, la conquista, la adrenalina, el riesgo, la violencia, una discusión acalorada, la integridad, el esfuerzo y el trabajo duro, una actitud proactiva de "sí se puede o ¡yo me encargo!"

Cuando estás en tu mejor momento: te humanizas, bajas tus defensas, te preocupas por el bienestar de los demás, te das cuenta de lo mucho que amas y necesitas de los tuyos (lo que inspira una lealtad genuina de los otros hacia ti). Muestras tu protección, ternura, buen sentido del humor y magnanimidad. Creas oportunidades y fuentes de trabajo. Controlas tu impulsividad, piensas y planeas antes de reaccionar. Utilizas tu energía y vitalidad para impulsar y ayudar a las personas a ser fuertes y autónomas. Te vuelves más abierto, ligero, espontáneo, cariñoso y expresivo. Descubres el poder que te da el conocimiento y la información.

Cuando estás estresado: te endureces de manera interna, te cuadriculas, tu mente se nubla a la realidad y levantas tus sospechas y defensas. Dejas de sentir compasión por el otro, es más, sin darte cuenta, muchas veces lo cosificas, lo usas y luego lo tiras. Te sientes solo, eres escéptico y desconfías hasta de tu gente. Te aíslas, te vuelves reservado, tenso, callado, no permites que te aconsejen o apapachen. Te cuesta trabajo conciliar el sueño y evitas contar tus problemas. Quieres estar solo para pensar y planear tu estrategia o tu plan de ataque. Vives en una constante adrenalina y, en vez de compartir tus problemas y bajarle a tu estrés, trabajas más duro hasta que tu cuerpo y salud te lo cobra.

¡Date cuenta!

Usas tu enojo como arma para sentirte poderoso, someter al otro, restablecer tu poder, controlar que nadie se acerque, manipular y conseguir lo que deseas. Como dice Eduardo Calixto: "El enojo es una inmadurez psicológica ante una intolerancia al fracaso. Es el enojo una de las máscaras más comunes de la inseguridad, la molestia ante la demanda de situaciones nuevas o la expresión oculta de una autoestima lesionada."

Detrás de tu imponente presencia, tienes un corazón enorme endurecido por las heridas del abuso, dolor y humillación que te marcaron a lo largo de la vida. Entre más *miedo* tengas a que te controlen, te vuelves más reactivo, agresivo y dominante. Recuerda, "eres la personalidad más poderosa de todo el Eneagrama; ahora piensa en todo el bien y en todo el daño que puedes hacer. ¿Por cuál de ellos quieres ser recordado?".

No te das cuenta... de tu *actitud vengativa.* Seguro dirás: "¡No soy vengativo!" Pero bien sabemos que el OCHO desea tres cosas: poder, justicia y venganza. No tienes problema en identificar las dos primeras, pero la venganza es una actitud inconsciente porque "se manifiesta en el impulso, la compulsión de arreglar algo que estuvo mal, compensarlo o darle la vuelta; algo que tiene que ver con la impotencia de la infancia que se intenta compensar con el poder del presente". No hay sentimiento de culpa porque lo vives como un cierre de cuentas y una justificación para nivelar el marcador, hacer justicia y sólo hasta saldar las cuentas recuperas tu paz interior. "Ojo por ojo, diente por diente." "Te aprovechaste de mí, ahora te toca pagar a ti."

Ejemplo: Juan Carlos, mi marido, es un OCHO ala 9 y dice que no es vengativo, pero recuerdo unas vacaciones en las que nos invitaron a dar un paseo en un yate pequeño. Un tipo quiso seducirme con su plática, chistes y lenguaje corporal. Vi cómo mi marido lo observaba desde lejos mientras platicaba con otros amigos. Al llegar al muelle, Juan Carlos se puso en la salida para ayudar a la gente a desembarcar. Cuando le tocó bajar al seductor, le dijo al oído: "Para que te andes con cuidado." ¡Y lo empujó al mar!

El mecanismo de defensa que más usas: la negación.

Cuando algo del exterior nos asusta o amenaza, todos los seres humanos de manera "inconsciente" levantamos una barrera para defendernos y así no ver la realidad tal cual es. De esta manera el mecanismo *nos protege y nos proporciona una sensación de seguridad* que nos permite funcionar.

La negación consiste en ignorar la realidad que te resulta insoportable y que, de reconocerla, te obligaría a tener consciencia de tus emociones. Es decir: no ves, sientes ni experimentas el *miedo*, el peligro o la vulnerabilidad porque de niño aprendiste a mantener la autoimagen de ser fuerte y valiente. "La negación bloquea la consciencia, distorsiona la realidad e ignora directamente una realidad que resulta obvia."

Ejemplo: tu médico te pronostica cáncer y sales del consultorio diciendo que te encuentras en perfectas condiciones de salud. En tu interior, dices: "Soy demasiado fuerte para que me gane la enfermedad."

Algo interesante que señala Palmer sobre este mecanismo es que cuando te encuentras en una discusión frente a un adversario, de forma inconsciente, niegas tus propias debilidades. En vez de ser receptivo con el otro, tu energía crece y busca impactar a tal grado, que te sientes igual o superior a tu oponente. Tu atención sólo se concentra en el objetivo que necesita ser alcanzado y en detectar de qué pie cojea tu contrincante. Al negar tu vulnerabilidad, tus emociones se cierran y por eso te avientas al ataque sin culpa y sin *miedo*.

Desde el Eneagrama, la negación te ayuda a rechazar cualquier tipo de peligro y ahogar tu vulnerabilidad, anteponiendo tu fuerza para mantener tu imagen invencible frente a los demás, ya que uno de tus peores temores en la vida es mostrarte débil, sentirte traicionado o quedarte sin poder.

> Importante: el precio que pagas al usar el mecanismo de la negación es que tu receptividad se cierra, tus sentimientos se endurecen y no hay lugar para recibir los dones de la vida. "Pierdes consciencia de la ternura y del impacto que tu conducta genera en los demás. Adoptas comportamientos duros que los otros sufren y temen. Tu insensibilidad se manifiesta y te impide darte cuenta del dolor y la existencia de los demás."

Tu sombra / punto ciego: la *lujuria*, exceso o intensidad

Cuando escuchamos *lujuria*, casi siempre pensamos en una intensidad de tipo sexual o una explotación insensible del otro. Pero en el Eneagrama es más que eso: es una pasión que busca el exceso y la intensidad en todo tipo de estímulos que provoquen placer y satisfacción en el cuerpo y te hagan sentir vivo (comida, alcohol, dinero, compras, actividades, poder, trabajo, música, posesión, ejercicio, velocidad, etcétera).

"Hay un hambre de estímulos y un deseo de traspasar los límites; todo aquello que exceda los límites de la moderación."

La *lujuria* es esa fuerza que surge de la energía vital, es el torbellino de energía que llena tu cuerpo de tal modo que te sientes *invencible*.

"En síntesis, podríamos decir que tu pasión consiste en obtener, ya, satisfacción y gratificación, como un adolescente. El futuro no existe y el pasado no es necesario."

> Entre más te atrapan las garras de la *lujuria*, más te dejas llevar por tus impulsos instintivos y más te pierdes en ellos (porque la intensidad y la adrenalina se vuelven adictivos).

> Recuerda: el exceso anestesia tus sentimientos más vulnerables y te desconecta de la realidad, de ti y de los demás.

Objetivo final del Eneagrama: despertar y ampliar tu consciencia para contactar con tu esencia. Así, te darás cuenta de los patrones automáticos que realizas, romperás con la *intensidad* o los *excesos* y podrás llevar una vida más equilibrada, plena y coherente contigo.

Observa tus hábitos y atrápate en el momento exacto en que te impacientas, te frustras por no salirte con la tuya, sientes como el ímpetu de energía quiere expresarse de forma física o verbal (comer, comprar, hacer mucha actividad), confundes tu asertividad con agresividad, te vuelves insensible hacia el otro, buscas culpables.

En vez de reaccionar impulsivamente y querer tomar el control como acostumbras, percibe tu energía llena de adrenalina y evita actuar de forma inmediata. Rompe el hábito automático del OCHO y haz una pausa. ¡Vale la pena intentarlo! Respira profundo y cuenta hasta diez para que tu cuerpo se relaje, la respiración se conecte con tu corazón, éste se abra para escuchar tu voz interior desde un lugar más receptivo y capte con claridad la realidad que estás viviendo. Tu cuerpo entenderá qué hacer desde un lugar más sabio y sereno. Así, tu fortaleza interior será (y no tu fuerza física) la que inspire a tu prójimo a cambiar. Si logras relajarte, controlarte y ser más receptivo, mostrarás tu verdadero poder, entrarás en el camino de la transformación... y la visión del mundo injusto empezará a cambiar para ti.

SUBTIPOS: LAS TRES VERSIONES DE OCHO

Si combinamos la *lujuria* con cada uno de los tres instintos que hemos mencionado, provocará tres reacciones o comportamientos muy diferentes, dando como resultado los tres subtipos: **OCHO de conservación, OCHO social** y **OCHO sexual.** ¡Por eso las personas del mismo tipo se ven y se comportan de forma diferente!

Práctico y territorial   Amigable y cálido   Rebelde y carismático

¿Cuál es tu reto?

¡Sal de tu zona de confort, sacude tu ego para que tu esencia impregne tu personalidad! Ve más allá de tu *lujuria* y descubre el instinto dominante que gobierna tu vida para que hagas conscientes tus comportamientos automáticos primarios y los transformes en respuestas más sanas y equilibradas.

Veamos cómo los OCHO controlan y canalizan su *lujuria* de tres formas muy diferentes. Te presento un pequeño resumen para que descubras tu subtipo de acuerdo con Serra Llansana:

- El **OCHO de conservación** vive la *lujuria* como "satisfacción" de sus impulsos y deseos. Intolerante a la frustración, siente que le corresponde todo lo que proporciona placer y lo toma del mundo. Es de pocas palabras pero muy orientado a la acción.

- El **OCHO social** vive la *lujuria* como una "complicidad". Más que buscar amistad con las personas, buscas "hacer alianzas" o pactos de protección para sentirse seguro. Suele ser el más intelectual.

- El **OCHO sexual** es el más rebelde, carismático y seductor. Vive la *lujuria* desde la "posesión", la conquista amorosa y sexual. Quiere controlar a esa persona especial. Es el más emocional.

OCHO DE CONSERVACIÓN

CONSERVACIÓN
↓
SATISFACCIÓN

Palabras claves que lo describen: SATISFACCIÓN/ TENGO QUE TENERLO

Tienes *miedo* de no tener los suficientes recursos para sobrevivir, pues para ti, la vida ha sido dura, una lucha constante, una jungla donde enseñas a los tuyos a ser fuertes y egoístas para sobrevivir, lo que genera en ti una fuerza de voluntad y una dureza especial que te caracterizan. Si ese *miedo* lo mezclamos con el exceso e intensidad que te representan, generará un exceso de atención a todo lo relacionado con la sobrevivencia. Quieres satisfacer tus necesidades de forma inmediata, por eso acumulas "grandes cantidades" de todo lo que te da seguridad y bienestar personal.

Cuando voy al supermercado, en vez de comprar las tres manzanas que necesito
para la semana, termino comprando siete, al igual que tres frascos de mostaza

o la caja de cereal más grande. De igual manera, cuando invito a cenar a una pareja pido comida para ocho en vez de para cuatro personas. Lo hago sin darme cuenta. Tener más de lo que necesito me da seguridad porque más vale que sobre y no que falte.

La protección es un tema fundamental en tu vida. Pones atención en que tu casa, oficina o territorio esté bien protegido, ya sea por personal de vigilancia, sistemas de cámaras de televisión, puertas blindadas, muros altos, cerraduras o perros que transmitan *miedo* y respeto. Tu casa se convierte en tu búnker (como el CINCO) porque ahí es donde te sientes feliz, protegido y seguro de cualquier intruso o invasión. Eres el rey o la reina de tu espacio, es decir, el que toma las riendas del "changarro". Cabe destacar la gran conexión que tienes con la naturaleza, con la madre tierra que te da energía, te vincula con tu libertad y con la realidad, para sobrevivir en ella por más difícil que sea.

Diferencias con los otros tipos de OCHO: eres el más solitario e independiente de los tres. Tienes gran conexión con las características del CINCO porque disfrutas mucho tener tu espacio privado y estar a solas ya sea para trabajar, reflexionar, practicar un deporte o divertirte. Eres el más tranquilo, observador, callado, sensato, parco y reservado de los OCHO. Controlas tus emociones y si predomina tu ala NUEVE eres un poco tímido en situaciones sociales.

Eres el arquetipo del OCHO que leemos en los libros de Eneagrama. Eres más duro y seco que el OCHO social, pero menos rebelde y agresivo que el OCHO sexual.

La palabra clave que te describe es "satisfacción": ¡Debo tener lo que quiero! ¡Ahora! De lo contrario hay una gran intolerancia a la frustración porque: "Este tipo de OCHO persigue la satisfacción de sus necesidades. No suele hablar mucho. Es como el león. Un león sólo se mueve cuando tiene hambre. Persigue para satisfacer su hambre y después duerme durante el resto del día [...] su necesidad es la de un egoísmo exagerado."

Date cuenta: "cuando te enfocas en satisfacer tus necesidades, te vuelves exageradamente *"egoísta"*. Te sientes omnipotente para satisfacer o resolver cualquiera de tus necesidades y en automático descalificas cualquier sentimiento, persona, idea o institución que se oponga a tus deseos. Irás en contra de lo que sea con tal de conseguirlo.

En el instinto de conservación: "La *lujuria* se manifiesta en la búsqueda directa de las satisfacciones y el tipo de vida que uno merece, con una total intolerancia a la frustración, [...] se siente con derecho a que sus impulsos sean gratificados. Hay una necesidad de «intensidad» que si bien es común en los tres subtipos, aquí adquiere mayor relevancia."

¿Y qué te da satisfacción? Todo. Las cosas más simples de la vida, desde la mínima necesidad básica de estar en casa porque ahí te sientes ligero, libre y rodeado de tus seres queridos, hasta comerte un caldito de pollo. Igual te atrae el confort, la estética y todas esas comodidades, ya sea leer en tu sillón preferido, tener una vista hermosa hacia tu jardín y tu perro a lado, disfrutar de un maratón de capítulos de tu serie predilecta en una pantalla ultra moderna con tu almohada y pantuflas. También cosas más grandes y sofisticadas como un viaje, la adquisición de un hotel, un yate de tantos pies, un auto deportivo... todo depende del gusto y nivel socioeconómico del consumidor. Recordemos que la "comida" toma un papel preponderante en este OCHO y cuando tiene hambre, ¡hay que ofrecerle comida y bebida en abundancia!, una vez satisfechas estas necesidades físicas, es fácil que se relaje y pueda atender cualquier otro asunto con gran disposición.

Te enfocas más en el mundo corporativo y financiero que en el social, pues eres un gran visionario y negociador; allí está tu área porque tienes los pies en la tierra, eres persistente y tu fuerza de voluntad no te deja desistir. Eres dominante y duro, pero a la vez sabes empoderar a tu gente y no hay mayor satisfacción para ti que ver a la persona que elegiste sacar su mayor potencial. "Ayudas de forma secreta a aquellos que se encuentran en necesidad. Deseas sentirte cuidado y apoyado pero nunca lo pides o lo esperas."

Cuando no estás emocionalmente sano, te dejas llevar por los impulsos instintivos y sensoriales, vives la intensidad y el exceso en todas las áreas (sexo, poder, *ira*, comida, bebida, etcétera), eres burdo, primitivo e ignorante. Endurecido por la vida te muestras más agresivo e intimidante hacia los demás, ejerces tus derechos sin escrúpulos con una actitud retadora y vengativa cuando alguien se interpone a tus deseos.

Te gusta acumular grandes reservas de artículos de primera necesidad porque te brindan satisfacción y te hacen sentir seguro y protegido.

Recuerdo que hace muchos años, una alumna me clarificó lo que significaba éste instinto. Estábamos en su casa. Cuando se identificó con este subtipo, se levantó y con amabilidad nos enseñó los armarios repletos de cobijas, almohadas, toallas, juegos de sábanas, cada uno guardado perfectamente en bolsas de plástico numeradas. Y qué decir de las alacenas o los refrigeradores, eran toda una tienda de abarrotes y supermercado. Al cuestionarla sobre este exceso, respondió: "Tener esta cantidad de cosas me hace sentir protegida y me da una sensación de seguridad y protección hacia el futuro."

También tienes excesos en los artículos que atrapan tu vista. Aquí es donde las necesidades básicas ya no son tan básicas y necesarias para sobrevivir. Se convierten en desafíos divertidos que tienden a sofisticarse, frivolizarse, multiplicarse y elevarse de precio y calidad. Te lo explico: al ser súper sensorial es fácil que todo te atraiga, caigas en la *lujuria,* te vuelvas insaciable y no tengas límite ni freno ya sea en excesos de zapatos, chamarras, lentes, camisas, casas, autos, antigüedades, ropa de diseñador, joyas, etcétera. Este exceso desenfrenado en un principio te hace sentir energético, invencible y lleno de vida, pero después se vuelve peligroso porque te deshumaniza, te hace insensible al dolor ajeno y te hace perder contacto contigo y con la realidad. La *lujuria* y el *exceso* en la conservación también los puedes ver en tu vida diaria, por ejemplo cuando sientes esa *necesidad incontrolable* por satisfacer tus impulsos y no dejas de comer grandes cantidades de comida: más tacos, más helado, más salsa picante -aunque te hierva la cara por lo picoso- y sigues poniéndole más condimento a tu comida. Esto indica que no puedes parar y decirte: "¡Hasta aquí, ya compraste/comiste demasiado y no lo necesitas; bebiste o trabajaste lo suficiente!" Es como la sensación de un barril sin fondo que difícilmente se llena.

"Tiendes a ser más materialista que las otros dos variantes; deseas tener dinero por el poder que te da, pero también te gusta adquirir posesiones de valor como símbolos de influencia e importancia."

La lujuria (el exceso) lo manifiestas coleccionando *tus juguetes favoritos*: autos antiguos o deportivos, antigüedades, pinturas, caballos, animales exóticos, casas, joyas, vinos, aviones, yates o bien cosas más simples: abrigos, bolsas, lentes, artículos de audio y televisión, plantas, libros, etcétera. Quieres siempre mucho de lo que te gusta: ¡Obtienes uno, después otro, pero ¡por qué no tener otros iguales de cada color o tamaño, o uno más nuevo, más antiguo o más bonito!

> Interesante: este OCHO piensa en grande, le gusta hacer y poseer cosas enormes. Prestemos atención cómo expande su energía y su poder en proyectos grandiosos y en cosas materiales que nos dejan ver claramente el exceso (pensemos en los castillos medievales, los palacios de siglo XVIII, los grandes imperios o las majestuosas catedrales, todos ordenados por líderes OCHO que quisieron dejar un legado para ser inmortales).

El OCHO de conservación que se interesa por la acción, la eficiencia y productividad, genera magnetismo y dependencia porque muestra un liderazgo sólido y callado que invita a que lo sigan. Sabe lidiar con los problemas, es un excelente negociador, sabe salirse con la suya, tomar decisiones rápidas en momentos adversos y hacer grandes negocios financieros, los cuales además de brindar muchas fuentes de trabajo le dan riqueza y poder.

Hablando de riqueza y poder, me viene a la mente Rupert Murdoch, magnate y empresario australiano constructor del vasto imperio mediático News Corporation, o Amancio Ortega, el gran empresario español y fundador de las tiendas *Zara*. Otros ejemplos de OCHO de conservación de la historia son: Hércules, Enrique VIII de Inglaterra, el magnate griego Aristóteles Onassis, el líder ruso Vladimir Putin, entre otros. Y algunos de las series de televisión: Tony Soprano, el jefe de una banda de mafiosos de Nueva Jersey en la serie *Los Soprano*; Berta, el ama de llaves de la divertida *Two & A Half Men*; o la implacable y dura Patty Hughes, de la serie *Damages* (interpretada por Glenn Close).

¿Con qué eneatipos puedes confundirte?

Con el UNO sexual porque ambos son viscerales, reactivos, controladores, intensos, tienen mucha energía, expresan su *ira* y sus necesidades de forma abierta, están convencidos de ser dueños de la verdad y valoran la justicia. Son diferentes porque al UNO lo acompaña un juez crítico interno que lo evalúa, mientras que el OCHO no siente ningún tipo de culpa o remordimiento. El UNO sigue las reglas sociales y le importa la opinión de los demás, mientras el OCHO rompe las reglas a su antojo y le da importancia mínima a la opinión externa.

También te puedes confundir con un CINCO porque los dos son reservados, callados, les gusta aislarse para disfrutar su espacio privado, comparten flechas y se resisten al control. Son diferentes porque el CINCO es mental, retraído, contenido, mesurado (piensa antes de actuar); en cambio el OCHO es visceral y, aunque también es retraído, expresa sus deseos y su *ira* de forma directa y clara (actúa y luego piensa).

¿Cuándo sacas lo peor de ti?

Tu instinto dominante trabaja en tu contra cuando se siente amenazado de forma real o imaginaria. Es decir, cuando tu "seguridad" se tambalea (porque perdiste poder, tuviste una gran frustración, un conflicto grave con alguien, hay escasez en tus recursos financieros o tu imagen se siente invadida), te genera mucha ansiedad, incluso sientes pánico. Tu inseguridad interna crece y si la niegas:

- Tu energía se acumula a tal grado que la sacas de forma impulsiva sin cuestionarte. Tu mecanismo de defensa se pone en acción, niegas cualquier tipo de sentimientos y tu mente y cuerpo entran en acción de manera agresiva ante cualquier posible amenaza.
- Tu cuerpo se llena de adrenalina y de una fuerza irresistible que hace que te comportes, sin darte cuenta, de una manera muy intensa, imprudente, necia, sobreestimulada como un toro de lidia en busca de pelea. Confrontas a cualquiera y sólo eres consciente de tu objetivo y lo rápido que lo logras. Entonces a la gente le incomoda tu presencia y se aleja de ti.
- Te cierras y te cuesta mucho trabajo aceptar otro punto de vista que no sea el tuyo. Cuando sientes que los demás te quieren controlar, reaccionas de manera impulsiva, agresiva y brutal. Niegas tu comportamiento negativo y de forma hábil lo volteas a tu favor.

- Cuando tu instinto te domina, rompes reglas y fronteras. Te muestras totalmente insensible y actúas de forma abusiva, egoísta y oportunista para satisfacer tus necesidades: ¡Primero vas tú, luego tú y que los demás se aguanten! No te importan las consecuencias de tus actos ni los sentimientos de los demás. En tu interior, lo justificas pensando que te lo mereces porque este mundo es una jungla donde sólo los fuertes sobreviven.

- Confundes ternura con debilidad. Descalificas el mundo emocional mostrándote frío y seco. Desconoces el sentimiento de culpa y castigas a la gente que aprecias con agresión pasiva, indiferencia y silencio.

¿Qué debe aprender el **OCHO** de conservación?

- Si te interesa crecer emocionalmente, ábrete y aprende a escuchar la otra parte de la historia. Recuerda que no hay verdades absolutas sino percepciones. Respira profundo, haz una pausa, cuenta hasta diez porque cuando eliges no reaccionar cambia el resultado.

- Es importante que conozcas tu energía interna, su magnitud, el impacto sobre los demás y la fuerza que tiene para empoderar o aniquilar. Hazla consciente y aprende a administrarla para que controles tu mundo interno y externo.

- Una de tus tareas consiste en abrirte a todo tipo de sentimientos, en especial los vulnerables como ternura, amor, *miedo*, tristeza... y atreverte a expresarlos con frecuencia a tus seres queridos. Te sorprenderás del cariño que recibirás a cambio.

- Practica el síndrome de la abstinencia. Pospón la urgencia por satisfacer esa necesidad o gratificación (ese objeto, el vestido que viste en el aparador, la copa extra o el platillo que no puedes dejar de comer) porque el exceso evita que contactes con tus necesidades emocionales más profundas.

- Ten cuidado de cómo tratas a la gente. Lo que haces a los demás (positivo o negativo) regresa a ti. Lo importante es expresar tus sentimientos y necesidades sin que despiertes en la otra persona una actitud defensiva; por eso intenta no criticar, insultar, invalidar, amenazar o poner algún ultimátum.

OCHO SOCIAL

ME ATRAE EL PODER, LA FUERZA Y LOS REFLECTORES PARA INFLUENCIAR

BUSCO ALIANZAS O PACTOS DE PROTECCIÓN MUTUA

SOY EL MÁS IDEALISTA Y SERVICIAL Y A LA VEZ EL MENOS AGRESIVO DE LOS **8**

LOBO DISFRAZADO DE OVEJA; SIMPÁTICO, SEDUCTOR Y DIPLOMÁTICO

EL MÁS ESTRATEGA E INTELECTUAL DE LOS **8**

¡Hasta la muerte!

Pacto de sangre

¡ERES MI AMIGO O ENEMIGO, ESTÁS O NO ESTÁS CONMIGO!

DEFENSOR AGRESIVO DE LAS INJUSTICIAS QUE SE HACEN A LOS DEMÁS

SOY EL CONTRATIPO DEL **8**. EL QUE MENOS **8** PAREZCO

ME PUEDO CONFUNDIR CON UN **2**

PUEDO SER DURO, VIOLENTO, CONFRONTATIVO, JUSTICIERO, EXPLOTADOR Y ABUSAR DE LAS DROGAS Y EL ALCOHOL

SOCIAL

COMPLICIDAD / ALIANZA / AMIGO / ENEMIGO

Palabras claves que lo describen: COMPLICIDAD / ALIANZA / AMIGO O ENEMIGO / CAMARADERÍA

En el ámbito social, la *lujuria* es una pasión por el exceso que se manifiesta al mantener vínculos, contactos y amigos estratégicos de todo tipo (de la infancia, trabajo, el vendedor, el empresario) porque nunca sabes cuándo los podrás necesitar.

> *Todo el mundo cree que tengo muchos amigos, pero en realidad tengo pocos en los que puedo confiar y muchos conocidos con los que he tejido lazos y alianzas.*

Más que buscar el placer inmediato, como lo haría el OCHO de conservación, te interesa "el poder", saber quién es quién en la sociedad y quiénes cuentan con una gran influencia en el grupo en el que deseas interactuar. Como buen

OCHO, quieres saberlo todo, las credenciales de la gente poderosa, sus puntos fuertes y de qué pie cojean. Quieres conocer sus antecedentes y cuáles son esos "amigos aparentes" que te podrían traicionar, en suma: quiénes son tus amigos y tus enemigos.

Naranjo bautizó a éste subtipo con la palabra "complicidad" porque dice que más que buscar amistad con las personas, buscas "hacer alianzas" o pactos de protección mutua para sentirte protegido y seguro. La complicidad "tiene que ver con la palabra lealtad, como la de un niño que se alía con la madre para hacer frente al padre y desarrolla un fuerte desapego del lazo paternal". Es decir, de acuerdo con Naranjo, este niño se hizo violento como una manera de proteger y defender a su madre de su padre. Es una violencia que emerge de la fidelidad.

Me viene a la mente *Los tres mosqueteros* de Alejandro Dumas, donde D'Artagnan, Athos, Porthos y Aramis se vuelven amigos inseparables que viven bajo el lema "todos para uno y uno para todos".

Tu amistad y confianza la compartes con los que piensan de manera similar a ti y persiguen tus mismos valores, lo que genera una mutua protección y cuidado. Esta complicidad implica amistad, comunicación, honestidad, apoyo, defensa y sobre todo "lealtad". Y si ésta es traicionada, para el OCHO date por muerto, ya que el valor de la amistad es muy preciado para este tipo de personas.

Qué mejor ejemplo que los sindicatos o partidos políticos. Es muy común observar cómo sus militantes se vinculan por una causa o una ideología, hacen lazos y pactos de sangre, fidelidad y protección para sentirse seguros y poderosos. "Yo te protejo y tú me cubres las espaldas."

Diferencias con los otros tipos de OCHO:

Eres el **contratipo** del OCHO, es decir, el que menos parece OCHO a simple vista. Por lo general, el que leemos en los libros es fuerte, directo, dominante y va en contra de lo establecido, pero de acuerdo con Naranjo, tú tienes un aire más ligero, amistoso y suave. Estás más orientado a la lealtad, la protección y eres menos agresivo que tus colegas.

El OCHO de conservación es reservado y solitario, el OCHO sexual es carismático y avasallador, y tú, OCHO social, amas los reflectores. Tu ala dominante es SIETE, eres simpático, ameno, divertido y te encanta ser el centro de atención.

En el área social, uno de tus mayores deseos es alcanzar el poder, el respeto y el reconocimiento en tus diferentes grupos, por lo que te mueves como pez en el agua, tienes gran habilidad para trabajar en equipo y si predomina tu ala SIETE, te vendes a la perfección y seduces con tu espontaneidad, astucia y encanto.

Otro punto que te distingue: eres más político, astuto para conseguir lo que quieres y capaz de reconocer y ofrecer disculpas cuando te equivocas o te pasas de la raya. Te gusta ser el líder o tener una "posición de poder y control" sobre el grupo o las masas. También, ser el protector o el proveedor del grupo y procuras que impere la equidad y la justicia. Te agrada conversar y debatir sobre temas polémicos donde la energía llena el ambiente (religión, partidos políticos, sexualidad, pelear por la verdad y la justicia).

En estos momentos se puede observar tu *lujuria* social porque, sin darte cuenta, puedes mostrarte demasiado intenso en tus opiniones, ser obstinado o ruidoso, intimidar con un comentario sarcástico o burlón, sentirte dueño de la verdad y subir la voz. De repente, al tener un segundo de consciencia, te sorprendes porque ofendiste a uno (o a muchos) con tu comportamiento.

A veces, no te creen que seas OCHO porque eres menos agresivo y te toma tiempo acceder a tu enojo, es decir, eres más tolerante a la frustración que los otros dos subtipos. Eso sí, sabes muy bien a dónde quieres llegar, eres más estratega, paciente y aceptas opiniones antes de tomar una decisión. Aparentas ser tranquilo, pero si te provocan, explota una ira tan violenta como la lava de un volcán.

Te gusta alentar y empoderar a la gente para que logren sus sueños y quisieras compartirles tus enseñanzas para que aprendan a ser autosuficientes y a valerse por sí mismos. Tu frase favorita es: "Regala un pescado a un hombre y le darás alimento para un día, enséñale a pescar y lo alimentarás toda la vida."

Sobran ejemplos de OCHO sociales donde observamos su magnanimidad donando sillas de ruedas, camas para hospitales, la construcción de una escuela o un campo de futbol para los que menos tienen. Aunado a tu gran corazón tienes un sexto sentido para detectar a tus enemigos o las intenciones ocultas de los demás.

Por lo general, los OCHO sociales son grandes líderes (positivos o negativos) como Fidel Castro, Martin Luther King, Carlos Marx, Andrés Manuel López Obrador, Porfirio Díaz, Hugo Chávez, Carlos Salinas de Gortari, Joaquín Guzmán Loera "El Chapo", Pablo Escobar y Don Corleone entre muchos otros.

Detestas la mediocridad, las ambigüedades y la gente que no toma postura. Para ti es blanco o negro, justo o injusto, estás conmigo o no, eres amigo o enemigo.

A este OCHO le atrae mucho la lealtad de sus empleados y amigos. Si te considera su amigo de verdad, te conviertes en su hermano de sangre y puedes tener la confianza que se quitará la camisa por ti y dará 100% de su energía, amistad y lealtad para protegerte. Pero si lo traicionas, ¡firmas tu sentencia! Le costaría mucho trabajo perdonarte o te cortaría de tajo para siempre; no pensará en ti ni te guardará gran rencor, simplemente te borrará de su vida. Es triste, pero muy común, ver cómo este OCHO termina sus relaciones sin importar si se trata de un hijo, hermano, socio o amigo.

Algo interesante sobre tu subtipo: expresas tu cariño, tu parte más íntima y vulnerable sólo ante algunas personas (confías en ellas, te han demostrado su amistad y su capacidad para afrontar situaciones difíciles). Este "grupo selecto de amigos" tiene permiso de hacerte bromas pesadas, ponerte apodos o decirte tus verdades porque sabes que nunca se aprovecharía de tus debilidades o usaría información privilegiada. A cambio les ofreces tu amistad incondicional.

Hay una canción del grupo A dos velas que le encantaba a mi padre. Describe al OCHO social en su parte sana: "Con la gente que me gusta, me dan las claras del alba compartiendo madrugadas, palabras, risas y lunas. Con la gente que me gusta paso las noches en vela, deberían ser eternas como la lluvia y la sed. Me gusta la gente que cuando saluda te aprieta la mano con fuerza y sin dudas. Me gusta la gente que cuando te habla te mira a los ojos, te mira de frente, te dice a la cara aquello que siente y nada se calla y no tiene dobleces. Me gusta esa gente."

Al ser social, te interesa estar al tanto de lo que pasa en el mundo moderno. Te gusta presentar, platicar y contactar a unos con otros porque refuerzas tus alianzas. Eres detallista y estás al pendiente de los cumpleaños, aniversarios o fechas importantes para hacerte presente en sus vidas.

> "Las personas tipo OCHO casi siempre son solitarias y la gente tiende a verlas como burdas y agresivas."

> En el interior, sienten *miedo* a que las rechacen o huyan de ellas, por eso, para ellas es muy gratificante recibir invitaciones sociales y sentirse rodeadas de amigos que los acepten como son.

Carl es un canadiense que asistió a uno de los entrenamientos de Eneagrama en San Francisco. Con mucha pena, contó que había asistido para entender su tipo de personalidad porque la gente lo rechazaba, en especial a la hora de la comida. Cuando llegaba a una mesa con su charola, sus compañeros se levantaban en automático. Cambiaba de mesa y pasaba lo mismo hasta que terminaba comiendo solo. Con lágrimas en los ojos dijo: "Es muy doloroso sentirte rechazado. No me había dado cuenta de que, durante las horas de oficina, era burlón e invadía con mi energía a los demás, hasta que platiqué con otros OCHO que me hicieron verlo."

¿Con qué eneatipo puedes confundirte?

Con el DOS, pues ambos son seductores, protectores, serviciales, sensibles hacia los demás, generosos, joviales y les atrae el poder. Son diferentes porque el OCHO exige que sus necesidades sean satisfechas, en cambio el DOS reprime sus necesidades y cumple las de los demás. Además, el OCHO es directo y concreto, mientras el DOS usa la manipulación para conseguir lo que quiere.

¿Cuándo sacas lo peor de ti?

Tu instinto dominante trabaja en tu contra cuando se siente amenazado. Es decir, cuando tu "seguridad" se tambalea (porque te sientes excluido, que no perteneces, cometiste algún error, tus opiniones fueron rechazadas o ignoradas, una institución en la que confiabas se desmoronó o alguna persona del grupo está actuando de forma incoherente), tu estrés y ansiedad crecen. Si los niegas, sacarás la parte más reactiva de tu personalidad para defenderte en el área social:

- Cuando te sientes muy inseguro, crecen tus aires de superioridad; te muestras muy intenso, justiciero y quieres probarle al mundo que eres más importante que los demás. Impones tu fuerza y tu poder sobre todas las personas y tu palabra se convierte en ley. Te endureces y deshumanizas; finges tener confianza y fortaleza lo que te genera que te comportes de manera despectiva siendo más reactivo y agresivo.

- Cuando te sientes amenazado, te vuelves muy sensible al rechazo y a la traición. Desconfías de la gente, levantas tus defensas para no ser lastimado y cierras la puerta. Es tal tu hambre y adrenalina por el triunfo y el poder, que te vuelves adicto al trabajo. Por consecuencia, tus relaciones personales se deterioran y los sentimientos y las necesidades de los demás te valen un pepino.

- Cuando no estás sano emocionalmente, "dado que te sientes rechazado y traicionado, puedes convertirte en una persona muy solitaria y aislada. Sueles comportarte de forma temeraria y autodestructiva, y en especial propenso al abuso de sustancias nocivas. La combinación de embriaguez y rabia destruye rapidamente gran parte de lo bueno que hay en tu vida. En ese estado, por lo general eres incapaz de comprender el daño que causas, a ti y a los demás".

- Eres un gran protector de los débiles, pero si estás en tu parte tóxica, tienes *miedo* a perder el control por lo que te vuelves dominante, exigente, posesivo y explotador de tus defendidos. Prometes la luna y las estrellas y no cumples. Usas y amenazas a la gente; aumentan tus aires de grandeza y se dispara tu agresividad.

- Cuando te encuentras en el lado oscuro de tu personalidad, tu manera de comunicar se vuelve imperativa y déspota: "¡Hazme el reporte ya!" "¿Qué parte de la frase no escuchaste?" "¡Tráeme el vino, inútil!" "¿Así vas a salir? ¿Qué no te has visto en el espejo?" Muchas veces sin darte cuenta caes en la prepotencia y ofendes a los otros con tu tono o intensidad. Dices lo que piensas sin ser empático ni filtrar el contenido.

¿Qué debe aprender el OCHO social?

- ¡Un foco rojo para ti es tu *lujuria* social! Debes aprender a vivir con límites porque te pierdes en la acción: inviertes demasiada energía en ser reconocido; en actividades sociales con los amigos; excediéndote en comida, alcohol, apuestas; en pertenecer a asociaciones o a diferentes clubs sociales. Descuidas lo más valioso de tu vida: tu salud y tu vida emocional (familia y pareja).

- Controla tu ego. El ego no es malo, es tu mente racional. Pero te hace daño cuando lo sacas de contexto. Imagina que tu esencia es un jinete y tu ego es el caballo; si dejas que el ego te gobierne, acabarás donde no querías. Lo ideal es equilibrar a ambos.

- Cuando estés muy tenso o nervioso, en vez de exponer tu *ira* de una manera visceral con agresiones, amenazas o insultos, respira profundo y usa argumentos sustentados, inteligentes y racionales, porque quien te escucha reacciona más a tu lenguaje corporal negativo que al mensaje en sí.

- "Te deseo a ser tolerante no con los que se equivocan poco, porque eso es fácil, sino con los que se equivocan mucho e irremediablemente, y que haciendo uso de esa buena tolerancia, sirvas de ejemplo a otros."

- Te duele el rechazo, pero no te das cuenta de que tú rechazas. Observa cómo muchas veces vives en la arrogancia y construyes una barrera emocional para que nadie se te acerque, en vez de usar tu inteligencia emocional y ser humilde; entendiendo que la humildad no significa ser débil o dejarte pisotear, sino sentirte seguro de ti y preocuparte por los intereses de los demás.

OCHO SEXUAL

¡PERSONALIDAD ARROLLADORA! EL MÁS ENERGÉTICO Y REBELDE DE LOS **8** Y A LA VEZ EL MÁS AMOROSO, TIERNO Y EMOCIONAL

ME GUSTA SER "EL MALO" Y DIGO LO QUE SE ME DA LA GANA

MI PODER VIENE DE MI GRAN CARISMA, SEDUCCIÓN Y DESCARO

FANTASEO EN ENCONTRAR UNA PAREJA FUERTE, PERO A LA VEZ TENGO MUCHO MIEDO A SER CONTROLADO

¡DESEO SABERLO TODO, CONTROLARLO TODO Y SER EL CENTRO DE LA VIDA DE AQUELLOS QUE ME INTERESAN!

ME DIVIERTE LA AVENTURA DE SEDUCIR, CAZAR Y PELEAR CON MI PRESA

GRAN NECESIDAD DE POSEER AL OTRO, LLÁMESE HIJA, SOCIO, PAREJA; EXIJO LEALTAD Y DEVOCIÓN

ME DIVIERTE IR EN CONTRA O DESAFIAR LO ESTABLECIDO

ME PUEDO CONFUNDIR CON UN **4** SEXUAL

PUEDO SER CÍNICO, CELOSO, AMORAL, CRUEL Y PATÁN; NO CONOZCO EL MIEDO NI LA CULPA

¡Soy irresistible, las traigo muertas!

SEXUAL
↓
POSESIÓN Y ENTREGA

Palabras claves que lo describen: POSESIÓN Y ENTREGA (RENDIRSE, CEDER EL PODER)

Antes de empezar a describir este subtipo, quiero compartirte mi experiencia con la personalidad OCHO durante mi entrenamiento de certificación en San Francisco. Sabía que el OCHO era muy fuerte, dominante, con mucha energía, etcétera, pero nunca imaginé que fueran algunos tan emocionales y lloraran de forma desconsolada en un panel donde pasaban al frente y contaban su historia personal. Me impactó lo sensible, tiernos y compasivos que pueden ser y cuánto los lastimaron en la infancia. Ahí descubrí y aprendí a distinguir los subtipos y el que más me tocó el corazón fue el OCHO sexual.

Quiere decir que, si te identificas con este subtipo, te presentarás con una postura poderosa, apasionada, desafiante, posesiva, asertiva, despreocupada, rebelde, fuerte y segura. Para ti, en tus relaciones "uno a uno", deben estar los siguientes ingredientes: energía, intensidad, pasión y poder.

Diferencias con los otros tipos de OCHO: de los tres tipos de OCHO eres el más emocional y carismático, pero a la vez el más rebelde. Naranjo te describe como alguien que tiene más colores en su plumaje que los otros subtipos. Eres un "macho o hembra Alfa".

> De acuerdo con Naranjo, el sexual es el más emocional, el de conservación es pura acción y el social es el más intelectual.

Además de tener una personalidad arrolladora, eres carismático y encantador, posees una mezcla de magnetismo y seducción. Sueles ser el más intenso, rebelde, posesivo, celoso y desconfiado de los tres tipos de OCHO. Te caracterizas por tener un aire decidido, por ser narcisista, tener una fuerte tendencia a desafiar lo establecido y a marcar el camino con tu originalidad y tu huella.

Tu *lujuria* (exceso) la expresas de forma abierta siendo revoltoso, rebelde, descarado, el que perturba la paz, haciéndote notar, infringiendo la ley, rompiendo las normas a tu antojo e imponiendo tus propias reglas o buscando desafíos. Te gusta provocar a tu oponente para demostrarle que eres mejor; te divierte llevar la contra, ser el malo de la película y te agrada que todo mundo se entere de que eres el malo. Escribiendo estas características me viene a la mente Donald Trump, quien en un principio lo ubicaba en el subtipo de conservación por la gran cantidad de propiedades que tiene. Pero es una persona muy hábil socialmente y construyó una imagen de "rebelde, poderoso, cínico, provocador" que enamoró a muchas personas quienes lo llevaron a la presidencia de los Estados Unidos.

Ichazo bautizó a este subtipo con la palabra "posesión". En un principio, Naranjo pensaba que esto tenía que ver con posesiones físicas, pero después se dio cuenta de que este OCHO era muy posesivo con sus relaciones: hay una necesidad por "poseer al otro". También se relaciona con "tomar posesión de la escena", es decir, que siempre quiere ser el centro de atención. Ser posesivo significa que deseas "controlar y saber todo" acerca de esa persona especial, ya sea tu amiga, pareja o socio. Exiges una entrega total y quieres convertirte en la persona más importante de su vida. Quieres saber todos los detalles de su vida, dónde está o qué está haciendo. Imagina que tu pareja va a comer con sus amigas, entonces te interesa saber: ¿Quiénes fueron al restaurante? ¿Eran casadas, solteras, divorciadas? ¿De dónde sacaste a ese grupo de amigas? ¿En dónde comieron? Si no te dice todo con lujo de detalle, surgen los celos, te entra la duda. Y si percibes que te puede estar engañando, en automático brota tu parte intolerante, agresiva y violenta.

Un punto interesante a resaltar es tu "ambivalencia": por una parte, eres fuerte, pasional, energético, necio, y por otra, eres tierno, muy sensible y de lágrima fácil. Necesitas sentirte libre y a la vez unido a alguien especial. Das la apariencia de ser fuerte (¡las puedes de todas, todas!), valiente y arriesgado mientras por dentro ocultas tu *miedo* y dependencia. Le exiges lealtad y devoción a tu pareja pero tú no siempre cumples con el contrato. Si sientes que tu pareja no te dice la verdad, le pones pequeñas pruebas. Si las pasa, bajas la guardia y confías.

Cada año iba con mis amigas a la playa. En uno de tantos viajes, mi marido OCHO sexual mandó poner micrófonos en la sala donde echábamos el chisme y se enteró de amantes y tonterías, pero lo que más le dolió fue que yo comenté que era "codo y aburrido". En el aeropuerto, me enteré de que mi asiento de primera clase estaba cancelado, ahora volaría hasta atrás, pegada al baño. Para no hacerles la historia larga, de regreso a casa lo noté distante y se me hizo raro que no me preguntara nada acerca del viaje. Me castigó llegando a casa muy tarde y cancelando dos de mis tarjetas. Una mañana lo enfrenté y me contestó: "¡Como soy codo y aburrido, mejor me divierto con otras!" Me quedé helada. Entonces me preguntó: "¿Dijiste eso o no?" Tuve que decir la verdad y se tardó un mes en perdonarme.

Cuando tu nivel de consciencia es muy bajo, a tu pareja "le exiges lealtad, constancia y atención hacia ti y no soportas que la otra persona tenga otros intereses que no seas tú. De hecho tomas el papel de progenitor o mentor y deseas moldear a tu pareja para que encaje mejor en tus necesidades y planes". Sueles estar muy pendiente de sus familiares y de sus amigos íntimos para alejarlos lo mas posible de ellos como si tu pareja no tuviera derecho a tener una vida propia; porque tú lo único que deseas es protegerla, mimarla, educarla, corregirla, aconsejarla, en pocas palabras tomar el rol de papá/mamá o tutor en su vida. Para ti, esto no significa celos, ni querer controlar o dominar a alguien, simplemente te preocupas por el bienestar de la persona y quieres protegerla.

> Esta actitud la observamos con frecuencia en los países subdesarrollados, donde el machismo prevalece sobre la igualdad de género.

Tu naturaleza está cargada de mucha energía instintiva, eres como un animal sexual en busca de presa para conquistar, poseer y marcar su territorio. Y como buen subtipo sexual, por un lado, fantaseas con encontrar una pareja fuerte donde haya una profunda conexión, amor, intensidad sexual libre y sin prejuicios ni protocolos... y por el otro, te da terror sentirte dominado o manipulado por alguien. "Secretamente te preocupa que te puedan traicionar aquellas personas a las cuales les mostraste tu vulnerabilidad por lo que enmascaras tu necesidad de amor e intimidad con muestras de despreocupación e indiferencia." Pero siempre llevas las de ganar al usar tu poder, carisma y magnetismo arrollador.

Me viene a la mente, como ejemplo de este subtipo, María Félix, de carácter fuerte, mirada penetrante, ceja levantada, estilo sofisticado, pero a la vez egocéntrico e irreverente; una de las mujeres más bellas de todos los tiempos con una fortaleza que solía impresionar y fascinar. Encarnó como nadie más, el arquetipo de mujer poderosa con su actitud arrogante, atrevida y rebelde; su seguridad inquebrantable rompió todos los moldes de la mujer sumisa y sometida al macho mexicano de aquellos tiempos.

Inviertes mucho tiempo y atención en tu imagen física para atraer, cautivar y despertar la admiración del otro. Así te sientes seguro y poderoso. Como diría María Félix: "No es suficiente ser bonita, hay que saberlo ser" o: "Una mujer original no es aquella que no imita a nadie, sino aquella a la que nadie puede imitar."

"Los OCHO sexuales tienen una de las energías más altas de todo el Eneagrama. La combinación de tener una energía corporal con mucho brío y la inclinación natural que tienes por dominar, te hace lujurioso en el amor y ser el que manda y dirige en los negocios."

En momentos no muy sanos, Durán y Catalán nos dicen que expresas tu agresividad "de forma directa, espontánea y sin contemplaciones. Descalificas la debilidad, no te preocupa el daño ocasionado al otro, incluso la evidencia del daño, la queja, puede dar pie a una mayor crueldad. Sea en tus manifestaciones más violentas y explosivas, o sea en la forma de sarcasmo y burla, tu objetivo es dominar al otro, pudiendo llegar a humillar profundamente al otro."

Algunos OCHO sexuales famosos son Pablo Picasso, Bette Davis, Sean Connery, Emilio Azcárraga Milmo, Ricardo Salinas Pliego, Lupita D´alessio, Alejandra Guzmán, Alejandro Fernández, Michael Douglas, Denzel Washington, Pancho Villa, Jaime Rodríguez Calderón ("El Bronco"), Idi Amin (dictador de Uganda), Saddam Hussein y (en los personajes de animación) Maléfica y Hulk.

"Con tus íntimos, te gusta influir en sus vidas y que te tomen en cuenta, lo que te motiva a ser generoso y muy protector, y desearías secretamente que ellos hicieran lo mismo por ti. Nunca te resistes ante la gente que te quiere, pero internamente buscas a ese alguien para poderte entregar. Externamente niegas tu necesidad de amor y crees que no lo necesitas, pero sólo los que viven cerca de ti saben lo mucho que anhelas la intimidad y la cercanía."

Para todos los tipo OCHO tener poder y control son aspectos vitales. Bueno, el terreno del amor no se queda atrás. Puedes ser muy amoroso y buen amante pero para ti "la intimidad también es una forma de lucha por el dominio y una oportunidad para fortalecer tu autoestima".

Recuerda que "el temor a ser dominado, te lleva a una postura dominante, donde el amor se confunde con la posesión. Tu deseo es el de encontrar a alguien tan valioso como para que merezca formar parte de ti y confirme tu valía, alguien a quién incorporar, alguien con quién fusionarte sin perder tu identidad".

"Parte del placer en tus relaciones «uno a uno» es la *lucha por el control*. Es la lucha lo que lo hace interesante. Ganar puede borrar tu interés. La lucha por el control le inyecta a la relación energía y vitalidad y además es una manera para probar la fuerza y la honestidad del otro, lo cual para ti es fundamental si quieres establecer un compromiso con alguien."

Por último; analicemos la segunda palabra con la que bautizaron a este subtipo: "entrega". Significa obsequiar, dar, ceder tu parte más íntima y vulnerable.

Para Palmer, "entrega" consiste en "el deseo de renunciar a esa necesidad obsesiva por controlar a tu pareja cuando te ha demostrado que es completamente confiable".

Es decir, cuando el OCHO encuentra una relación de igualdad con una persona inteligente, fuerte, segura, que le ofrece estabilidad, lealtad, amor y compañía, encuentra el nirvana (estado supremo de felicidad plena que alcanza el alma) y ya no necesita poseer ni controlar. Puede "entregar su ser" a la otra persona, soltar el control, ceder el poder, dejarse cuidar... Entonces surgen su intimidad, ternura y miedos escondidos y los comparte con la pareja que realmente ama.

¿Con qué eneatipo puedes confundirte?

Con el CUATRO sexual porque ambos tienen mucha energía, son auténticos, intensos, apasionados, impulsivos, explosivos, agresivos y de lágrima fácil. Son diferentes porque el CUATRO es un abanico de colores y el OCHO es blanco y negro; el CUATRO quiere sentirse entendido, es dramático y se pierde en sus emociones, mientras el OCHO desea ser respetado, controla sus emociones y continúa en su actividad.

¿Cuándo sacas lo peor de ti?

Tu instinto dominante trabaja en tu contra cuando se apodera de ti o se siente amenazado. Es decir, cuando tu "seguridad" o "atractivo físico" se tambalea (porque tu atractivo físico se acabó, te sientes vulnerable, te sentiste rechazado, terminó la chispa con tu pareja, te sientes traicionado o criticado por algo) provoca que tu estrés y ansiedad crezcan. Si los niegas, sacarás la parte más reactiva de tu personalidad para defenderte:

- Puedes tener momentos tan sensibles en los que puedes llorar por una causa particular y después pasar a una agresividad brutal. Retas de forma impulsiva, crece una obsesión por confirmar tu grandeza, niegas tu culpa, tu debilidad y tu necesidad del otro.
- Cuando te sientes amenazado por alguien, te limitas a vivir el momento, sin reconocer ningún tipo de reglas o autoridad, das la sensación de no valorar

las consecuencias a largo plazo que pueda tener tu forma de comportarte. Tu sangre hierve de *ira* y reaccionas como un felino iracundo; sólo te importa demostrar tu poder y fuerza implacable sin dar la oportunidad de dialogar y sin darte cuenta de la fuerza hiriente y filosa de tus palabras.

- Cuando más inseguro te sientes, más aplicas tu violencia y tu fuerza: intimidas, humillas, asustas y extorsionas a la gente para que caiga en tus redes sin ningún sentimiento de culpa. Explotas con facilidad y tratas a la gente de forma sádica y despectiva, lo que provoca odio, rencor y rechazo hacia ti.

- Cuando tu instinto se apodera de ti, quieres controlar y someter a tu pareja de una manera absoluta y avasalladora. Te vuelves tan celoso y posesivo, que logras separar a tu pareja de sus *hobbies*, amistades y familiares. Deseas dominarla y poseerla para que dependa de ti al 100 % y así moldearla a tu antojo y necesidades. Muestras poco o nada de interés en sus opiniones, porque sólo la tuya cuenta. Tienes episodios explosivos donde le "cortas la cabeza" y luego te arrepientes y pides perdón con besos y caricias.

- Cuando de plano estás muy mal y te urge pedir ayuda psicológica, es cuando tu agresividad e impulsividad te llevan a las cachetadas, golpes y maltrato físico que pueden terminar en accidentes terribles o crímenes pasionales.

¿Qué debe aprender el OCHO sexual?

- Deja de alzar la voz y mejor cambia de estrategia: ¡mejora tus argumentos! Recuerda que el autocontrol es el dominio de tus pensamientos. Si no puedes controlar lo que piensas, menos lo que dices o haces. Y recuerda nunca hacerlo con alcohol encima.

- Muestra tu verdadero poder usando tu energía para hacer el bien. Crea oportunidades para otros, cuida y ayuda a resolver los sueños y las necesidades de los demás. En respuesta, ellos verán por ti y te llenarán de cariño.

- Cuando te enojas, tu cuerpo se cierra, tu cerebro te quita inteligencia, te ciega, te confunde y la *ira* se convierte en fuego que destruye. Recuerda que entre más inmaduro sea tu cerebro, más culpables buscará.

- ¡Déjate tocar por la vida y atrévete a quitarte la máscara de fuerte! Evita negar tu fragilidad emocional, porque cuando te olvidas de ti y de tu esencia, tu corazón se endurece y dejas de sentir las emociones de los demás.

- "Jamás pases por el lado de cualquier persona sin hacerle una sonrisa, no hay nadie en el mundo que no la merezca. Hazle la vida más fácil a cada ser vivo que cruce tu camino. Recuerda que detrás de cada persona hay una historia, hay muchos miedos y penas que lo envuelven y sueños que lo inquietan."

PERSONALIDAD TIPO NUEVE

El mediador / el pacificador: tiene gran capacidad para conciliar, negociar y entender todos los puntos de vista.

Pertenece a la tríada visceral (8, 9, 1) porque percibe y filtra la vida desde el cuerpo. Recuerda que estas tres personalidades tienen en común problemas con el manejo de su agresión y represión de la *ira*.

En general te caracterizas por ser: una persona muy accesible, tranquila, adaptable, sencilla y querida por muchos por ese gran "don de gentes" que tienes. Las personas disfrutan de tu compañía y se sienten seguras contigo porque empatizas, apoyas, incluyes, escuchas y entiendes al que está frente a ti, aunque es fácil que te distraigas de la conversación sin que el otro se dé cuenta. Eres sencillo, fácil de tratar, práctico, noble, simpático, complaciente y muy flexible. Te agrada tomarte la vida con calma, sin prisa, que nadie te presione y tiendes a concentrarte más en lo positivo para no perder tu paz mental. Te preocupa muy poco brillar, ser ostentoso, alardear de tus talentos y evitas la intensidad en todo pues prefieres mil veces la rutina, la estructura, la tranquilidad y lo conocido, en lugar de una vida llena de apariencias y sobresaltos. Tus frases preferidas son: "Haz sencillo lo complicado y no compliques lo sencillo", "vive y deja vivir" o "no hagas olas".

Se te conoce como "El mediador" porque cuando estás en un nivel de consciencia alta, te conviertes en un gran negociador ya que tienes una capacidad fuera de lo común para ser imparcial y objetivo.

Tu talón de Aquiles es el conflicto porque, de niño, aprendiste que siendo invisible podrías conservar la paz. Ahora, no puedes con él, ignoras lo que no quieres ver y olvidas lo que te molesta porque te cuesta trabajo ser agresivo y defenderte. En apariencia, eres un volcán inactivo, pero después de reprimir tu *ira* por un largo periodo, ésta puede explotar con la menor provocación al estilo de una olla exprés en la que su fuerza traspasa fronteras y desconcierta a todos. Otra manera de sacar tu ira reprimida es actuando de forma pasivo agresiva porque, como bien sabes, lo que "no se dice, se actúa." Para ti, es mucho más fácil olvidar tus necesidades, ceder, aparentar que estás de acuerdo y llevar la fiesta en paz que aclarar una situación, enojarte, poner límites, decir NO o confrontar a alguien.

Si tu consciencia está dormida, minimizas tus problemas y en vez de solucionarlos, los aplazas porque estás convencido de que a la larga se resolverán por caducidad. O bien, buscas soluciones mágicas: idealizas, rezas o fantaseas ("y vivieron felices para siempre"). Es más común que te sientas triste o bajo de energía a que te enojes o demuestres tu *ira* de forma abierta.

La mayor parte del tiempo tu mente está en el mundo exterior, detectando y apoyando (igual que el tipo DOS) las necesidades de los demás. El terreno de la decisión no es tu fuerte y pareces indeciso porque prefieres dudar, posponer un juicio o mantenerte neutral que tomar partido por alguien. Cuando te sientes inseguro, es más fácil fundirte con la opinión de los demás que descubrir tu verdad y hacerte responsable de ella. Cuando se trata de escoger opciones o prioridades, te cuesta trabajo decidir porque con frecuencia todo adquiere la misma importancia. "Es igual de relevante sacar la cita del doctor que comentarle una noticia a tu colega o contestar un mail." Es fácil que te pongas en modo automático, te dejes llevar por la inercia, pierdas el tiempo en detalles, en actividades triviales o rutinarias que te impiden concluir las metas importantes de tu vida.

ALAS

¡Recuerda que son la sal y la pimienta de tu personalidad!

Si eres un 9/8

En la luz: eres más extrovertido, asertivo, sociable y alegre que el 9/1. Cuando encuentras la energía del OCHO, ejerces el control como líder, te vuelves más directo y claro, más dinámico y decidido. Esta energía te impulsa a nuevos proyectos. Si combinas la fuerza y visión del OCHO con la calidez del NUEVE resultan dotes de liderazgo.

En la sombra: eres más comodín, te puedes perder en los placeres más simples de la vida, dejar llevar por la indolencia y jamás encontrar tu pasión. Expresas tu *ira* de forma abierta y directa siendo voluntarioso y agresivo. Estresado, hablas mucho y no se te entiende o dejas de escuchar y te cierras. Tienes episodios de confrontación con conciliación.

Tu vestimenta: es cómoda, suelta, casual, sin llamar la atención. Si te identificas con el instinto social, te vistes para pertenecer. Te preocupa vestirte de forma apropiada para la ocasión y dar una imagen profesional. En ocasiones le das un toque moderno contemporáneo con elementos de moda. Nota: si no estás estable de manera emocional, puedes dar una imagen de fodongo, desaliñado y sucio. (El típico que se quedó en pants todo el día). Mujer NUEVE sexual: tu ropa será divertida, a la moda, diferente, creativa y sensual, casi siempre enfocada en gustarle a tu pareja (muy parecida al CUATRO).

Si eres un 9/1

En la luz: eres igual de trabajador y líder que el 9/8 (ambas alas pertenecen a la tríada del poder), pero más idealista y soñador. La energía del UNO te hace un poco más serio, ordenado, comprometido, sencillo y con altos valores morales. Esta energía te orienta a impartir justicia social, a la parte ética sobre lo que está bien y mal. Eres más ingenioso e imaginativo que el 9/8. Eres súper bueno para el deporte, danza, cocina, creatividad, decoración, música, amas la naturaleza y los animales.

En la sombra: tiendes a ser frío e insensible; parco, aburrido, regañón y sarcástico, con un aire puritano o controlador. Puedes quedar atrapado en la perfección y perder el tiempo en actividades compulsivas por el orden. Tienes dificultad para tomar decisiones por *miedo* a cometer errores. Expresas tu enojo de forma pasiva (se te olvidan las cosas, silencios prolongados, posturas de indignación y resentimiento).

Tu vestimenta: es bonita, simple y funcional, con un toque deportivo o ingenuo. Te gusta la ropa elegante con telas naturales y suaves como seda, algodón, lino y *cashmere*. Evitas lo ajustado, tieso y colores llamativos. Si pasas por momentos poco equilibrados, la vestimenta pierde importancia y puedes caer en ropa aburrida, descoordinada y vieja.

¿QUÉ TANTO TE CONOCES?

En general, quieres: sentirte incluido, formar parte del grupo, ganar un lugar en el mundo, ser amado como eres, ser visto, escuchado y reconocido porque te sientes inferior e inseguro (sensación de no ser parte de la humanidad). Necesitas que otras personas te validen y te ayuden a reconocer tus capacidades de forma constante. Quieres una vida agradable y previsible, paz interior y estar en armonía con los que te rodean.

Deseas que los demás te vean: como una persona flexible, sencilla y muy agradable. Presentas una imagen de felicidad y armonía, aunque por dentro sientas angustia, tristeza o ansiedad. Por lo general, deseas que te vean y validen, pero cuando tienes la atención no sabes qué hacer con ella, entonces te minimizas y le restas importancia a tus logros personales.

¿Cómo te ven en realidad?: cuando tu punto ciego te traiciona (*pereza*), la gente te percibe como indeciso, con una energía difusa, demasiado conciliador y pasivo. Tus explicaciones largas y monótonas (divagas y pierdes el objetivo central) aburren y confunden a los demás. A veces te subestiman debido a tu actitud despreocupada y carente de postura.

Evitas al máximo: la confrontación, el conflicto, llevar la contra, sentirte presionado, decir NO, la introspección y tus emociones negativas. Reprimes tus sueños, deseos y necesidades para evitar problemas y seguir conectado con la gente que te interesa. No te muestras como eres ni tomas postura por *miedo* a que el otro se enoje y te deje de querer.

Tu talento natural: eres receptivo, paciente, sereno, noble y sencillo; escuchas a la gente, la aceptas y la haces sentir valiosa, competente, importante, le inspiras paz y provocas que saque su versión más pura. Eres un gran mediador para conciliar fuerzas opuestas y reconocer la verdad en las dos caras de la moneda. También eres un gran negociador, firme y persistente, que saca adelante las situaciones en crisis. Intuyes las necesidades de los demás, posees habilidades creativas, físicas y mentales. Eres práctico e ingenioso para hacerte la vida más fácil (y a los demás).

Tu mayor debilidad: la falta de asertividad. No expresas lo que sientes por el simple hecho de agradar. Dices SÍ cuando en realidad quieres decir NO (a veces ni siquiera has pensado si quieres algo o no). Te cuesta trabajo mantenerte "despierto", estar presente y consciente de tu existencia limitada en este mundo. Se te dificulta actuar, definir tus metas, valores y límites para no correr el riesgo de perder tu identidad y vivir a través de otros. Permites que hablen mal de las personas por no llevar la contraria, toleras situaciones o relaciones incómodas, terminas acomodándote a todo, lo que te lleva a guardar mucha *ira* y resentimiento por renunciar a ti, a expresar tus necesidades, puntos de vista, tu voluntad y verdad.

La fortaleza que más necesitas: *Acción correcta.* Tienes la creencia de no merecer ni ser importante, por eso adoptaste la estrategia de olvidarte de ti y volcar tu atención en el mundo exterior, manteniéndote en un segundo plano al servicio de los demás. Al perder contacto con tus sensaciones, sentimientos y deseos, pierdes tu identidad y, por lógica, ya no sabes quién eres. Debes trabajar en ti, en "crecer tu autoestima": despierta, sal de tu zona de confort, fortalécete y estabilízate para descubrir qué quieres y qué te gusta. Acción correcta significa enfocarte en atender tus deseos y necesidades; conectarte con tu verdad y ser tú para que actúes sin importar la opinión de los demás. Recuerda: "Hacer lo que debes hacer, cuando lo debes hacer, realmente te dará la paz que tanto buscas porque lo que no resuelves te persigue."

Te atrae: la paz, la rutina, el espíritu de trabajar en conjunto, la justicia, las tradiciones, las personas que te hacen sentir importante, la armonía, la unión familiar, la comodidad en todas sus áreas (ropa, restaurantes, un sillón acojinado, una chimenea prendida, viajar, comprar), sentirte útil, necesitado o parte de un grupo.

Cuando estás en tu mejor momento: te conectas con tu cuerpo y te adueñas de ti. Te valoras y expresas lo que sientes y te activas en vez de soñar. Vives la realidad en vez de una vida virtual. Te fijas metas, te comprometes, te ordenas, estructuras, dejas de perder el tiempo y usas toda tu energía corporal, esto hace que te vuelvas más rápido, productivo y eficiente. Eres más auténtico, independiente y menos complaciente. Adquieres mayor control de tu vida y del tiempo. Te humanizas, te vuelves más asertivo y seguro de ti, sabes qué quieres y a dónde vas... y una vez que te decides, te vuelves imparable y un gran ejemplo para los demás.

Cuando estás estresado: te pones en modo "indolencia", es decir, te anestesias para que no te afecten las emociones. Te alejas, te cierras, te vuelves evasivo, apático, pasivo e indiferente. Puedes vivir en la desestructura total y dejarte llevar por una llamada telefónica, un antojo, una lectura, una serie de televisión o arreglar un cajón. Te pierdes, distraes y entretienes con lo superficial. O bien, reaccionas de forma contraria frente al estrés. Te conectas con el *miedo*, te vuelves más necio, nervioso, pesimista, exagerado y culpas a otros por tu situación. Tomas una actitud defensiva y reactiva, cuestionas todo y tu mente se enfoca en lo peor que podría suceder.

¡Date cuenta!

Tu *miedo* a afrontar el conflicto hace que pelees de manera imaginaria con las personas. Eso sí, terminas muy tranquilo porque las cosas se arreglaron como tú querías. ¿Lo curioso? El involucrado ni siquiera se enteró. ¡Todo pasó en tu mente! Cuando ves a la persona ya no estás enojado, ya la disculpaste y calmaste tu *ira*.

> *Me molesta muchísimo que mi hija casada diga que llegará temprano a mi casa para comer y aparezca, muy quitada de la pena, dos horas después. En ese tiempo me la paso comiendo botana y cuando al fin llega, hasta el hambre se me fue. No me atrevo a expresarle mi enojo porque no quiero que se ofenda y deje de venir. Así que uso la siguiente estrategia para sacar mi molestia y tranquilizarme: aprovecho cuando me baño o riego el jardín para leerle la cartilla (de forma virtual), le dejo los puntos claros y así, cuando vuelve a llegar tarde, la espero con una sonrisa.*

Date cuenta: por sentirte querido y aceptado, te desconectas de tu interior y dejas de ser tú. Por un lado, te sientes egoísta, te preocupas, complaces a los otros y te acomodas a todo dando una imagen de tranquilidad; pero por el otro, estás ansioso, enojado, con *miedo*, viviendo una lucha de indecisión entre el imponer tu verdad, afirmar tu postura y tu libertad o seguir complaciendo para que te quieran.

No te das cuenta... del enorme potencial que hay en ti, ni siquiera lo valoras. Muchas veces tienes un objetivo claro y sueñas con esa meta (te ves famoso, delgado, asertivo, ganando mucho dinero o viajando), pero la mayoría de las veces no haces nada para lograrlo y, sin darte cuenta, te boicoteas, te dejas llevar por pensamientos chatarra: "¡Tienes toda una vida, después lo haces!" "¡Para qué lo intentas?" "¡Ya estás viejo!" "¡No puedes!" "¡Esto no es para ti!" "¡No mereces ser feliz!"

Aunque eres el centro de la tríada del poder (8, 9, 1), es decir, por naturaleza encarnas la inteligencia corporal instintiva y estás más arraigado con la fuerza, el poder y la energía, eres el más desconectado de tu cuerpo. Esta desconexión te hace sentir inseguro, perdido, devaluado, invisible; te hace postergar, huir de los problemas y tomar la postura de "ahí se va" o "total, a nadie le importa". En cambio, cuando tienes un alto grado de consciencia, te conectas con tu energía vital y descubres unas ganas enormes por conseguir tus objetivos. Te vuelves imparable, constante y eficiente.

El mecanismo de defensa que más usas: la narcotización.

Cuando algo del exterior nos asusta o amenaza, todos los seres humanos de manera "inconsciente" levantamos una barrera para defendernos y así no ver la realidad tal y como es. De esta manera el mecanismo nos protege y nos proporciona una sensación de seguridad que nos permite funcionar.

La narcotización consiste en encontrar cualquier tipo de distracción que te mantenga sedado y te desconecte de escuchar los reclamos de tu música y de ver lo importante en tu vida.

Como NUEVE, para evitar enfrentar los problemas de la vida y seguir manteniendo una imagen de paz y tranquilidad, te hipnotizas con cualquier narcótico (abuso de comida, bebida, diversión, trabajo, deporte, lectura, religión, celular, internet, televisión). Es decir, cualquier patrón de comportamiento o actividad repetitiva te mantiene adormilado y te distrae de ver tu realidad.

> Como señala Palmer: "La narcotización es la utilización de la energía vital en cualquier lugar menos en el correcto." •

Ejemplo: Tienes un gran problema de drogas con uno de tus hijos y, en vez de hablar con él o hacer algo al respecto, lo evades y por inercia te pones a arreglar cajones o ver tu serie de televisión favorita.

Tu sombra/punto ciego: la *pereza*, indolencia o el olvido de ti

Mi querido amigo Sergio Almazán nos recuerda no confundir la *pereza* del NUEVE con el ocio o tiempo libre de descanso. No se trata de una pereza por hacer cosas (puedes ser muy activo o deportista), sino de una "pereza interior" que se convierte en el olvido, abandono o desconexión de ti mismo. Varios autores la llaman "acidia o pereza de ser".

Es como si tu alma se durmiera y perdieras la voluntad y el interés por descubrir, explorar, experimentar y mirar dentro de ti. No quieres ver quién eres en realidad, vives sin existir, sin sueños que perseguir: "Los demás son primero, yo no cuento, no soy tan importante."

> Te da pereza preguntarte: "¿Qué quiero hacer con mi vida? ¿Cuál es mi verdadera opinión? ¿Cuál es el sueño que no he llevado a cabo? ¿Qué me gusta? ¿Qué me enoja?" Entonces, cuando alguien te pregunta: "¿Qué vas a estudiar?" Respondes: "¡Ay, no sé! Mis amigos van para ingeniería, entonces… creo que yo también."

Las emociones son consecuencia de tus creencias: el tipo NUEVE siente pereza porque cree que no es importante. Su frase básica es: "¡Para que lo hago si a nadie le importo!" Te anestesias o narcotizas para no sentir el dolor del abandono de tu mamá, de tu familia o de ti (creencias que arraigaste en la infancia). Por eso, tu atención se fija justo en los momentos que te ignoran (atención selectiva) y no ves cuando sí te hacen caso, así puedes mantener tu creencia de que no eres importante. Ése es el motor del ego. Después empiezas a fundirte con los demás porque es la única manera que tienes para pertenecer. Recuerda: "No se trata de cambiar conductas, sino creencias."

> Interesante: Serra Llansana señala que la falta de consciencia hacia ti, motiva que te olvides de tu persona y no tengas

> identidad, ni autovaloración. Esto, a su vez, genera que los de afuera tampoco te vean. Es decir, te vuelves invisible dentro de un grupo a pesar de estar ahí de forma física.

Objetivo final del Eneagrama: despertar y ampliar tu consciencia para contactar con tu esencia. Así, te darás cuenta de los patrones automáticos que realizas, romperás tu *pereza* y podrás llevar una vida más equilibrada, plena y coherente contigo.

Observa tus hábitos y atrápate en el momento exacto en que sientes que tu peor enemigo, *la resistencia,* se apodera de tu mente, cuerpo o espíritu y te llena de flojera, mediocridad y pretextos ("No puedo comprometerme, mis hijos están muy chicos." "¡Ya es muy tarde!" "¡Para qué lo hago si a nadie le importa!") En vez de distraerte y complacer a la *flojera interior,* rompe el hábito automático del NUEVE y haz una pausa. Respira, relaja tu ansiedad, enfoca tu atención en ti, perdónate y practica cambiar tus creencias (al menos ábrete a la posibilidad del cambio). Declara o visualiza: "¡Voy a intentarlo de otra manera!" "¡Sí puedo!" "¡Hoy lo hago!"

Recuerda que el objetivo de la *pereza* es impedir que te conectes con tu esencia, sentimientos y creatividad. No importa si a veces te vence, lo importante es cambiar tus creencias y ¡no perder las ganas de intentarlo una y otra vez!

Si logras activar la autoobservación, tus hábitos repetitivos serán menos compulsivos, entrarás en el camino de la transformación... y la visión del mundo empezará a cambiar para ti.

SUBTIPOS: LAS TRES VERSIONES DE NUEVE

Si combinamos la *pereza* con cada uno de los tres instintos que hemos mencionado, provocará tres reacciones o comportamientos muy diferentes, dando como resultado los tres subtipos: **NUEVE de conservación, NUEVE social** y **NUEVE sexual.** ¡Por eso las personas del mismo tipo se ven y se comportan de forma diferente!

Tranquilo y rutinario

Participativo y energético

Ingenuo y dependiente

¿Cuál es tu reto?

¡Sal de tu zona de confort, sacude tu ego para que tu esencia impregne tu personalidad! Ve más allá de tu *pereza* y descubre el instinto dominante que gobierna tu vida para que hagas conscientes tus comportamientos automáticos primarios y los transformes en respuestas más sanas y equilibradas.

Como NUEVE no quieres saber nada de tu *pereza*, ni que los demás se den cuenta de que eres indolente. Por eso, tu psique te protege creando ciertos comportamientos o estrategias que disfrazan las diferentes maneras de *olvidarte de ti* que te hacen sentir bien. Veamos cómo los tipos NUEVE controlan y canalizan su *pereza* de tres formas muy diferentes. Te presento un pequeño resumen:

- El **NUEVE de conservación** se olvida de sí a través de un apetito por lo placentero y las cosas materiales. Suele ser el más intelectual.
- El **NUEVE social** se olvida de sí participando en grupos sociales (amistosos, proyectos de trabajo o causas sociales). Suele ser el más orientado a la acción.
- El **NUEVE sexual** se olvida de sí por medio de una fusión con la vida de otra persona. Suele ser el más emocional.

NUEVE DE CONSERVACIÓN

SOY EL ARQUETIPO DEL **9**

SOY EL MÁS INTELECTUAL; ME GUSTA LA VIDA SIMPLE Y ESTAR SOLO

GRAN SENTIDO DEL HUMOR, EL MÁS SIMPÁTICO DE LOS **9**

HAMBRE EMOCIONAL, TIENDO A ENGORDAR; RELACIONO LA COMIDA CON MI TRISTEZA O ENOJO

ME PUEDO CONFUNDIR CON UN **8**

ME OLVIDO DE MÍ Y DE LA REALIDAD A TRAVÉS DE EXCESOS EN COMER, BEBER, LEER, DORMIR, INTERNET...

COLECCIONO DIFERENTES COSAS QUE ME DAN SEGURIDAD

AUNQUE SOY MUY TALENTOSO, SOY MUY POCO AMBICIOSO

NACÍ PARA EL CONFORT Y NO PARA LA VELOCIDAD

PUEDO SER SUMAMENTE NECIO, APÁTICO, DESCUIDAR MI FÍSICO Y TENER REPENTINAS EXPLOSIONES DE IRA

CONSERVACIÓN
↓
APETITO / BUSCADOR DE BIENESTAR

Palabras claves que lo describen: APETITO / ACUMULAR / EL BUSCADOR DE BIENESTAR

Te preocupa la sobrevivencia, tú relación con ella y cómo la gestionas para sentirte seguro en este mundo.

Ichazo bautizó a este subtipo con la palabra "apetito". Y de acuerdo con Naranjo "estas personas suelen tener cuerpos más grandes, así que es muy probable que tengan un apetito más grande también. Igualmente señala que estas personas son muy amorosas pero en lo más profundo no tienen la sensación de ser amados."[152] Pone como ejemplo de este subtipo a Sancho Panza y enfatiza la panza como algo central de este carácter (también observamos personas de este subtipo muy delgadas).

Diferencias con los otros tipos de NUEVE:

Si mezclamos en una cazuela la *pereza* o el olvido de ti, con el instinto de conservación, dará como resultado un NUEVE muy tranquilo, rutinario, amable y accesible que disfruta estar en su territorio para satisfacer sus diversos apetitos como narcótico a sus verdaderas necesidades.

Energéticamente hablando, eres el más terrestre, sólido y pesado, es decir, el que más presencia y resistencia tienes de los tres. Suele predominar tu ala OCHO. Te distingues por ser muy paciente y callado, salvo que entres en confianza porque entonces sí te muestras muy ameno y platicador, amoroso, agradable y complaciente, tímido para hablar de tu mundo interior porque en las profundidades de tu ser tienes la sensación de no ser muy querido.

Aunque eres muy creativo y talentoso, por lo general no te exiges ni le exiges a la vida, ya que, en vez de conectarte con tu fuerza y tu poder instintivo, prefieres un punto neutral donde puedas llevar una vida sencilla, tranquila, rutinaria, confortable y sin grandes proyectos por perseguir. Cabe mencionar que eres muy detallista y bueno para administrar cuestiones de dinero.

Algo curioso a recalcar: aunque evitas el conflicto lo más posible como todo NUEVE, si tienes ala OCHO es factible que seas más intuitivo, persistente y agresivo que los otros subtipos, expreses tu enojo con explosiones repentinas de irritabilidad y mal humor, te enterques y confrontes de forma asertiva sin importar si eres amable ni la opinión de los demás.

Como ejemplo de este subtipo tenemos a Sir Winston Churchill: 9/8. Podemos observar este comportamiento terco y agresivo en la película *Las horas más oscuras* (*Darkest hours*). En ella "Churchill deberá enfrentarse a una nación incrédula, un rey escéptico y a la conspiración de su propio partido para superar las horas más oscuras de su vida y dirigir a una nación para cambiar el curso de la historia".

Otros NUEVE de conservación famosos son: Julia Child (en la biografía *Julia and Julie*); los personajes de *Winnie Pooh* o *Dumbo*; Jake David Harper (el joven gordito que interpreta al sobrino de Charlie en la divertida serie *Two and a Half Men*); la famosísima Bridget Jones (*El diario de BJ* interpretada por Renée Zellweger); Hurley (en la serie *Lost*); y en una película más reciente, *The Post*, donde Kay Graham (Meryl Streep), nos muestra el despertar de una mujer NUEVE con este subtipo.

Me gusta cómo lo expresa Gonzalo Morán: "Si la pasión de la *pereza* (la acidia espiritual) les da a los NUEVE una necesidad de fusionarse con alguien o con algo para no conectarse con su propio ser, en este caso, el NUEVE autoconservación se fusiona con su propio cuerpo. Hay en este carácter una necesidad imperiosa de búsqueda de confort."[153] Es por eso que sueles ser una persona muy práctica, ligera, aterrizada, concreta, que prefiere mil veces enfocarse en satisfacer las necesidades básicas de la vida diaria como comer, beber, leer, descansar, tener sexo, comprar, limpiar, tener un techo agradable, que profundizar en ti o en los terrenos abstractos de la introspección del "ser".

De los tres tipos de NUEVE eres el más simpático, pero tu gran sentido del humor hace que te burles y hagas chistes sarcásticos o te desacredites. "La alegría y el espíritu amoroso y divertido de éste tipo de NUEVE aunque es muy real y es una entrañable característica de esta personalidad, puede ser otro tipo de compensación por una carencia temprana que tuvo de amor y que sustituyó por diversión."[154]

Ahora veamos qué estrategia usas de manera inconsciente para olvidarte de ti y así no contactar con tu poder, impulsos, sentimientos o necesidades más profundas. Te platico: usarás cualquier sustituto o "narcótico" que te proporcione confort físico, te ayude a distraerte y restarle importancia a la vida.

Al ser de conservación, eres el más aislado, te atrae estar solo y ser autosuficiente. Amas el confort, tu casa, una buena comida, tu jardín, tus rutinas, lo simple y lo sencillo; hacer las cosas a tu ritmo y sólo pides paz para las actividades que más te plazcan.

La canción de *El rey león* describe tu manera de ser: "*Hakuna matata*, una forma de ser, *hakuna matata*, nada que temer. Sin preocuparse es como hay que vivir, a vivir así yo aquí aprendí."

Regresemos a una de las palabras que describen a este subtipo: "acumular". Significa que te volverás experto o coleccionista de todo tipo de cosas: libros, antigüedades, deportes, recetas, fotos, cucharitas, llaveros, figuritas navideñas, muñequitas antiguas, etcétera, todo lo que te guste y te distraiga de tus preocupaciones. De igual manera, tiendes a guardar y a acumular cosas que jamás usas pero que en tu mente todavía sirven y un día podrías necesitar, por lo que te cuesta mucho trabajo deshacerte de ellas. En este sentido, te pareces al CINCO.

> Recuerda: la comodidad en exceso es íntima amiga de tu zona de confort, el confort te lleva a la flojera, la flojera hace que te olvides de ti, renuncies a tus prioridades y pierdas tu camino... si esto ocurre terminas viviendo la vida de otra persona (como si tú no existieras o fueras importante).

En otras palabras, para evitar sentir ansiedad, pensar en tu vida y en los problemas que te acechan vas a sustituir tus verdaderas necesidades con apetitos. Tendrás hambre por realizar hábitos adictivos que *te anestesien* o actividades placenteras que te permitan sentirte cómodo para dejar de ver, sentir, pensar y escuchar tu voz interior. Pueden ser de todo tipo, desde regar tus plantas hasta limpiar tus cajones, eso sí, todo de una manera tranquila y sin prisa. "Lo que menos deseas es que los demás te estropeen tu agradable estado de ánimo y sueles resistirte sencillamente no reaccionando o guardando un terco silencio."[155] "Me meto a la computadora a comprar un boleto de avión y en vez de que la actividad dure diez minutos, puedo perder hasta dos horas pasando de facebook a instagram, a mi correo o al chat."

Seguro te preguntarás: "¿Qué tiene de malo hacer esas actividades si son necesarias y productivas?" Pues que actúas sin prestar atención en lo que haces. Como diría Russ Hudson en sus talleres: el NUEVE tiene una puertita dibujada detrás de su cabeza por donde su alma se escapa y se desconecta de vivir el presente, aunque su cuerpo siga ahí sin estar consciente.

Date cuenta de cómo te duermes de manera interna: cuando surgen tus preocupaciones, rápido las sustituyes con un pensamiento agradable y sueñas despierto con pensamientos superfluos que van y vienen.

Mi exmarido es un NUEVE de conservación y buena persona. Teníamos un matrimonio estable, hasta que un día le empezó a ir mal en su negocio. En vez de hablar, afrontar la situación, buscar ayuda o alguna solución, todas las noches se iba a un bar con sus amigos. Nuestra relación cambió, se volvió apático, hablaba muy poco y empecé a sospechar que andaba con otra, pero no. Cada día despertaba más tarde para ir a la oficina, incluso se quedaba días enteros en el jardín a tomar el sol (según él para no pensar en sus problemas) con sus audífonos, Ipad y su tequila. Yo me "jalaba los pelos" de desesperación al verlo plácidamente tirado en la tumbona. Lo triste es que ni sus hijos ni yo pudimos motivarlo. Después de dos años de depresión, su negocio quebró, me cansé de su indolencia y me divorcié de él.

"A veces el hambre de afectos, se transforma literalmente en hambre de alimentos, de caprichos materiales, de actividades concretas, como los juegos o la lectura, distracciones que sirven todas ellas para tapar las necesidades más profundas."[156] "La comida llena, lo que no llena el corazón. Reemplazan éste último por el estómago, para compensar la falta de amor que sienten."[157] "Es muy difícil para un NUEVE abandonar un sustituto superfluo porque es una forma conocida y cómoda de desviar tu atención."[164]

> Me encanta consentir a mi familia. De regreso a casa, cuando me siento triste, paso por una tienda de donas que son mi perdición. Dejo al azar el destino, si me toca semáforo rojo, compro una dona para cada miembro de la familia, si me toca verde, sólo una para mí. Muchas veces me sorprendo porque, al llegar a casa, ya me comí tres donas en automático que eran para mi familia, por lo que termino escondiendo las otras dos para comérmelas al día siguiente cuando ya todos se fueron. Ahora estoy aprendiendo a expresar más mis sentimientos en vez de comérmelos.

Otra manera muy importante de distraerte y olvidarte de lo vital en tu vida, es a través de sustitutos más selectos y refinados que se disfrazan, pero engañan de igual manera. Por ejemplo: refugiarte en el trabajo, invertirle muchas horas a un *hobbie*, estudiar un idioma que esté de moda, tomar un curso gastronómico, levantarte a las cinco de la mañana para ir al gimnasio... Estas actividades suenan muy sofisticadas y te hacen sentir importante, productivo y te dan paz mental. Sin embargo, son actividades que llenan tu tiempo, gastan tu energía y evitan a que llegues a tu pregunta central: "¿Qué quieres hacer con tu vida?" "¿Cuál es tu pasión, tu sueño a realizar?" "¿Qué problema debes resolver ahorita?" Recuerda que tanto tu atención como energía son dispersas, se pescan de lo primero que les atrae sin profundizar si es lo prioritario para ti.

La verdadera paz es mucho más que la ausencia de conflicto, es un sentimiento de bienestar personal, de sentirte sereno y plenamente conectado contigo y con el universo.

¿Con qué eneatipos puedes confundirte?

Con el OCHO, pues ambos son viscerales, insensibles, comparten alas entre sí y buscan la comodidad y los placeres de la vida. Son diferentes porque el OCHO es intenso, confronta y actúa en el momento, mientras que el NUEVE es más tranquilo, empatiza, escucha y pospone la acción.

También te puedes confundir con un SEIS porque ambos son modestos, agradables, postergan decisiones, comparten flechas y tanto el *miedo* del SEIS como el olvido del NUEVE generan baja autoestima y sentimientos de no ser capaces de llegar a la meta solos. Son diferentes, porque el NUEVE es tranquilo y confía, mientras el SEIS es nervioso, sospecha, hace preguntas y pone a prueba.

¿Cuándo sacas lo peor de ti?

Tu instinto dominante trabaja en tu contra cuando se siente amenazado de forma real o imaginaria. Es decir, cuando tu "seguridad" tambalea (porque tuviste un conflicto con alguien, hay escasez en tus recursos, tu imagen se siente intimidada por algún factor externo, etcétera), experimentas mucha ansiedad, incluso sientes pánico. Si tu inseguridad interna crece y la niegas:

- Te llenas de actividades triviales como pequeñas rutinas para no pensar, profundizar ni comprometerte en proyectos grandes que impliquen de tu iniciativa o responsabilidad (por *miedo* a no ser capaz de lograrlo). Quieres mandar a volar lo conflictivo, complicado, la gente que no te cae bien, las tristezas, envidias, enojos... ¡No quieres ver problemas ni nada ni nadie que te moleste!
- Cuando dices SÍ, pero en realidad querías decir NO, con el tiempo acumulas un resentimiento que te va convirtiendo en una persona pasivo agresiva. Actúas lo que no hablas a través de dobles mensajes, olvidos, retrasos, accidentes o caes en una especie de "guerra fría" donde el silencio y la distancia hacen que la relación sea más difícil de reparar.

- Cuando tus apetitos esenciales no están satisfechos, se interrumpe tu paz, se te niega el confort, tu ansiedad interna crece, temes que puedan desaparecer, así que reaccionas de manera explosiva como un OCHO o un SEIS contrafóbico.

- Cuando reprimes a un grado extremo tu *ira* o tu resentimiento, te narcotizas con grandes atracones de comida, ocasionando sobrepeso u obesidad. También puedes recurrir al alcohol o drogas para silenciar tu dolor.

- Cuando de plano estás muy mal, descuidas tu físico a tal grado, que engordas, te dejas las canas, te la vives fachoso (pants, ropa vieja que da una imagen de suciedad)... "Caes en una profunda apatía respecto a tu vida y te vuelves ineficaz y te conviertes en un permanente haragán de sofá; te cierras a las emociones y estropeas lentamente tu salud, tus relaciones y tus posibilidades."[158] Hay cierta inercia a quedarte, a no moverte de tu zona de confort.

¿Qué debe aprender el NUEVE de conservación?

- Empieza por acordarte de ti, reincorpora tu alma al cuerpo, viaja a tu interior y descubre tu parte espiritual para que averigües quién eres, qué te mueve, cuál es tu pasión y qué quieres hacer en tu vida.

- Confía en que, si te esfuerzas lo suficiente, es muy probable que logres tus objetivos. Cada pequeño logro, reconócelo y apláudelo porque es un escalón de autoestima. Ordena tu vida, tus prioridades y no esperes a que el momento adecuado toque a tu puerta. Eso no existe, esperar el instante perfecto es una de las trampas favoritas del *miedo*.

- Contacta con tu cuerpo, siéntelo y descubre la energía del enojo; úsala para sentir tu fuerza y tu poder. Practica decir no quiero, no me gusta, no estoy de acuerdo y comprueba que las personas que amas y te interesan, aun así te quieren.

- Practica estar presente y conectar tu alma al cuerpo para que puedas sentir, experimentar y vivir la vida con pasión. Como dice la canción de Manuel Alejandro y María Alejandra que grabó Emmanuel: "Para sentir/ ese escalofrío que recorre el cuerpo [...] hay que arrimar el alma/ como se arrima leña al fuego/ Hay que avivar la llama/ Hay que sentir en lo más hondo/ para que aflore la belleza/ Hay que poner la vida entera para sentir amor...": "Hay que arrimar el alma"; porque la energía de la vida es el amor.

- Aprovecha tu vida para descubrir tu propósito, tu llamado, tu pasión y marca una diferencia para que crezcas como ser humano. ¡Invierte en cuidar tu cuerpo, muévelo, cultiva una vida espiritual, escribe tu propia historia y asegúrate que inspire a los demás!

NUEVE SOCIAL

SOY EL CONTRATIPO DEL 9 PORQUE VOY EN CONTRA DE LA PEREZA

AMBIVALENCIA POR PARTICIPAR EN EL GRUPO

ME OLVIDO DE MÍ A TRAVÉS DE PARTICIPAR EN CAUSAS Y ACTIVIDADES SOCIALES EN FAVOR DE LOS DEMÁS

DESEO SERVIR, UNIR AL GRUPO, A LA FAMILIA Y LOGRAR ARMONÍA Y PAZ

HAMBRE POR SENTIRME VISTO, POR PERTENECER, TENER FAMA Y ESTATUS; ¡NECESITO HACER ALGO EXTRA PARA GANARME MI LUGAR!

NO DEMUESTRO EL GRAN ESFUERZO Y SACRIFICIO QUE HAY DETRÁS DE MI TRABAJO

Necesito quedar bien con todos para pertenecer

SOY EL MÁS EXPRESIVO, SERVICIAL, ENERGÉTICO Y ABIERTO DE LOS 9

IMPARABLE, ADICTO AL TRABAJO, PARTICIPATIVO Y MUY TENAZ

ME PUEDO CONFUNDIR CON UN 3 O UN 2

PUEDO SER INSENSIBLE, TIBIO, POCO EMPÁTICO, HIPERACTIVO Y OLVIDAR MI VIDA PERSONAL

SOCIAL
↓
PARTICIPACIÓN / UNA FAMILIA FELIZ

Palabras claves que lo describen: PARTICIPACIÓN / NO PARTICIPACIÓN / UNA FAMILIA FELIZ

En general, los NUEVE se olvidan de sí y de lo importante en sus vidas. Así como el de conservación se fusiona con su cuerpo y lo material, ¡tú te fusionas con el grupo!

¿Cuántas veces te has metido en un equipo deportivo, asamblea de colonos o un voluntariado sin estar convencido (sólo te dejas llevar por la energía del grupo)?

> *Llevo más de diez años metida en un grupo de amigas que estudiamos psicología una vez a la semana. Claro que la psicología es interesante y sirve para la vida, pero debo confesar que a veces hasta me quedo dormida. Pero no me importa. Para mí, el martes (día de la clase) se convierte en mi día social porque me llena de energía convivir con el grupo.*

Es importante aclarar que existen NUEVE sociales retraídos, poco sociables y tímidos (se pueden confundir con un CINCO).

Te concentras en los otros y te preocupa saber cómo estás actuando ante los demás. Para sentirte seguro buscas y necesitas pertenecer a diferentes grupos sociales (los tuyos son mucho más amplios que los del NUEVE de conservación o sexual). Pero cuando sientes que no encajas del todo, puedes abandonarte y perder tu identidad con tal de caerle bien al grupo o a algún integrante que te interese.

Diferencias con los otros tipos de **NUEVE:**

Eres el **contratipo** del NUEVE: vas en contra de la energía natural de la *pereza*. Tienes muchos rasgos del TRES porque eres mucho más extrovertido, participativo, trabajador, dinámico y energético. Tienes una pila doble que te vuelve imparable, tenaz y adicto al trabajo, por eso te molesta la palabra *pereza* ¡a ti te falta tiempo para hacer todo lo que quieres! Pero lo que te choca te checa y sigues siendo NUEVE porque en el camino descuidas tus intereses por quedar bien con los demás.

De acuerdo con mi experiencia, de los 27 subtipos que describe el Eneagrama, el NUEVE social es el más difícil de identificar porque actúa de forma contradictoria a la que nos señalan los libros y porque tiene muchas similitudes con otros tipos de personalidad.

Cabe aclarar que, al ser el contratipo, experimentarás una ambivalencia entre querer acercarte con optimismo a los diferentes grupos o alejarte por completo al sentir que no perteneces ni encajas del todo. Siempre rondan estas indecisiones internas: ¿Me gusta o no me gusta este grupo? ¿Estoy de acuerdo con ellos? ¿De verdad conecto con las personas? ¿Acaso les importo? ¡No vale la pena, mejor me callo, me adapto y así evito crear más problemas!

A diferencia de los otros NUEVE te caracterizas por tener muchísima energía: te gusta trabajar, tener tu agenda llena y ayudar a los demás. Varios autores dicen que eres el "pegamento del Eneagrama" porque te interesa unir o conciliar a las personas y lograr paz y armonía en el grupo: "¡A ver ya! ¡Dejen de discutir! Escuchemos, pues cada uno tiene un punto de vista muy válido. ¡Lleguemos a un acuerdo!"

Naranjo describe al NUEVE social como un bonachón. Bautizó a este subtipo con la palabra "participar", ya que lo que mueve a una persona alegre y con el corazón ligero es sentirse parte de un grupo. También menciona que "cualquier persona que tiene una intensa necesidad de hacer, de convertirse en parte de algo, es una persona que no se siente parte de nada. Para el NUEVE social, la experiencia de no encajar, de sentirse diferente, de creer que no tiene lo que se necesita para formar parte de un grupo o una comunidad, lo lleva a sobre compensar, a expresar una especie de generosidad mostrándose muy pendiente de los demás y del grupo".[159]

En otras palabras, esta sensación de no pertenencia, la compensas de forma inconsciente siendo exageradamente incondicional, agradable, servicial y dispuesto a hacer cualquier cosa que se te pida (con tal de sentirte incluido en el grupo). Estás tan obsesionado de la opinión de los demás que, sin darte cuenta, les das "demasiado poder" sobre ti porque tienes *miedo* a que te dejen de querer o se termine la relación. Aunque la mayoría del tiempo te muestras sonriente, vives una tristeza que muy pocas veces comunicas y se refleja en una falta de vibración o pasión por la vida y en una desconexión de tu alma con todo con lo que haces.

El precio que los NUEVE sociales creen que deben pagar para ser aceptados implica un costo muy alto: se requiere de un gran *esfuerzo silencioso y mucho trabajo* en donde se muestran a los demás como individuos aparentemente relajados, despreocupados, tranquilos, alegres y generosos, pero internamente saben lo mucho que se sacrificaron o se mataron trabajando por ese "algo extra" que les permita sentirse con derecho a ganarse un lugar importante en el grupo.

Hice uno de esos esfuerzos silenciosos cuando nos fuimos de viaje. Recuerdo que llegué al aeropuerto y les dije: "¡Hola a todos! Les traje una pequeña sorpresa: ya llené la forma migratoria de los 15 que vamos al viaje, también las tres visas que se requieren y les traje copia del itinerario." Exclamaron: "¡Qué generoso! Pero, ¿por qué lo hiciste si era trabajo de cada uno?" Yo contesté: "¡Ay, no fue ningún problema! Ayer domingo no tenía nada qué hacer y mientras veía el futbol lo hice en un abrir y cerrar de ojos."

Cuando te encuentras en tu lado más sano, tienes una gran cualidad: liderazgo. No sólo eres un buen líder, también sencillo, generoso, amable, paciente, inclusivo, trabajador, buen mediador y comunicador. "Tienes la habilidad de soportar y aguantar mucho, al grado de volverte «un *ponching bag* humano». Te das a los demás de forma incondicional como respuesta a un *miedo* profundo (a veces inconsciente) a ser abandonado, a tener un conflicto o separación o a perder la paz y la armonía."[160]

Como ejemplo de líder NUEVE social, me viene a la mente el expresidente americano Barack Obama, recordado por su gran carisma, sencillez, generosidad, calidez y liderazgo, además de ser un excelente compañero de vida con su mujer. Otros líderes NUEVE sociales son Rigoberta Menchú, José Antonio Meade, el Dalái lama y Lionel Messi.

Es importante resaltar que "...los NUEVE suelen ser de emociones tibias y un poco despistados, pero este NUEVE está mucho más presente y le gusta hablar más: es alegre, comunicativo, polémico, politiza; este es un NUEVE al que sí le importa ser visto (pero no en la forma neurótica que lo haría un TRES)".[161]

Interesante: te cuesta más trabajo lograr las metas propias, que las del grupo porque tienes un obstáculo llamado miedo. Si desglosamos este miedo verás que tiene dos vertientes: miedo a fracasar (a no llegar a la meta) y miedo a enfrentar y responsabilizarte de lo que venga después si logras realizar tu meta (porque dudas de tu incapacidad, salvo que tengas el apoyo emocional de varias personas).

¿Con qué eneatipos puedes confundirte?

Con un TRES porque ambos comparten flechas, les gusta el micrófono y los reflectores, son líderes, prácticos, competentes, adictos al trabajo, les importa mucho el ¿qué dirán?, tienen miles de cosas por hacer y no muestran su estrés. Son diferentes porque el TRES usa su actividad para lograr el éxito, es más impaciente, egoísta y dice NO con tranquilidad; en cambio el NUEVE usa su actividad para anestesiarse, es más lento para reaccionar y tomar decisiones (porque sustituye sus necesidades por las de otros) y le cuesta trabajo decir NO.

También con el DOS porque ambos son complacientes, se olvidan de sus necesidades y su atención está en el de enfrente. Son diferentes porque el DOS manipula y se adapta al otro para obtener algo a cambio, mientras que el NUEVE se adapta al otro para evitar conflictos y vivir en paz.

¿Cuándo sacas lo peor de ti?

Tu instinto dominante trabaja en tu contra cuando se siente amenazado. Es decir, cuando tu "seguridad" se tambalea (te sientes excluido, que no perteneces, cometiste algún error, tus opiniones fueron rechazadas o ignoradas, sientes que una institución en la que confiabas se desmorona o que la misma autoridad o alguna persona del grupo está actuando de forma incoherente y se está aprovechando de los demás), genera que tu estrés y ansiedad crezcan. Si los niegas sacarás la parte más reactiva de tu personalidad para defenderte en el área social:

- Cuando te sientes muy inseguro, la indolencia se apodera de ti, pierdes interés por todo, te haces el desentendido, te vale gorro; todo esto provocado por un *miedo* interno a no hacer bien aquello que querías realizar. Tu baja autoestima surge y entra en un estado de autocrítica destructiva en donde una voz interior te dice: "¿A dónde crees que vas? ¡Tú no puedes con eso!"

- Muchas veces ante una agresión directa, tu enojo en vez de expresarlo de forma asertiva y abierta, lo ahogas y reaccionas de forma tardía; sientes que te faltan palabras por lo que tomas las siguientes posturas: te cierras y te pones a la defensiva, te encercas en tus argumentos, te retraes, aguantas y permites que la gente te menosprecie, te pise, te use y se aproveche de ti hasta que un día explotas y tomas decisiones impulsivas.

- Entre más crece tu inseguridad y tu valía, más servil te vuelves hacia los demás y muchas veces por evitar un conflicto te provocas más. ¿Cuántas veces, por no decir un NO con firmeza, terminas comprometiéndote a miles de cosas consciente de que no vas a cumplirlas?

- Cuando no estás equilibrado, sueles deprimirte por largos periodos de tiempo tragándote el dolor sin compartirlo con nadie. Te muestras accesible pero a la vez mantienes tu distancia, te aíslas de la sociedad, inventas excusas, no contestas el teléfono, te sientes triste y fracasado por tu falta de autoestima.

- Una manera muy común de anestesiarte y no ver tu realidad es a través de participar e involucrarte a tal grado en tu causa o proyecto social, que tanto tu vida personal como tus problemas pasan a un segundo plano generando problemas de pareja y familiares y una falta de introspección hacia ti.

¿Qué debe aprender el NUEVE social?

- ¡Si no sabes a dónde ir, de nada sirve echarle ganas! Primero, define y escribe de la manera más específica y concreta posible qué quieres obtener de la vida y cómo y en qué tiempo lo quieres obtener. Si logras definir qué quieres, ya lograste 50%. Ahora, si tus metas concretas se alinean con los sueños que te hacen vibrar, la motivación y el cómo lograrlo aparecerán solos.

- Ten en mente que eres el responsable de tu vida y el resultado de tus decisiones. Nadie se va a hacer cargo de tu felicidad. Nadie tiene la obligación de hacerte feliz. Los perdedores siempre tienen excusas mientras los ganadores encuentran el camino. ¡Quien da resultados, no da explicaciones!

- Deja de sabotearte con quejas: "¡No puedo!" "A está edad, ¿ya para qué?" "¡A nadie le importa!" "¡Tengo mala suerte!" Mejor enfrenta tus retos, porque cuanto más postergas, más ansiedad y tensión generas. ¡Estructúrate, planea y divide tu meta mayor en minimetas semanales! Como diría Henry Ford, ningún éxito es especialmente difícil si lo divides en pequeñas tareas.

- Expresa lo que quieres y di lo que piensas. Ser asertivo ayuda a mejorar tu autoestima. Ser dejado y quedarte en silencio genera tristeza y desesperanza. Contacta con tus emociones y echa el corazón por delante para que descubras tu pasión. Verás cómo el cuerpo te sigue a donde quieras sin ningún temor.

- Contacta con tu tristeza y revisa qué te quiere comunicar. Ve hacia dentro de ti, busca la respuesta a través del silencio y la meditación y date cuenta de que no necesitas hacer ningún tipo de mérito para ganarte el derecho de pertenecer.

NUEVE SEXUAL

ME PEGO AL OTRO A TAL GRADO QUE PIENSO, SIENTO Y ACTÚO COMO EL OTRO

SEDUZCO DE FORMA INGENUA Y CALLADA, SOY UN POCO TÍMIDO PERO A LA VEZ CARISMÁTICO

SOY AL QUE MÁS TRABAJO ME CUESTA DESCUBRIR SU PASIÓN Y SABER QUÉ QUIERO HACER CON MI VIDA

ME OLVIDO DE MÍ, FUSIONÁNDOME CON LA VIDA DEL OTRO (FAMILIA, PAREJA, AMIGOS…)

Tú y to somos uno mismo

IDEALIZO AL OTRO A TAL GRADO QUE MI IDENTIDAD Y SEGURIDAD, ME LA DA EL OTRO

MI IMÁGEN FÍSICA ES MUCHO MÁS ATREVIDA, ATRACTIVA Y DIFERENTE

SOY EL MÁS EMOCIONAL, TIERNO, ARTÍSTICO Y ROMÁNTICO DE LOS 9

SOY PRUDENTE, ADAPTABLE, CONFIADO, DESPREOCUPADO Y DESPISTADO

PUEDO SER REBELDE, POSESIVO O MELANCÓLICO, VÍCTIMA; PUEDO VOLVERME AUSENTE Y CAER EN UNA ADICCIÓN

ME PUEDO CONFUNDIR CON UN 4

SEXUAL

↓

UNIÓN / FUSIÓN

Palabras claves que lo describen: UNIÓN/FUSIÓN / MOSQUITA MUERTA

Así como el "NUEVE de Conservación" se olvida de sí a través de fusionarse con todo lo que es placentero para su cuerpo, y el "NUEVE Social" se distrae de sí mismo a través de fusionarse con causas o grupos, el "NUEVE Sexual" también se abandona a sí mismo pero de diferente manera: cuando te desconectas de tu ser, pierdes tu luz propia, tu fuego interior se desvanece y dejas de vibrar. De forma paulatina e inconsciente pierdes interés por ti, por tu identidad y no sabes realmente quién eres ni qué quieres, por lo que sin darte cuenta compensas ese vacío adaptán- dote y absorbiendo la vida de una persona importante para ti hasta que te fusionas y vives a través de ella.

Cuando el NUEVE sexual se desconecta de su ser, deja de vibrar y su luz se desvanece.

Todos los subtipos sexuales, sin importar su personalidad, tienen el impulso de fusionarse, pero los NUEVE lo hacen con personas que, por lo general, son más fuertes, agresivas o poseen mayor vitalidad que ellos (como el OCHO, UNO o TRES) para que se conviertan en el agente activo que los proteja y guíe.

Diferencias con los otros tipos de NUEVE:

De los tres tipos de NUEVE, eres el más tierno, romántico, suave, emocional y pre-ocupado por tu apariencia física (te interesa mucho tu arreglo personal). Posees un aire jovial e inocente que provoca que te veas más joven de lo que eres en realidad.

Tienes gran facilidad para conectar con los demás y hacerlos sentir bienvenidos a tu mundo. Sabes escuchar al otro con mucha atención y tu NUEVE te permite darle todo el tiempo del mundo para que se exprese.

Te presentas ante los demás con una postura más prudente, callada, inocente, dulce, un poco tímida, pero a la vez carismática, sensual y seductora con la intención de encontrar una unión romántica. Para ti, saber que eres deseable y atractivo para los demás te da mucha seguridad y una sensación de poder.

Ichazo bautizó a este subtipo con la palabra "unión", pero Naranjo prefiere las palabras "fusión, confluencia o simbiosis" para describirlo. "El NUEVE sexual experimenta la necesidad de ser a través del otro, de la unión con otro, de la fusión con otra persona. Usa la relación para alimentar su ser porque no consigue situarse sobre sus pies. Una verdadera unión requeriría que las dos personas caminen con sus propios pies antes de llegar a encontrarse."[162]

En otras palabras, la fusión significa que la vida del "otro" (ya sea tu amiga, amante, esposa, mentor, tu perro y hasta Dios) se convierte en tu propia vida y le otorgas al otro el poder para controlar tu brújula interna. En vez de mirar dentro de ti y conectar con tus recursos, dones o habilidades, buscas afuera a alguien que llene tus vacíos, cumpla tus sueños, calme tus emociones, diga lo que tienes que hacer y, a la larga, esto te traerá grandes decepciones.

¡Interesante! Sin que te des cuenta, te pones al servicio de estas personas significativas porque le dan sentido a tu vida. Llegan a convertirse en tu razón de ser y puedes llegar a idealizarlas a tal grado, que hasta les borras defectos y las disculpas cuando cometen una falta, salvo que estés muy despierto o predomine en ti, tu ala UNO que te vuelve una persona más crítica y exigente con el otro.

Esta dependencia hacia el otro se origina en la infancia, cuando alguno de los padres no se identifica con los valores de su propio género y no te transmite esa aprobación de convertirte en hombre o mujer ni te inyecta esa seguridad de ser, valer o merecer.

Sentirte unido al otro te llena de energía y alegría, te da una sensación simbiótica de vivir una existencia mutua. Es la relación perfecta de manera ideal, en la que dos almas se juntan para ser una sola. La sensación de ser ignorado en tu infancia desaparece, ahora ya tienes un dueño que te guíe, te proteja y te dé una "razón para vivir". Y claro, evitas enojarte o expresar tu descontento porque tienes un *miedo* irracional al rechazo o al abandono.

Obviamente la soledad no es lo tuyo. No tienes consciente el *miedo* a la separación y prefieres vivir la vida del otro que "descubrir tu propia pasión" porque con "el otro" eres alguien, te llenas de energía, te sientes importante y tu autoestima crece. Aquí hay grandes probabilidades de que surja la *pereza*, ya que no quieres tomar tu propio camino, descubrir quién eres en realidad y encargarte de tu vida.

Estudié medicina porque vengo de una familia de médicos: tanto mi abuelo como mi padre a los cuales admiraba fueron pediatras. Llevo veinte años ejerciendo la profesión y hasta ahora me doy cuenta de que lo mío es la arquitectura y nunca la estudié porque ni siquiera me lo cuestioné.

Observa cómo tu vida, preocupaciones e intereses más urgentes, los relegas a un segundo plano; tu identidad está tan mimetizada con la otra persona que, si se siente feliz, tú también, si ya se quiere ir de un evento, tú también. Es decir, piensas, sientes, opinas y deseas lo mismo que el otro. Vives tan pendiente de la otra persona, que te apropias de sus problemas y necesidades y apenas notas lo que pasa contigo. Adoptas la vida del otro como propia, hasta los elogios y las críticas te los tomas personales.

Te conduces como una persona dulce, buena, tranquila, complaciente con un aire de ingenuidad y timidez que habla de forma suave y monótona sin muchos tintes de expresión, como dando la imagen inocente de "mosquita muerta" o de alguien que no rompe un plato. "¡Ay perdón, yo creía que era normal, no sabía!" Pero en el interior eres muy hábil para conectar con el otro de forma profunda y rápida. Haces un tipo de fusión exprés donde "seduces y coqueteas" porque te urge sentirte deseado, sabes perfecto cómo mirar o qué decir para que la persona se sienta atraída o comprendida por ti.

Tienes tal grado de receptividad, que puedes sentir lo que el otro está sintiendo. "Te es fácil fundirte o mimetizarte con el otro y convertirte en lo que el otro quiere que seas. Te acuerdas de tus propias necesidades y sientes la necesidad de separarte para primero encontrarte. Después vuelves a sentir la necesidad de volverte a unir con esa persona y el ciclo se repite. Como la amiba que está destinada a dividirse una y otra vez para después sentir la necesidad de conectarse y luego desconectarse. Este proceso llega a ser muy confuso tanto para ti como para tus íntimos y llega a atormentarte a tal grado, que puedes pensar que eres un CUATRO."[163]

De chica fui la única mujer de cuatro hermanos y me fusioné a tal grado con mi mamá (DOS) que nos volvimos inseparables, las mejores amigas; ella era mi guía mi confidente y mi paño de lágrimas. Decidía por mí, me aconsejaba lo que me convenía estudiar, cómo comportarme y seducir a los galanes. Un día me casé y nos fuimos de maestría al extranjero. Fue un golpe durísimo separarme de mi madre, sentía una enorme ansiedad interna por no tenerla a mi lado hasta que poco a poco me fui fusionando a mi esposo y me fui tranquilizando porque él decidía por los dos y yo me dejaba guiar. Con los años y los trancazos de la vida me di cuenta lo dormida que estaba, me olvidé de mí por completo, no tenía vida propia, viví en una fantasía pensando que la felicidad consistía en complacer a los demás y en no tener problemas.

Ejemplos de NUEVE sexual: la princesa Grace de Mónaco, Clint Eastwood, Kevin Costner, Janet Jackson, Rebeca de Alba, Miranda Rijnsburguer, (la esposa de Julio Iglesias), Mike Delfino (el guapísimo plomero de *Esposas desesperadas*), Lisa Kudrow (la simpática Phoebe de *Friends*), Clark Kent y Marge Simpson.

¿Con qué eneatipo puedes confundirte?

Con el CUATRO porque a los dos les gusta la naturaleza, la parte artística, son idealistas, románticos, melancólicos, tiernos, sensuales, cariñosos; sueñan y fantasean con encontrar el amor ideal, tienen *miedo* al abandono y se visten de forma creativa y muy original. Son diferentes porque el CUATRO es más intenso, profundo, dramático, llora fácilmente, necesita atención constante y expresa sus necesidades. En cambio, este NUEVE es más ingenuo, optimista, adaptable, parco, superficial; le cuesta trabajo comunicar, tener claridad de lo que necesita y prefiere la paz y el confort con tal de evitar la confrontación.

¿Cuándo sacas lo peor de ti?

Tu instinto dominante trabaja en tu contra cuando se apodera de ti o se siente amenazado. Es decir, cuando tu "seguridad" o atractivo físico se tambalea (porque tu atractivo físico se acabó, te sientes vulnerable, te sentiste rechazado, se acabó la chispa con tu pareja, te sientes traicionado o criticado por algo), esto provoca que tu estrés y ansiedad crezcan. Si los niegas:

- En tus relaciones uno a uno, dejas de ser asertivo, niegas los problemas, le dices a la otra persona que todo está bien, que no pasa nada, te insensibilizas para no sufrir, temes expresar tus deseos y puntos de vista por temor a que te rechacen. No encuentras la fuerza necesaria para abandonar una relación así. Tu *miedo* más grande es que si alguien te deja te mueres. O bien reaccionas de forma inesperada, de manera rebelde, posesiva y celosa.
- Cuando tu seguridad se siente amenazada, te conviertes en el tapete y en el rescatador del otro, te comportas como "el bueno". Dejas todo en tu vida para encargarte del otro, con la intención de sentirte necesitado, pero no de una manera funcional sino tóxica. Rescatas, persigues y después te conviertes en víctima. "¡Conste! ¡Luego no digas que no te ayudó!"
- Puedes caer en una codependencia o en una adicción a cierta persona y buscas a tal grado la mirada del otro, que tu autoestima depende de su aprobación; le entregas tu poder personal, te vuelves tan responsable con las

necesidades del otro para que te apruebe, que terminas perdiéndote en él. Olvidas la noción de los límites y dejas que el otro decida por ti. No sabes dónde empiezas tú y dónde termina el otro.

- Cuando te sientes inseguro tiendes a deprimirte, a sentir que careces de luz propia. En vez de expresar tus emociones abiertamente, caes en la melancolía, te alejas, te retraes, te vuelves ausente, callado y te vas a tu imaginación donde peleas con la persona que te afectó, le explicas, lo atacas y cobras tu venganza.

- Pecas de omisión por todas esas cualidades que la vida te ha dado y que has mantenido a escondidas. Pecas por las cosas importantes que has dejado de hacer o por las oportunidades que te ha ofrecido la vida y que por desidia no las has tomado.

¿Qué debe aprender el NUEVE sexual?

- Lo primero: estar solo. Rompe el *miedo* a mirarte por dentro y siente tu vulnerabilidad, fuerza, energía y ganas de vivir para que desarrolles mayor fortaleza en tu alma. Entonces podrás entablar una relación de pareja sana.

- ¡Despierta! Vuélvete tu principal prioridad y no te trates como opción. Porque mientes al decir que nadie te mira, te miras tú, porque tú eres la persona más importante en tu vida. Reconoce que tú eres tu gran saboteador. Crece, adueñate de ti, quiérete, valórate, independízate y sé feliz. El compromiso más importante que tienes es amarte y respetarte.

- Deja de salir corriendo a protegerte bajo la sombra de los demás. Date la oportunidad de aprender a resolver problemas, a valerte por ti, a decir NO, a poner límites, a hacerte cargo y evitar estirar la mano para que otro te aconseje o dirija tu vida. Recuerda que la *pereza* es prima hermana del *miedo*. Cada uno es responsable tanto de su felicidad como de su salud mental y emocional. Inténtalo y te impactarás de lo bien que te sentirás y de la atracción que causarás en el otro.

- El secreto está en cómo te hables. Identifica esas voces que te hacen creer que vales menos, que no mereces o que no puedes. Cuestiónate: ¿Cuándo, dónde o de quién aprendiste a pensar eso de ti? Rompe con ese círculo de indolencia y descubre tu verdadero yo, fuerte, bueno y poderoso.

- Te preguntarás: ¿Qué tiene de malo querer ser una pareja que se ama, se fusiona, piensa de la misma manera, se vuelve inseparable y le gusta lo mismo? ¿Acaso eso no es el amor ideal? No. Una relación sana consiste en unirte y fusionarte con el otro en ciertos momentos, en otros te separas y cada quién se encarga y se responsabiliza de lo suyo.

PASIONES Y VIRTUDES
DEL ENEAGRAMA

CONCLUSIÓN

El mejor regalo que le puedes dejar a los tuyos y a la gente que te rodea, es trabajar en ti para ser mejor persona con los demás. Invierte tiempo en conocerte, reflexiona, profundiza y saca a la luz esos comportamientos repetitivos e inconscientes que muchas veces, sin querer, lastiman a los demás y a la vez te limitan a desarrollar tu potencial. Estoy plenamente convencida de que cada uno es responsable de su salud mental y emocional, y principalmente de su felicidad. Espero que este libro se convierta en una herramienta íntima que te ayude y te acompañe a lo largo de tu vida a despertar, a conectar con lo más hermoso de ti, *tu esencia*, que en realidad es tu verdadera naturaleza para que saques tu propia luz, la contagies en otros y tengas una vida más honesta, plena y espiritual.

Si te interesa profundizar más sobre ti o analizar si tu personalidad está en un nivel sano, promedio o tóxico, te recomiendo leer los niveles de desarrollo de Riso/Hudson descritos en mi primer libro titulado: *Eneagrama ¿Quién soy?*

AGRADECIMIENTOS

Agradezco enormemente a Editorial Alamah de Penguin Random House Grupo Editorial, por la confianza e interés que han depositado en mí, en especial a todo el equipo formado por David García Escamilla, Paty Mazón en su momento y Andrea Salcedo, quienes me alentaron a escribir este segundo libro.

Quiero agradecer de forma muy especial a mi querido César Ramos, por creer en mí y por su gran paciencia, cariño y entusiasmo, ya que sin estos ingredientes, este libro no se habría logrado.

Mil gracias Guayo, mi esposo, amigo y compañero de vida, por impulsarme siempre a lograr mis sueños. Gracias por todas las noches que te dormiste con la luz prendida esperando con ansiedad a que terminara el libro.

Gracias a mis hijas: Andrea, Regina y Pamela, por todo su amor y porque son mi mayor motivación y soporte en la vida.

Gracias en especial a Gaby, mi hermana, por impulsarme a incursionar en este camino. A mi mamá, a mis hermanos y a toda mi familia por su cariño y por soportar mis intensidades con el Eneagrama.

Gracias Adelaida por avanzar juntas y compartir tantas experiencias que nos han enriquecido y nos han hecho más fácil y divertido el camino.

Gracias Adriana Quiroz, por plasmar mis ideas en imágenes divertidas.

Gracias a Dios por ponerme en esta misión, con la esperanza de cooperar con mi granito de arena en ayudar a despertar e iluminar el camino de otros a través del autoconocimiento.

Gracias a ti, querido lector, por tener este libro en tus manos.

BIBLIOGRAFÍA

NOTA IMPORTANTE: quiero resaltar que los nombres dados a los subtipos que menciono en el libro, fueron bautizados en su mayoría por Claudio Naranjo, Óscar Ichazo, Don Riso y Ross Hudson.

Baron Renee, & Wagele Elizabeth, *Are you my type, am I yours? Relationships made easy through the Enneagram*, Harper San Francisco, 1995.

Broca, Fernando, *Historias que sanan*, Editorial Selector, México, 2017.

Calixto, Eduardo Dr., *Un clavado a tu cerebro: descubre como tus neuronas actúan en el amor, la sexualidad, el estrés y las emociones*, Editorial Aguilar, México, 2017.

Chernick, Fauvre, Katherine, *Enneagram Instinctual Subtypes, The 3 drives that fuel the passions of the 9 Types*, U.S.A, Revised, 2011.

Chernick, Fauvre, Katherine, *Enneastyle, The 9 languages of Enneagram Type*, U.S.A. Copyright 1995.

Chestnut, Beatrice, PhD., *The Complete Enneagram, 27 Paths to a Greater Self Knowledge*, She Writes Press, U.S.A., 2013.

Coats, Mona, Ph.D. & Searle, Judith, *Sex, Love and your Personality, The nine faces of intimacy*, Therapy Opptons Press, Santa Mónica, California, 2011.

Daniels David, M.D. & Virginia Price Ph.D., *The essential Enneagram*, Harper Collins Publisher, E.U.A., 2000.

Durán, Carmen, Catalán, Antonio, *Eneagrama. Los engaños del carácter y sus antídotos*, Editorial Kairós, 2009.

Fernández, Chriestlieb, Fátima, *¿De dónde demonios salió el Eneagrama?* Editorial Pax, México, 2016.

Frigs Keyes, Margaret, *Emotions and the Enneagram, Working with yoour shadow life script*, Molysdatur Publications, California, 1991.

Goleman, Daniel, *El Punto ciego: Psicología del autoengaño*, Editorial Debolsillo, México, 2016.

Goldberg, Michael J., *Eneagrama las 9 formas de trabajar*, Editorial Arkano Books, España, 2000:

Guerra, Mario, *No te compliques: Desenreda tus pensamientos y sé feliz*, Editorial Aguilar, México, 2018.

Jung, C.G., Campbell J, S. Keen, *Encuentro con la sombra, El poder del lado oscuro de la naturaleza humana*, Ed. Kairós, Barcelona, 2000.

Kingma, Lee, *What´s your tribe, An Enneagramguide to human types at work and play*, Double Stotry, U.S.A., 2010.

Maitri, Sandra, *The Spiritual Dimension of the Enneagram: Nine Faces of the Soul*, Penguin Putnam Inc, New York.

Naranjo, Claudio, M.D. *Carácter y neurosis. Una visión integradora*, Ediciones La Llave, España, 1994.

Naranjo, Claudio, M.D. *27 personajes en busca del ser: experiencias de transformación a la luz del Eneagrama*, Ediciones La Llave, Barcelona, 2012.

Naranjo, Claudio, M.D, *Vanidad: Psicología de los eneatipos*, Ediciones La Llave, Barcelona, 2014.

Naranjo, Claudio, M.D., *El Eneagrama de la sociedad: males del mundo, males del alma*, Editorial La Llave, Madrid, 2000.

O´Hanrahan, Peter, *The Enneagram of Personality Types: Instinctual Subtypes- 27 Paths in Life & Subtypes in Relationship*, U.S.A., 2011.

Palmer, Helen, *The Enneagram in Love and Work*, Harper Collins Publishers, Nueva York, 1995.

Palmer, Helen, *The Enneagram: Understanding Yourself and the others in your life*, Harper Collins Publishers, Nueva York, Nueva York, 1988.

Peter, Ricardo, *Líbranos de la perfección,* Editorial LAG, Colección Sentido, México, 2001.

Riso, Don Richard y Russ Hudson, *La sabiduría del Eneagrama*, Editorial Urano, Barcelona, 2000.

Salomon, Eric, *Subtypes: The Key To The Enneagram*, Leaping Boy Publications Paris, 2007, English Translation, 2016.

Schneither, Jennifer,P, M.D. y Corn, Ron, M.S.W., *Understand Yourself, Understand your Partner, The Essential Enneagram Guide to a Better Relationship,* Publishing Platform, 2013.

Serra, Llansana, Lluis, *El Eneagrama de las Pasiones: anatomía psicológica de las pasiones dominantes*, Ediciones La Teca, Barcelona, 2012.

Sheppard, Lynette, *The Everyday Enneagram*, Nine Point Press E.U.A., 2000.

Vargas, Andrea, *Eneagrama ¿Quién Soy? Descubre tu personalidad y los secretos para relacionarte exitosamente con los demás*, Editorial Alamah, México, 2008.

Wagele, Elizabeth y Renee Baron, *The Enneagram Made Easy: Discover the 9 types of people,* Harpers San Francisco, E.U.A, 1994.

Wagner Jerome, Ph.D., *Nine Lenses on the World: The Enneagram Prespective*, Nine-Lens Press, Evanston, Illinois, 2010.

NOTAS

1   Chernick Fauvre, Katherine, *Enneagram Instinctual Subtypes*, Enneagram.net, 2011, página 15.

2   C. Durán y A. Catalán, *Eneagrama*, Kairós, página 139.

3   C. Durán y A. Catalán, *Eneagrama*, Kairós, página 141.

4   Chestnut, Beatrice, *The Complete Enneagram*, Ed SWP.

5   Naranjo, Claudio, *27 personajes en busca del ser*, Ediciones La Llave.

6   Chernick Fauvre, Katherine, *Enneagram Instinctual Subtypes*, Enneagram.net, 2011, página 51.

7   Riso y Hudson, *La sabiduría del Eneagrama*, Urano, página 116.

8   Naranjo, Claudio, *27 personajes en busca del ser*, Ediciones La Llave, página 23.

9   Naranjo, Claudio, *27 personajes en busca del ser*, Ediciones La Llave, página 33.

10 Pérez, Roberto, "Seminario de Eneagrama", CDMX, 2014.

11 Naranjo, Claudio, *27 personajes en busca del ser*, Ediciones La Llave, página 45.

12 Naranjo, Claudio, *27 personajes en busca del ser*, Ediciones La Llave, página 45.

13 Chernick, Katherine, *Instinctual Types*, 1995.

14 C. Durán y A. Catalán, *Eneagrama*, Kairós, página 149.

15 Riso y Hudson, *La sabiduría del Eneagrama*, Urano, página 117.

16 Palmer, Helen, *The Enneagram in Love and Work*, Harper Collins Publishers, página 67.

17 Daniels, David, *Eneagrama esencial*, página 40.

[18] Nombres puestos por Naranjo y por Carmen Durán y Antonio Catalán

[19] C. Durán y A. Catalán, *Los engaños del carácter y sus antídotos*, Kairós, página 158.

[20] Naranjo, Claudio, *27 personajes en busca del ser*, Ediciones La Llave, página 114.

[21] Morán, Gonzálo, *Bajas pasiones*, Universo de Letras.

[22] Chernick Fauvre, Katherine, *Enneagram Instinctual Subtypes*, Enneagram.net, 2011, página 58.

[23] Naranjo, Claudio, *27 personajes en busca del ser*, Ediciones La Llave, página 95.

[24] Palmer, Helen, *The Enneagram in Love and Work*, Harper Collins Publishers, página 64.

[25] Chestnut, Beatrice, *The Complete Enneagram*, Ed SWP, página 373.

[26] Riso y Hudson, *La sabiduría del Eneagrama*, Urano, página 145.

[27] C. Durán y A. Catalán, *Eneagrama*, Kairós, página 162.

[28] Chestnut, Beatrice, *The Complete Enneagram*, Ed SWP, página 374.

[29] Serra Llansana, Luis, *El Eneagrama de las pasiones*, La Teca Ediciones, página 329.

[30] Vargas, Gaby, Cápsula radiofónica de MVS noticias.com, 2018.

[31] C. Durán y A. Catalán, *Eneagrama*, Kairós, página 81.

[32] Naranjo, Claudio, *27 personajes en busca del ser*, Ediciones La Llave, página 129.

[33] Broca, Fernando, *Historias que sanan*, Sé lector, página 41.

[34] Karla Wheelock (alpinista) Ciudad de las Ideas. Puebla, México.

[35] Palmer, Helen, Helen Palmer Workshops, 2003.

[36] Naranjo, Claudio, *27 personajes en busca del ser*, Ediciones La Llave, página 134.

[37] Chernick Fauvre, Katherine, *Enneagram Instinctual Subtypes*, Enneagram.net, 2011, página 64.

[38] Palmer, Helen, *The Enneagram in Love and Work*, Harper Collins Publishers.

[39] Naranjo, Claudio, *27 personajes en busca del ser*, , Ediciones La Llave.

[40] Chesnut, Beatrice, *The Complete Enneagram*, 2013, página 333.

[41] Naranjo, Claudio, *27 personajes en busca del ser*, Ediciones La Llave, página 144.

[42] Morán, Gonzalo, *Bajas pasiones*, Universo de Letras, página 191.

[43] Guerra, Mario, Terapeuta y colaborador en el Programa de radio de Martha Debayle. Abril, 2018.

[44] Riso y Hudson, *La sabiduría del Eneagrama*, Urano, página 199.

[45] C. Durán y A. Catalán, *Eneagrama*, Kairós, página 190.

46 Palmer, Helen, *The Enneagram in Love and Work*, Harper Collins Publishers, página 107.

47 Naranjo, Claudio, *Autoconocimiento transformador*, página 230.

48 Naranjo, Claudio, *El Eneagrama de la sociedad*, página 73.

49 Chernick Fauvre, Katherine, *Enneagram Instinctual Subtypes*, Enneagram.net, 2011, página 69.

50 Chestnut, Beatrice, *The Complete Enneagram*, Ed SWP, página 286.

51 Naranjo, Claudio, *27 personajes en busca del ser*, Ediciones La Llave, página 220.

52 C. Durán y A. Catalán, *Eneagrama*, Kairós, página 192.

53 Palmer, Helen, *The Enneagram in Love and Work*, Harper Collins Publishers, página 112.

54 Riso y Hudson, *La sabiduría del Eneagrama*, Urano, página 196.

55 Serra Llansana, Luis, *El Eneagrama de las pasiones*, La Teca Ediciones, página 133.

56 Vargas, Gaby, "Sacrificarse nunca resulta", Cápsula de radio, MVS, 2017.

57 Chernick Fauvre, Katherine, *Enneagram Instinctual Subtypes*, Enneagram.net, 2011, página 70.

58 C. Durán y A. Catalán, *Los engaños del carácter y sus antídotos*, Kairós, página 194.

59 Palmer, Helen, *The Enneagram in Love and Work*, Harper Collins Publishers, página 111.

60 Chestnut, Beatrice, *The Enneagram Systems 27 personality subtypes*, 2012, página 19.

61 Rohr, Richard, *Discovering the Enneagram*, Instinctual Types, página 4.

62 Riso y Hudson, *La sabiduría del Eneagrama*, Urano, página 197.

63 Vargas, Gaby, Cápsula radiofónica, MVS Radio, 2017.

64 Chestnut, Beatrice, *The Complete Enneagram*, Ed SWP, página 292.

65 Chernick Fauvre, Katherine, *Enneagram Instinctual Subtypes*, Enneagram.net, 2011, página 71.

66 Chernick Fauvre, Katherine, *Enneagram Instinctual Subtypes*, Enneagram.net, 2011, página 71.

67 Chestnut, Beatrice, *The Complete Enneagram*, Ed SWP, página 292.

68 C. Durán y A. Catalán, *Eneagrama*, Kairós, página 198.

69 Palmer, Helen, *The Enneagram in Love and Work*, Harper Collins Publishers, página 110.

70   Riso y Hudson, *La sabiduría del Eneagrama*, Urano, página 198.

71   Riso y Hudson, *La sabiduría del Eneagrama*, Urano, página 198.

72   Palmer, Helen, *The Enneagram in Love and Work*, Harper Collins Publishers, página 110.

73   Chernick, KKH, *Instinctual Types*, 1995.

74   Pérez, Roberto. "Los ejes de polaridad", conferencia CDMX, 2013.

75   Deepak, Chopra, Fragmentos del poema "Despertar".

76   Palmer, Helen, *The Enneagram in Love and Work*, Harper Collins Publishers, página 134.

77   Naranjo, Claudio, *27 personajes en busca del ser*, Ediciones La Llave, página 229.

78   Serra Llansana, Luis, *El Eneagrama de las pasiones*, La Teca Ediciones, página 157.

79   Naranjo, Claudio, *27 personajes en busca del ser*, Ediciones La Llave, página 271.

80   Naranjo, Claudio, *27 personajes en busca del ser*, Ediciones La Llave, página 174.

81   Palmer, Helen, *The Enneagram in Love and Work*, Harper Collins Publishers, página 128.

82   Frings Keyes, Margaret, *Emotions and the Enneagram*, Copyright KKH Chernick.

83   Naranjo, Claudio, *27 personajes en busca del ser*, Ediciones La Llave, página 232.

84   Chernick Fauvre, Katherine, *Enneagram Instinctual Subtypes*, Enneagram.net, 2011, página 50.

85   Riso y Hudson, *La sabiduría del Eneagrama*, Urano, página 226.

86   Condom, Thomas, *The Enneagram, Movie and Video Guide*.

87   Baron, Renee, Wagele, Elizabeth, *Are you my type, am I yours?*, Harper, San Francisco, página 76.

88   Naranjo, Claudio, *27 personajes en busca del ser*, Ediciones La Llave, página 259.

89   C. Durán y A. Catalán, *Los engaños del carácter y sus antídotos*, Kairós, página 213.

90   Palmer, Helen, *The Enneagram in Love and Work*, Harper Collins Publishers, página 131.

91   Riso y Hudson, *La sabiduría del Eneagrama*, Urano, página 227.

92   Palmer, Helen, *The Enneagram in Love and Work*, Harper Collins Publishers, página 162.

93   Riso y Hudson, *La sabiduría del Eneagrama*, Urano.

94   Serra Llansana, Luis, *El Eneagrama de las pasiones*, La Teca Ediciones, página 207.

[95] Chestnut, Beatrice, *The Complete Enneagram*, Ed SWP, página 203.

[96] Naranjo, Claudio, *27 personajes en busca del ser*, Ediciones La Llave, página 315.

[97] Salmon, Eric, *Subtypes: The Key to the Enneagram*, página 144.

[98] Palmer, Helen, *The Enneagram in Love and Work*, Harper Collins Publishers, página 155.

[99] Chernick, Katherine, *Instinctual Types*, Copyright KKH, 1995.

[100] Palmer, Helen, *The Enneagram in Love and Work*, Harper Collins Publishers, página 155.

[101] Chestnut, Beatrice, *The Complete Enneagram*, Ed SWP, página 204.

[102] C. Durán y A. Catalán, *Eneagrama*, Kairós, página 226.

[103] Naranjo, Claudio, *27 personajes en busca del ser*, Ediciones La Llave, página 288.

[104] Rohr, Richard, *Discovering the Enneagram*.

[105] Palmer, Helen, *The Enneagram in Love and Work*, Harper Collins Publishers, página 155.

[106] Chernick Fauvre, Katherine, *Enneagram Instinctual Subtypes*. Enneagram.net, 2011, página 82.

[107] Chestnut, Beatrice, *The Complete Enneagram*, Ed SWP.

[108] Naranjo, Claudio, *27 personajes en busca del ser*, Ediciones La Llave, página 298.

[109] Chernick Fauvre, Katherine, *Enneagram Instinctual Subtypes*, Enneagram.net, 2011.

[110] Naranjo, Claudio, *27 personajes en busca del ser*, Ediciones La Llave, página 298.

[111] Riso y Hudson, *La sabiduría del Eneagrama*, Urano, página 253.

[112] Daniels & Price, *Eneagrama esencial*, Urano. Página 77.

[113] C. Durán y A. Catalán, *Eneagrama*, Kairós, página 315.

[114] Naranjo, Claudio, *27 personajes en busca del ser*, Ediciones La Llave, página 333.

[115] Naranjo, Claudio, *27 personajes en busca del ser*, Ediciones La Llave, página 335.

[116] Naranjo, Claudio, *27 personajes en busca del ser*, Ediciones La Llave, página 338.

[117] Chestnut, Beatrice, *The Complete Enneagram*, Ed SWP, página 159.

[118] OHara, Peter, *Entrenamiento profesional* de "Trifold School of Enneagram Studies"

[119] Naranjo, Claudio, *27 personajes en busca del ser*, Ediciones La Llave, página 348.

[120] Palmer, Helen, *The Enneagram in Love and Work*, Harper Collins Publishers, página 181.

[121] Morán, Gonzalo, *Bajas pasiones*, Universo de Letras, página 325.

[122] Chernick Fauvre, Katherine, *Enneagram Instinctual Subtypes*, Enneagram.net, 2011, página 89.

[123] Chestnut, Beatrice, *The Complete Enneagram*, Ed SWP, página 165.

[124] Riso y Hudson, *La sabiduría del Eneagrama*, Urano, página 281.

[125] Naranjo, *27 personajes en busca del ser*, Ediciones La Llave, página 385.

[126] Riso y Hudson, *La sabiduría del Eneagrama*, Urano, página 305.

[127] Calixto, Eduardo, *Un clavado a tu cerebro*, Aguilar, página 153.

[128] Riso, Richard, "The Boss", The power of the Enneagram, Nightingale.com

[129] C. Durán y A. Catalán, *Eneagrama*, Kairós, página 90.

[130] Serra Llansana, Luis, *El Eneagrama de las pasiones*, La Teca Ediciones, página 259.

[131] C. Durán y A. Catalán, *Eneagrama*, Kairós, página 70.

[132] Naranjo, Claudio, *27 personajes en busca del ser*, Ediciones La Llave, página 383.

[133] Naranjo, *27 personajes en busca del ser*, Ediciones La Llave, página 413.

[134] Chestnut, Beatrice, *The Complete Enneagram*, Ed SWP, página 111.

[135] C. Durán y A. Catalán, *Eneagrama*, Kairós, página 252.

[136] Chernick Fauvre, Katherine, *Enneagram Instinctual Subtypes*, Enneagram.net, 2011, página 93.

[137] Riso y Hudson, *La sabiduría del Eneagrama*, Urano, página 306.

[138] Naranjo, Claudio, *27 personajes en busca del ser*, Ediciones La Llave.

[139] Palmer, Helen, *The Enneagram in Love and Work*, Harper Collins Publishers, página 203.

[140] Riso y Hudson, *La sabiduría del Eneagrama*, Urano, página 307.

[141] Extracto del poema escrito en el siglo XIX por Victor Hugo; 26 de febrero de 1802.

[142] Riso y Hudson, *La sabiduría del Eneagrama*, Urano, página 309.

[143] Chernick Fauvre, Katherine, *Enneagram Instinctual Subtypes*, Enneagram.net, 2011.

[144] Palmer, Helen, *The Enneagram in Love and Work*, Harper Collins Publishers, página 202.

[145] C. Durán y A. Catalán, *Los engaños del carácter y sus antídotos*, Kairós, página 257.

[146] Chernick Fauvre, Katherine, *Enneagram Instinctual Subtypes*, Enneagram.net, 2011.

[147] Riso y Hudson, *La sabiduría del Eneagrama*, Urano, página 307.

[148] C. Durán y A. Catalán, *Los engaños del carácter y sus antídotos*, Kairós, página 254.

[149] Palmer, Helen, *The Enneagram in Love and Work*, Harper Collins Publishers, página 203.

150 Palmer, Helen, *The Enneagram: Understanding Yourself and the others in your life*, Harper Collins Publishers, página 341.

151 Sánchez, Blesa, Magdalena, extractos del poema "Instrucciones a mis hijos", septiembre, 2017.

152 Naranjo, Claudio, *27 personajes en busca del ser*, Ediciones La Llave, página 458.

153 Morán, Gonzalo, Bajas pasiones, Universo de Letras, página 375.

154 Chestnut, Beatrice, *The Complete Enneagram*, Ed SWP, página 72.

155 Riso y Hudson, *La sabiduría del Eneagrama*, Urano, página 232.

156 C. Durán y A. Catalán, *Los engaños del carácter y sus antídotos*, Kairós, página 272.

157 Morán, Gonzalo, *Bajas pasiones*, Universo de Letras, página 375.

158 Riso y Hudson, *La sabiduría del Eneagrama*, Urano, página 333.

159 Naranjo, Claudio, *27 personajes en busca del ser*, Ediciones La Llave, página 423.

160 Chestnut, Beatrice, *The Complete Enneagram*, Ed SWP, página 74.

161 Morán, Gonzalo, *Bajas pasiones*, Universo de Letras, página 389.

162 Naranjo, Claudio, *27 personajes en busca del ser*, Ediciones La Llave, página 435.

163 Chernick Fauvre, Katherine, *Enneagram Instinctual Subtypes*, Enneagram.net, 2011, página 101.

DATOS DE CONTACTO

Existen muchos aspectos del Eneagrama y de los subtipos que no se pueden transmitir fácilmente por escrito. Por esta razón, durante décadas este conocimiento se ha transmitido de forma oral y vivencial a través de grupos pequeños en donde se comparten experiencias muy enriquecedoras.

Para mayor información sobre conferencias, cursos y talleres impartidos por Andrea Vargas, consulta:

andvar6@hotmail.com

www.eneagramaconocete.com

 eneagramaconócete.com

 @conocetemvs.com

Eneagrama, el poder de los instintos de Andrea Vargas
se terminó de imprimir en abril de 2019
en los talleres de
Litográfica Ingramex, S.A. de C.V.
Centeno 162-1, Col. Granjas Esmeralda, C.P. 09810,
Ciudad de México.